U0809857

北京市经济信息中心

2009 北京市经济形势分析与预测

BEIJING ECONOMIC SITUATION ANALYSIS & FORECAST

◎刘 骏 主编

中国财政经济出版社

图书在版编目（CIP）数据

北京市经济形势分析与预测. 2009/刘骏主编.
—北京：中国财政经济出版社，2009. 1
ISBN 978 - 7 - 5095 - 1209 - 8

Ⅰ. 北… Ⅱ. 刘… Ⅲ. ①地区经济－经济分析－北京市－2008
②地区经济－经济预测－北京市－2009 Ⅳ. F127. 1

中国版本图书馆 CIP 数据核字（2009）第 003768 号

责任编辑：王彦浩
责任校对：杜建东
装帧设计：北京真色彩广告有限公司

中国财政经济出版社 出版
URL: http://www.efeph.cn
E-mail:cfeph@cfeph.cn
(版权所有 翻印必究)
社址：北京市海淀区阜成路甲 28 号 邮政编码:100142
发行处电话:88190406 财经书店电话:64033436
北京集特印刷有限公司印刷 各地新华书店经销
787×1092 毫米 16 开 24. 5 印张 35 万字
2009 年 1 月第 1 版 2009 年 1 月 第 1 次印刷
印数:1-1000 定价:38. 00 元
ISBN 978-7-5095-1209-8/F·1023
(图书出现印装问题, 本社负责调换)

《2009北京市经济形势分析与预测》

编辑委员会

主　　编：刘　骏

副主编：林明金　刘岚芳

编　　委：隆学文　王小娥　邢志俊　宋亚妮

齐　心　位志宇　崔　岩　贾秋淼

序

改革开放30年来，北京市经济发展始终以发展适合首都特点的经济为主线，调整发展战略，优化产业结构和布局，增强自主创新能力，提高资源能源的集约利用水平，经济总量不断扩大，服务功能明显增强，经济发展由投入型增长向创新型驱动转变，后工业化的特征逐步显现，城市综合实力显著增强。

2008年，北京市成功举办了一届高水平的奥运会和残奥会，奥运会的成功落幕，标志着北京市的发展掀开了新篇章，首都发展站在了新的起点上。同时，也面临着国际经济持续下滑、经济进入下行调整等多重困难的影响和挑战。2009年，在国内外一系列刺激经济增长的政策作用下，在建设“人文北京、科技北京、绿色北京”的理念指导下，北京市将进一步加大投资力度熨平经济波动，不断培育新的消费群体刺激消费增长、积极总结奥运遗产，推动相关产业的快速发展，以保增长、扩内需为主线，促进经济发展方式转变。

北京市经济信息中心在总结2007年底完成的《2008年北京市经济社会形势分析与预测》成果的基础上，2008年继续组织编写《2009北京市经济形势分析与预测》，从研究者的视角，对2008年全年北京市经济形势变化进行综合分析，探析存在的突出矛盾和主要问题；综合国内外发展环境变化和影响因素，结合北京市实际情况，对 2009 年北京市经济发展态势进行预测，在此基础上提出相关政策建议。力求突出现状与趋势判断相结合、定性与定量分析相结合、预测与对策研究相结合，期望为政府决策、企业制定战略、研究机构开展相关工作提供参考。

由于时间仓促，水平有限，书中难免有错漏之处，敬请读者批评指正。

编 者

2008 年 12 月

目 录

导论

形势展望

主报告

发展环境

综合经济

产业发展

专题研究

规律探析

热点聚焦

价格透视

经验借鉴

导 论

BEIJING ECONOMIC SITUATION ANALYSIS & FORECAST

首都经济发展30年简要回顾

改革开放30年来，北京市经济发展始终以发展适合首都特点的经济为主线，调整发展战略，优化产业结构和布局，增强自主创新能力，提高资源能源的集约利用水平，经济总量不断扩大，服务功能明显增强，经济发展由投入型增长向创新型驱动转变，后工业化的特征逐步显现，初步实现了速度、结构、质量和效益的统一。

一、首都经济发展战略经历了不断探索与调整的过程

伴随着改革开放的前进步伐，围绕着如何发展适合首都特点的经济，北京市经济发展战略经历了一个长期探索和不断调整的过程，大致可分为以下三个阶段。**第一阶段（1980～1990）**：按照中央的指示精神[①]，提出要搞"适合首都特点的经济建设"，并在《北京城市建设总体规划方案》中明确了"适合首都特点的工业"的经济发展思路。**第二阶段（1991～2002）**：《北京城市总体规划（1991～2010）》突破了长期以来以工业为核心的发展思路，提出发展适合首都特点的经济，强调要"建立以高新技术为先导，第三产业发达，产业结构合理，高效益、高素质的适合首都特点的经济"。在1997年12月召开的中共北京第八次党代会上第一次明确提出了"首都经济"的概

[①] 着重发展旅游业、服务行业、食品工业、高精尖的轻型工业和电子工业，下决心不发展重工业。

念，指出“发展知识经济和高新技术产业，是首都经济发展惟一正确的战略选择。首都经济的本质是知识经济，核心是高新技术产业”，并将其作为跨世纪的发展方略。2000年在“十五”计划中提出了“新三步走”战略，明确今后要发展“四种类型”的首都经济，即“以发展高新技术产业为主导的科技型经济，以完善城市功能为标志的服务型经济，以丰富文化资源为依托的文化型经济，以参与国际竞争为目标的开放型经济”。**第三阶段（2002年以来）**：奥运申办成功后，2002年召开的中共北京市第九次党代会明确提出“新北京、新奥运”的战略构想。2005年国务院在《北京城市总体规划（2004～2020）》批复中明确指出，要加快发展现代服务业、高新技术产业，适度发展现代制造业，积极促进农业产业化经营，并提出“国家首都、世界城市、文化名城和宜居城市”的未来发展定位。2006年发布的北京市“十一五”规划提出，坚持首都经济发展战略，全面落实国务院对北京市城市总体规划的批复，努力走出一条经济发展、生活富裕、生态良好的科学发展之路，实现“新北京、新奥运”战略构想，实现可持续发展。**北京经济发展战略的不断调整与完善，明晰了北京市的产业发展方向，推动北京经济进入高速平稳健康的增长轨道，为成功举办奥运、构建社会主义和谐社会首善之区打下坚实的基础。**

二、首都经济在又好又快的科学发展轨道上快速平稳增长

改革开放30年来，北京市经济总量不断扩大，到2007年底GDP达到9353.3亿元，按现价计算比1978年提高85倍，按可比价计算30年间年均增长10.55%，实现了四次翻番（见表1）。按常住人口计算，30年间人均GDP按现价计算提高45.3倍，按可比价计算年均增长8.22%，实现了三次翻番，到2007年实现人均GDP 58204元，折合7654美元，相当于世界上中等收入国家和地区的水平。随着经济总量基数的不断扩大，常住人口的较快增长，经济总量和人均GDP翻番的年限却不断缩短，改革开放过程中产业结构升级、生产效率提高等积极因素，使增长潜能不断释

放，经济总量快速增长。

表 1　1978～2007 年北京市 GDP 和人均 GDP 翻番速度表

项 目	GDP			按常住人口计算的人均 GDP		
	时 间	年限		时 间	年限	
第一次翻番	1978～1986	9	9.73	1978～1988	11	7.87（10、1.9）
第二次翻番	1987～1994	8	9.85	1989～1998	10	7.90（9.7、1.6）
第三次翻番	1995～2001	7	10.71	1999～2007	9	8.96（12.1、3.1）
第四次翻番	2002～2007	6	12.41			

注：人均 GDP 均速列括号内数据分别为同一时期 GDP 和常住人口的年均增速

与此同时，我市经济增长的稳定性进一步增强。在 1992 年初步确立社会主义市场经济之前的 15 年里，我市年均增长 9.3%，最高为 17.5%（1984 年），最低为-1.5%（1981 年），高低落差 19 个百分点；1992 年之后的 15 年间，随着市场经济体制的日臻完善和自身产业结构的不断优化，首都经济步入快速稳定增长的黄金时期，除 1996 和 1998 年之外，均保持两位数增长，实现年均 11.7%的增长，其中最高增幅为 14.1%（2004 年），最低为 9%（1996 年），高低落差明显减小，经济增长的稳定性明显增强。进一步分析改革开放以来我市的经济周期波动，以波谷为界，大约经历了三个完整周期和一个半周期：三个完整周期为 1982～1987、1988～1996 和 1997～2002，半个周期为 2003 年至今。总体来看，北京市经济的扩张期与收缩期时间相当，而且收缩期下降程度要比扩张期上升程度平缓,表现为缓升缓降型非对称性周期。剔除趋势成份后的实际 GDP 的周期呈现出周期长度变长、周期振幅减小的特点，上升期约为 4 年左右，下降期约为 3 年左右。同时，在改革开放前期相对短缺的市场运行环境下，经济增长与物价涨幅同步波动并呈现出“高增长、高物价”的运行特点，在 1997 年买方市场初步形成之后逐步替代为“高增长、低物价”的运行态势（见图 1）。

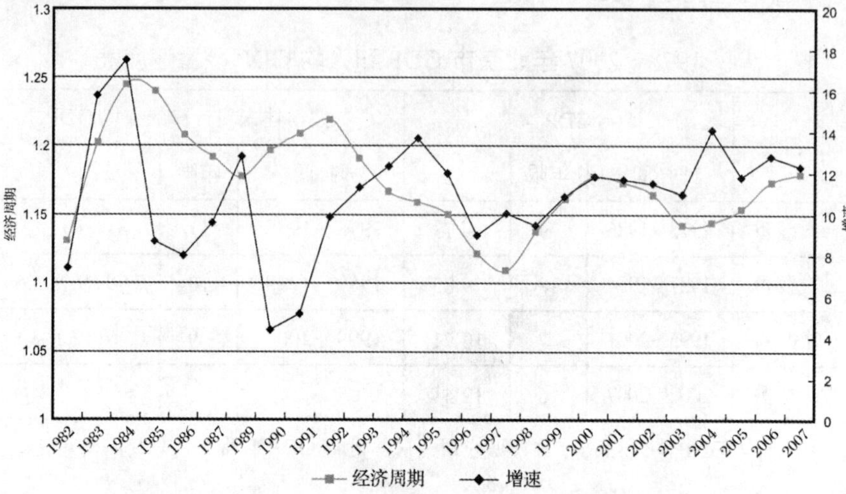

图1 1982年以来经济周期与经济增速对比图

三、产业结构实现由工业主导型向服务业主导型跨越

改革开放30年来，在国民经济持续快速增长的同时，伴随工业化进程的加快和首都经济功能定位的明确与细化，北京市积极调整产业结构，优先发展第三产业，培育高新技术产业，推动了符合首都特色的产业发展新格局的形成。三个产业结构由1978年的5.2:71.1:23.7演变为2007年的1.1:26.8:72.1。进入上世纪90年代，服务业增长一直高于第二产业，服务业占GDP的比重1994年首次超过第二产业，1995年超过50%，1998年超过60%，2006年超过70%，达到发达国家平均水平。2007年服务业在增加值、税收、从业人员、吸引外资、固定资产投资等方面的占比均超过70%，实现了产业结构从工业主导型向服务业主导型的跨越，迈入了后工业化发展阶段。

在各次产业内部，也呈现出由传统向现代的转变。在第一产业内部，沿着产业化经营道路，由传统的种植、养殖业向籽种农业、精品农业、旅游观光农业及设施农业等现代化都市农业转变，农林牧渔各业比重由1978年的77.3:1.7:20.9:0.1调整为2007年的42.4:6.5:44.9:3.7，并进一步完善了农业的生产、生态、生活功能；在第二产业内部，工业结构逐步朝着以高新技术产业为先导，汽车、电子、建材行业为支柱，机械、钢铁、化工行业为基础的新型格局转变，2002 年振兴现代制造业发展思路的提出推动了现代制造业的竞争力和集约发展水平的进一步提升，2007 年现代制造业占第二产业增加值的比重超过 30%，电子信息、汽车制造、光机电一体化和新医药产业形成互为支撑的局面；在第三产业内部，交通运输业、批发零售业等传统服务业平稳增长，金融、信息服务、科技服务、商务服务等现代服务业迅速发展，到 2007 年底占第三产业的比重近 70%，初步形成了以现代服务业为主导的第三产业发展新格局。

伴随城市建设布局由单中心向多中心的演变，产业布局日益合理，逐步形成了工业开发区—高端功能区—文化产业集聚区—特色街区等各具特色、优势互补、专业化协作的产业布局体系，成为带动全市区域经济发展的重要增长极。六大高端产业功能区集聚效应显著，占北京市 GDP 的比重达到 36.5%；各类开发区、文化创意产业集聚区已成为城市经济最活跃的增长区域；一批特色街区和商务楼宇区正在成为发展的新亮点；核心区、拓展区、新区和涵养区等四类功能区呈现出特色化、差异化发展态势。

四、需求引擎由投资主导向消费与投资双轮驱动转变

改革开放 30 年来，中国逐渐融入世界经济发展之中，市场运行环境也由供不应求的卖方市场逐步转变为供过于求的买方市场。需求变化对经济增长的拉动作用体现了市场经济体制的形成历程。在计划经济体制下，短缺经济的市场特征决定了消费需求对经济增长的作用受制于供给水平，而供给水平在很大程度上取决于投资需求的扩张，投资是拉动经济增长并引起经济波动的主要因素，消费需求是稳定经济增长的保障。随着买方市场的初步形成，消费作为生产经营活动的原动力，越来越成为影响经济稳定增长的重要因素。上世纪八、九十年代投资率始终高于消费率，特别是“九五”期间，二者平均相差 10 个百分点以上。1996 年之后二者差距逐渐缩小，

“十五”时期投资率略高于消费率，为 52.2:51.8，2006 年消费率首次超过投资率，达到 53.5:50.5，2007 年进一步改变为 54.3:48.7，消费需求成为决定投资规模与结构的主动角色，其对经济的拉动作用明显增强，需求引擎的作用呈现出由投资主导转变为消费投资双轮驱动、消费主导作用明显增强的特点。

随着市场运行环境的不断完善和投资约束的不断硬化，投资波动幅度明显减缓，对经济增长的即期拉动作用减弱。投资需求主要呈现以下特点：**投资资金来源多元化，**由改革开放初期的 70%以上为国家预算内资金转为目前的近四分之一依赖银行贷款、35%左右来自自筹资金、35%以上为以社会集资、个人资金、无偿捐赠为主的其他资金。**资金投向符合城市功能定位，**由卖方市场下更多集中于即期效益明显的加工业领域逐步转变为投向基础设施和房地产领域，特别是申奥成功以来，投资增长更多用来构筑基础载体、发展高端产业。1985 年工业投资占全社会固定资产投资的 30%以上，而 2001 年以来房地产投资一直占据半壁江山，2007 年基础设施投资占比近 30%。**投资主体更趋多元化，**非国有内资投资在全社会固定资产投资中的比重由“八五”时期的 11%上升到 2007 年底的 50%以上，自主增长能力明显提高。同时，非国有投资对市场景气的敏感度使得投资波动与经济波动的关系有章可循，有利于经济的稳定增长。在经济扩张期，国有投资先行启动，紧接着非国有投资随后启动，并很快超过国有投资增长；在经济收缩期，仍是国有投资先行下探，非国有投资紧随其后，回调幅度往往要超过国有投资。

改革开放以来，北京消费品市场呈现出一派繁荣兴旺。主要有以下特点：**人口规模较快增长带来消费市场的迅速扩张，**改革开放 30 年间北京市常住人口年均增加 26 万人，外来常住人口由 1978 年的 22 万人扩大到 2007 年 420 万人；2007 年消费品零售额实现 3800 亿元，是 1978 年的 86 倍，年均名义和实际增长分别为 16.6%、10.8%。**居民消费结构升级是消费持续增长的基础，**消费结构呈现出生存性消费比重下降，享受性和发展性消费比重上升的特征，上世纪八十年代居民消费是以彩电、冰箱、洗衣机为代表品的千元级消费，九十年代是以家用电脑为代表品的万元级消费，进入21世纪以来是以汽车、住房为代表品的几十万元级消费。城镇居民、农民恩格尔系数分别由改革开放之初的58.7%、63.2%逐步回落到2007年的32.2%、32.1%；2007年北京市私人轿车保有量是2000年的6倍；城镇居民人均住宅面积、农村人均住房面积分别由1978年的6.7和9.25平方米提高到2007年的20.3和39.54平方米。**城市化进程加快助推消费稳步增长**，2007年北京市城市化率达到84.5%，比改革开放之初提高近30个百分点；而1个城镇居民的消费水平相当于2.3～2.7个农民的消费水平；同时，城市化的提高促进了与消费相关的基础设施的集约化利用。**开放性的首都特点决定了首都消费的规模庞大。**买全国、卖全国使北京市大进大出的特点明显，2007年北京市批零企业的商品销售总额中51.5%批发到市外；首都丰富的旅游文化资源带动旅游外汇收入和国内旅游收入年均增长15%左右。另外，总部经济集聚、党政机关集中，决定了首都集团消费的规模较大。按支出法核算的GDP中，政府消费持续稳定增长，其占最终消费的比重自1994年以来稳步攀升，由18%提高到2007年的40%以上。

五、经济发展模式逐步由要素驱动向创新驱动转变

改革开放30年来，以体制创新为基础，逐步形成了以公有制为主体、多种经济成分共同发展的所有制格局，基本形成了比较完备的市场体系。同时，以技术创新为先导、管理创新为支撑，推动首都经济发展由要素驱动向创新驱动逐步转变。经济发展模式的变化带动劳动生产率的稳步提高。按现价计算，30年来劳动生产率年均增长14%，其中，20世纪90年代以前主要依赖第一、三产业劳动生产率提高的带动，1992年以后，随着市场经济体制的建立和不断完善以及产业结构的优化调整，第二、三产业的劳动生产率提高较快，共同拉动全市劳动效率的提升。

多元化的所有制格局增强了资源再配置效率。微观经济主体的活力是

经济发展的源泉。由于经济中各个部门存在发展和效率的非均衡性，促使劳动和资本从生产率较低的部门向生产率较高的部门转移。以劳动力的流动为例，除国有、集体经济以外的其他经济类型单位从业人员在全市从业人员中的比重由 1978 年的 34%迅速上升到 2007 年末的 80%以上，占据了就业主导地位。非公有制经济蓬勃发展，为首都经济发展带来了巨大活力。2007 年非公有制经济实现增加值占全市区生产总值的 30%以上，非公有制经济企业数量、企业法人资产、固定资产投资和税收等项指标明显提高，成为首都经济重要组成部分和新的增长点。与此同时，公有制经济在国民经济的重点环节和关键领域保持着控制力，依然占据主体地位。

产业结构变动提高了劳动生产率。不同产业的生产率水平和生产率增长率各不相同，资源在产业之间进行不同配置，是构成劳动生产率增长的一个组成部分，进而成为影响经济增长质量的重要因素。我市的产业结构与劳动生产率之间几乎完全相关，一定范围内产业之间的内在联系使得资源具有较大的弹性，资源流向生产率较高的服务业，不但未破坏我市产业内部的均衡性，而且在产业间形成了良性竞争，产业结构变动在推动我市劳动生产率增长方面起到重要作用。

技术创新的溢出和辐射效应推动我市经济发展的高端化，增强了经济发展的可持续性。改革开放30年来，孕育和形成了大批科技型中小企业，技术创新环境和创新条件大大改善，技术创新经历了技术引进—模仿创新—自主创新的变化历程，逐步形成了以企业为主体、市场为导向、产学研相结合的首都区域创新体系。高技术产业快速发展，2007年在GDP中的比重达到18%；专利申请和授权量显著增长，1985年来年均分别增长15%和29%；科技成果转化活跃，2000年以来技术合同成交总额年均增长30%以上；技术进步对经济增长的贡献逐步提升，2007年达到61.9%，比2000年提升8.6个百分点；并且随着我市发展战略的调整、技术市场的健全与完善以及集约发展压力的加大，推动技术进步转化为生产力的节奏在不断加快。

六、经济增长方式由粗放型向集约型转变

能源消费稳步增长，利用效率不断提高。随着经济社会的迅速发展，能源消费水平逐年增长，2007 年北京市能源消费总量为 6285.04 万吨，是 1980 年的 3.3 倍。北京市已从自给自足转为严重依赖外部能源，能源供应以外地调入为主。在能源利用技术不断提高和北京市经济发展战略调整的作用下，能源利用效率不断提高，30 年间以年均增长 4.51%的能源消费量支撑了北京市 10.6%的经济增长。万元 GDP 能耗由 1980 年的 13.71 吨标煤下降到 2007 年的 0.67 吨标煤，按可比价计算，年均下降幅度达到 5.45%。与北京市经济结构变化、城市化进程加快以及居民生活水平提高相适应，能源消费结构趋于合理，三个产业与生活消费的用能结构由 1980 年的 3.5:73.4:15.6:7.5 转为 1.5:44.5:38:16，第二产业能源消耗占比显著下降，第三产业和生活用能比重大幅提升。产业结构的变化直接带动了北京市能源利用效率的提高。

土地集约化水平和产出效益提高。随着城市化进程的不断推进，土地作为重要的生产要素正在成为地方政府重要的调控手段而发挥着越来越重要的调控作用。北京市土地面积 16410.4 平方公里，仅占全国的 1.7%，人均土地面积 1005 平方米，仅相当于全国平均水平的 13.8%。在十分有限的土地资源条件下，通过实施用地招拍挂出让、制定和完善产业用地标准、提高项目准入门槛等机制措施，使土地资源的市场配置作用不断增强，土地资产价值进一步显现，土地产出效益明显提高，推动土地利用向集约高效转变。2007 年地均 GDP 和地均财政收入分别达到 2.81 亿元/平方公里和 0.45 亿元/平方公里，全市 GDP 与用地增长弹性、人口与用地增长弹性不断提高，以较小的土地资源消耗保障了城市经济的稳步发展。

用水量基本稳定，用水效率得到提高。随着产业结构升级和用水效率的提高，近几年用水总量基本稳定在 34.5 亿立方米的水平，比上世纪 90 年代有所回落。其中，工农业用水年均下降 4.3%和 3.2%；居民生活用水和环境用水年均增长 4.1%和 3.5%。用水利用效率稳步提高。万元 GDP 水耗呈现

下降趋势，1990～2007年万元GDP水耗年均下降11.2%，到2007年底万元GDP水耗达到37.2立方米/万元。人均生活年用水量则基本维持在85～90立方米之间。

通过产业结构升级、产业布局调整，提升了产业层次和技术水平，提高了产业规模和集聚效应，提高了资源节约和利用效率，初步实现了经济增长的速度、结构、质量、效益协调统一，经济增长方式转变取得较大进展。

七、经济社会协调发展，改革开放成果惠及全体市民

人民生活水平稳步提高，实现了由温饱向小康的历史性转变。改革开放以来，经济的快速发展带动城乡居民收入的大幅度提高。北京城市居民人均可支配收入由1978年的365元迅速增加到2007年的21989元，年均增长15.2%，扣除物价上涨因素，实际增长8.2%；农民人均纯收入由1978年的224.8元提高到2007年的9559元，年均增长13.8%，实际增长9.1%。**计划经济向市场经济的转变，使居民收入来源趋于多元化。**随着产业结构升级和国有企业改革深化，城市居民就业观念发生转变，多种形式就业和自谋职业已被越来越多的城镇居民所接受，工薪收入在家庭收入中的比重下降到70%左右，转移性收入上升到26%以上，经营性和财产性收入也从无到有，成为居民收入增长的新亮点。改革开放以来，国家多次提高农副产品收购价格，并逐步取消农业税，增加粮食直补，加快新农村建设力度，北京市加大转移支付力度，提高生态补偿标准，并调整农业产业结构，推进乡镇企业创业，推动农村集体经济产权制度改革，带来农民收入的快速增长和收入来源的多元化。2007年农民人均纯收入9559元中，工资性收入、家庭经营纯收入、转移性收入和财产性收入所占比重分别为59.4%、22.9%、8%和9.7%。

社会保障体制全面改革，保障水平不断提高。随着社会主义市场经济体制的逐步建立，社会保障体制逐步由改革开放之初的单位保障制向社会

全面保障转变。从 20 世纪 80 年代中期开始，国家陆续开始了社会保障制度的改革。1984 年开始企业职工养老保险制度改革，1986 年建立了城镇失业保险制度，1994、1996 和 1998 年分别开始实施生育保险、工伤保险和城镇职工医疗保险制度改革，1999 年建立了城市居民最低生活保障制度，2002 年开始建立新型农村合作医疗制度。北京市根据国家社会保障制度改革的精神与部署，相继推进各项改革，并于 2000 年实行“六线联动机制”①，近两年陆续实施“一老一小”和“一轻一重”的医疗保险政策以及城乡无保障老年居民养老办法、新型农村社会养老保险制度等政策，逐步实现了城乡养老、医疗保障制度的全覆盖。到 2007 年末城镇养老、医疗、失业、工伤和生育保险覆盖率分别为 93%、92.6%、92.6%、87.5%和 88.5%；新型农村合作医疗参合率为 88.9%，农村社会养老保险覆盖率 63.5%②。2007 年全市享受城市最低生活保障的居民为 14.8 万人，享受农村最低生活保障的农民为 7.8 万人。社会保障相关待遇标准有所提高。2008 年城市居民最低生活保障标准、职工月最低工资、最低失业保险金分别为 390 元、810 元、502 元，2009 年初企业退休人员基本养老金达到 1830 元。

社会事业发展全面提升，为居民生活质量提高创造了条件。政府财力的不断提高以及城乡基本社会公共服务均等化目标的确立，加大了政府对社会事业领域的投入，社会公共服务体系进一步健全，社会事业发展得到全面提升，不仅增强了基础设施的保障能力，提供了优质的文体产品和教育卫生环境，同时一些市场化制度的引进、一些惠民政策的出台，都为居民提高生活水平创造了条件。

当前，我国经济发展正处在深入贯彻落实科学发展观、全面建设小康社会的历史新阶段。北京已进入从中等发达城市向发达城市迈进的新阶段，处在城市化、市场化、国际化、现代化的加速发展过程中。在全面实现“新北京、新奥运”战略构想、“新三步走”战略第一步目标之后，建设“人文北京、

① 城市居民最低生活保障标准、下岗职工基本生活费标准、职工低工资标准、失业保险金最低标准、企业离退休人员最低养老金标准、基本养老金正常调整机制。

② 截至 2008 年 6 月底的数据。

绿色北京、科技北京”成为首都发展的新理念。这是首都经济发展战略在首都发展新阶段的体现和深化，是首都贯彻科学发展的重大战略任务。在这一理论的指导下，首都经济必将保持平稳较快发展的良好势头，为把北京建设成为繁荣、文明、和谐、宜居的国际化大都市奠定坚实基础。

（刘骏）

形势展望

BEIJING ECONOMIC SITUATION ANALYSIS & FORECAST

主报告

2008年北京市经济形势分析及2009年展望

2008年以来，在国际国内形势趋缓以及举办奥运短期因素作用下，北京市经济呈明显回落态势。2009年，世界经济趋于衰退、全国经济进一步走弱，在经济自有的运行规律作用下，北京市2009年经济仍将处于下行阶段。但在国家采取的一系列积极措施作用下，下行趋势有望缓解，全年经济仍会保持平稳增长，预计全年增速保持在9%～9.5%之间。

一、2008年北京市经济运行特点

2008年，面对依然复杂多变的国内外经济金融环境，北京市总体经济呈回落态势，预计全年经济增长回落至9.7%的水平，为1999年以来的最低水平。服务业主导、消费拉动的增长格局对北京市经济稳定增长的作用更加凸现，成为减缓北京市经济下行态势的主要因素。2008年北京市经济运行主要呈现以下特点：

（一）周期波动与奥运短期因素叠加共促北京经济回落

自2007年底北京市进入了经济周期的下行期，在经济周期的带动下2008年北京经济增长呈现回落势头。根据“北京宏观经济景气监测分析系统”的结果（见图1），北京市宏观警情指数从2007年第四季度开始，由绿灯区域上限震荡下行。同时，国际经济下滑、国家调控政策滞后和累积效应以及奥运限行限产的短期因素，加速了北京市经济的回落趋势。1～9月份 GDP 增长 9.1%，创 1993 年以来的最低水平。

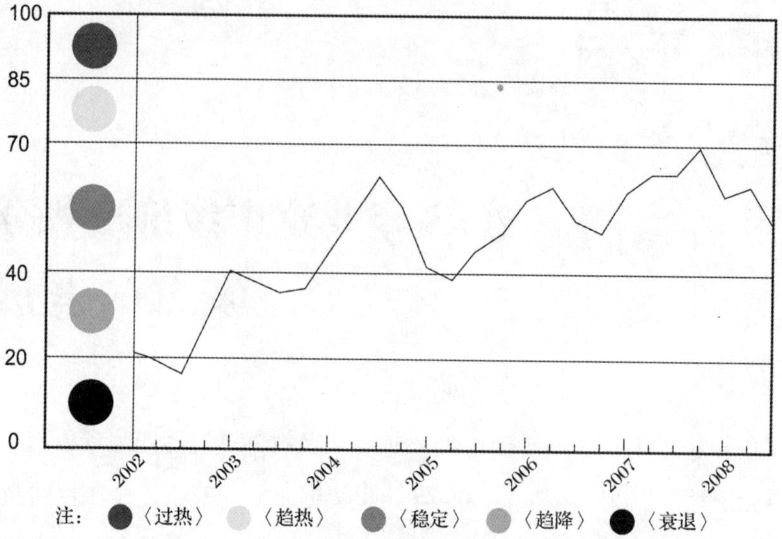

图1 北京市宏观警情指数

（二）服务业较快增长是稳定北京市经济的重要支撑

自 2006 年北京市服务业占比突破 70%以来，服务业为主导的产业格局对稳定经济增长、避免其大幅波动起到了重要的支撑作用。特别是 2008 年，在外需减弱、结构调整等因素带来工业增势逐步回落的情况下，《北京市进一步促进服务业发展的意见》以及针对金融业、文化创意和体育等多个产业发展配套政策的出台与落实，对服务业保持较快增长起到积极推动作用。现代服务业拉动经济发展的优势突出，2008 年 1～9 月份，现代服务业累计增长 11.8%，对经济增长的贡献度上升到 84.2%。预计 2008 年北京市服务业增长 11.2%，在 GDP 中的比重达到 73.3%，对减弱经济增长波动发挥更加突出的作用。

（三）投资出口贡献减弱，消费是稳定经济增长的主要力量

多年来北京市投资消费协调发展，推动经济增长内生动力不断增强。特别是 2006 年最终消费率首次超过资本形成率，消费对经济增长的拉动作用进一步增强。进入 2008 年以来，在保障制度不断完善、货币保值增值效应、物价高位运行以及集团消费增大等因素的作用下，除个别月份，消费品零售额名义增长一直保持在 20%以上，剔除物价实际增长 15%以上，二者均为近几年来较高水平。预计 2008 年全年增长 20%左右。受奥运重大工程陆续完工、房地产市场低迷，特别是奥运期间有关项目限制的影响，北京市投资大幅回落，1～9 月完成全社会固定资产投资同比下降 7.8%，是自 1996 年以来的首度负增长，其中一直占据半壁江山的房地产投资下降更为明显。随着限制措施的解除，为保持经济增长，政府将进一步扩大保障性住房和重大基础设施建设，第四季度投资将呈现恢复性上涨，预计全年投资略高于 2007 年水平。受人民币升值较快以及外需减弱的影响，北京市出口贸易增长放缓，1～9 月增长 22.4%，增幅同比回落 9.5 个百分点，随着人民币升值速度减缓，在出口政策调整的刺激下，北京市出口增速将呈回落趋稳态势，预计全年实现出口增长 20.7%。

（四）物价呈高位回落态势，房价出现松动

受国际资源、能源、粮油价格高位运行、国内突发雪灾、北京市经济长期处于“高增长、低通胀”水平下积累的矛盾逐步释放以及奥运期间的临时限制措施等诸多因素的冲击，2008 年北京市消费者、生产者价格齐创近年来新高，居民消费价格指数 CPI 延续 2007 年年中以来的加速上涨态势，2008 年 2 月同比上涨 6.6%，创 11 年来月度涨幅的新高；工业品出厂价格指数 PPI 扭转 2005 年 9 月以来的负增长态势，原材料、燃料动力购进价格指数 MPI 持续近年来的高位攀升，7 月份二者涨幅分别达到 5.1%、23.5%，均创出 2001 年来新高。随着一系列调控措施的陆续出台，特别是国内外经济形势走弱以及国际大宗商品价格的回落，价格运行呈现回落态势，预计全年 CPI 涨幅保持在 5%以上。在 2004 年以来国家一系列调控房地产政策的作用下，房价走势出现逆转，2008 年 9 月房屋销售价格指数同比上涨 6.9%，是年内连续第 6 个月出现下滑，环比下降 0.2%，为 2005 年以来首次出现下降。尽管 2008 年第 4 季度政府出台一系列针对房地产市场的措施，包括减免税、下调贷款利率和降低首付比例等，但在不改变房价收入比和消费者信心的条件下，房地产市场短期内难有根本性好转，预计北京市房市将继续调整。

（五）政府、企业、个人收入均现回落势头

继 2008 年上半年地方财政收入增长达到近 10 年来最高水平的 46.4%后，下半年各项税收增长均有明显回落，导致 8、9 月份财政收入呈现负增长，截至 9 月底，北京市财政收入增长 31.76%。随着经济形势的回落，预计全年北京市财政收入同比增长 25.7%，增幅同比下降 7.9 个百分点。在国际市场不景气、成本不断上升的影响下，北京市企业利润增幅明显回落。1~8 月，限额以上工业、服务企业实现利润总额增幅同比分别回落 61 和 131.2 个百分点。物价高位使居民实际收入明显缩水，1~9 月份北京市城镇居民人均可支配收入名义增长 12.2%，扣除物价实际仅增长 5.8%，增幅同比减少 6.7 个百分点。农民人均现金收入实际增长 6.4%。预计全年城镇居民人均可支配收入和农民人均纯收入分别达到 24738.7 元和 10732.1 元以上，同比分别增长 12.5%和 12.3%。

二、需要引起关注的问题

在次贷危机转化为金融危机的国际背景下，在我国经济处于持续高增长之后的调整期作用下，我国股市深幅调整，楼市持续低迷，外需减弱和资本市场恶化进一步波及实体经济，对企业家和消费者的信心以及社会预期产生负面影响，北京市经济运行面临消费持续增长内在动力不足、社会主体投资意愿不强和企业增长后劲乏力等问题，加大了经济进一步下行的风险。

（一）消费高增长的持续性需要关注

北京市 1978 年以来的数据显示，CPI 走高的年份，名义消费增长往往同步走高，在 CPI 达到峰值后，名义消费将急速回落，实际消费增长将出现下行并达到谷底。自 2007 年下半年开始，北京市的 CPI 开始逐渐攀升，受此影响，北京市消费品零售额增长一直保持在 20%以上，随着 CPI 涨幅的逐步回落，消费虚高增长部分会受到挤压，需要警惕消费增长的下行趋势。从居民消费支出看，在收入增长前景不乐观、物价处于高位运行的形势下北京市居民消费支出延续 2007 年的个位数增长态势，1～9 月仅增长 5.7%，增幅同比下降 2.8 个百分点，低于 1～9 月 12.2%的收入增长水平。边际消费倾向 0.65，为 2005 年以来同期最低。消费者信心的不足、消费倾向的下降，直接影响到消费者的消费偏好和未来的消费需求。在地方政府紧缩开支和企业前景不乐观的情况下，预计奥运会后政府支出、集团消费将会下降，全社会消费前景不乐观，高增长的可持续性值得关注。

（二）房地产市场持续疲软

2008 年受宏观调控及相关限制措施等因素的影响，北京市房地产市场出现了供需双向疲软态势。截至第 3 季度末，开发投资出现 2003 年以来的首度负增长（-8.12%），施工面积、新开工面积和竣工面积均出现负增长。7 月份以来，多块土地甚至限价房土地的流拍，反映出开发商对北京市房地产市场未来的预期不乐观，投资意愿大幅下降。持续的调控政策使北京市房价走势出现逆转，房屋销售价格指数连续 6 月下滑，9 月份环比出现 2005 年以来的首次下降。对未来的悲观预期抑制了房地产市场的有效需求，多年来少有的"婚育"双高峰亦未能形成有效需求。10 月底结束的北京秋季房展会上，北京本地项目仅占 30%左右，成交房源中北京房源仅占 20%左右，在传统的"金九银十"期间，房地产的颓势依旧。房地产市场疲软，直接对北京市内需扩大带来抑制，影响北京市经济稳定增长。

（三）企业发展后劲不足

在世界经济形势进一步恶化的影响下，奥运期间企业生产暂时下滑的态势继续延续，一些带动性强的行业继续呈现疲软状态，企业当前及未来的生产经营形势严峻。首先，外需减弱及国内外形势的悲观预期直接影响企业的生产投资动力。第 3 季度企业产品订货景气指数为 98.3 点，分别比第 2 季度和 2007 年同期回落 25、42.8 点，为近年来的低点；企业家信心指数为 117.4，比上期回落 21.4 点。其次，企业生产成本扩大带来盈利能力下降。在劳动用工成本上升、MPI 与 PPI 的剪刀差持续高位、资本市场投资收益大幅缩水等因素下，企业利润空间进一步挤压，影响企业后续生产。再次，企业的融资环境不完善。2007 年以来，银根紧缩使企业的间接融资出现困难，信息不完备不利于搭建起 VC、PE 与企业的投融资对接平台，企业信贷资金方面的压力较大。

三、2009 年影响北京市经济发展的因素及环境分析

2009 年是建国 60 周年，是深入贯彻落实中共十七届三中全会精神和学习实践科学发展观的关键之年，是避免后奥运时期低谷效应的关键一年，北京市经济发展将面临更加复杂多变的国际国内形势。

（一）国际形势对国内经济的影响将持续

全球经济放缓，金融危机的影响程度和持续时间尚不明朗。进入8月之后，金融危机扩散引发了多米诺效应，美国和欧盟经济持续走弱，日本经济难以走出颓势。受能源价格高涨以及外需减少的影响，大多数新兴和发展中经济体的增长率将放慢到潜在增长率以下。根据2008年11月的《世界经济展望》，国际货币基金组织对2008年和2009年全球增长预期再次下调至3.7%和2.2%，全球经济增速放缓至2002年以来的最低点。而金融危机的持续时间难以估计，增加了对我国影响程度的不确定性。国际商品价格仍有反弹的可能，将会加大我国投资成本，减缓物价回落幅度。2009年全球经济减速，美元贬值速度趋稳，将抑制大宗商品价格的持续走高，能源市场供需关系短期内不会打破。然而，OPEC减产、地缘政治危机、自然灾害的不可预期以及相对宽松的货币条件，加之新兴经济体推进城市化的刚性需求，2009年支撑国际商品价格走高的因素依然存在，一旦市场信心有所恢复，国际商品价格依然可能重拾涨势。

（二）我国经济继续处于调整期

当前我国经济运行中的风险依然较多。一是尽管支撑我国经济增长的基本面未发生根本变化，但是受成本激增、外部需求减弱、人民币升值等

因素影响，一些地区和行业增长速度出现回落，尤其是以出口为主的企业生产经营压力加大，一些企业面临停产甚至倒闭的困境，保持经济继续平稳较快发展的压力凸显，我国经济增速已出现回落迹象。第二，我国消费拉动的根基不稳。城乡居民在子女教育、医疗卫生等方面负担较大，尤其是在没有大幅提高的收入预期条件下，居民储蓄存款率偏高，导致城乡居民的消费意愿不强。另外，2009 年国家和各地将扩大投资作为保持经济平稳增长的重要手段，将会增加对建材、能源的需求，会在一定程度上推高相关产品价格，物价上涨的压力依然存在。

（三）积极的财政政策和适度宽松的货币政策是宏观调控的政策基调

2009 年我国政策重心将着力于“保增长”，积极的财政政策和适度宽松的货币政策将是宏观调控的政策基调。当前国家确定了加快民生工程、基础设施、生态环境建设和灾后重建等十项措施，计划到 2010 年投资 4 万亿元，以促进经济平稳较快增长。随后央行出台了落实适度宽松货币政策的五大措施。12 月 8 日至 10 日的中央经济工作会议明确了 2009 年经济工作的五项任务。同时，在适当时机理顺资源价格定价机制，充分发挥市场对资源的基础配置功能，并推动资源税、物业税、资本所得税、提高个税起征点等在内的财税体制的改革，为保持经济稳定增长营造良好环境。

（四）北京市经济发展处于新的起点

1．奥运成功举办对北京市的影响深远。奥运会的成功举办，使北京市的基础设施、市容环境得以大大改观，北京市在世界上的知名度和开放度进一步提升，并积累了丰富的城市管理经验，这些都将对未来北京市的发展产生深远影响。同时，奥运带动了北京市体育休闲的消费热情，消费热点有望向体育健身、旅游休闲等领域集中，有利于带动北京市旅游业及相关产业的发展。

2．发展重点的转移有望带动北京市经济发展。在总结奥运筹办经验基础上，北京市提出了建设“人文北京、科技北京、绿色北京”的新理念，有助于进一步推动首都科学发展。发展重点的转变有利于北京形成良好的空间结构和产业布局，主要表现在：一是投资布局向新城、南城及西南部地区等薄弱地区转移，推动北京市城市空间布局更加合理，区域发展更加协调。二是利用价格、财政、土地、投资等手段，加大高端产业发展，推动北京市产业由投入型增长向效率型增长转变。

3. 区域协作发展拓宽北京市经济发展领域。国家已经制定了京津塘和环渤海地区发展规划，有利于北京市和周边省市在交通、能源资源、生态保护、旅游发展等领域的合作，将推动北京市产业与周边省市的互动对接。随着京津城际高速列车的开通运行，京津“半小时交通圈”成功建成以及两地在旅游、物流、商务服务业等领域的合作，有利于加强双核的极化作用，提高对外围省市的辐射强度，拓展发展空间，实现互利共赢发展。

四、2009 年北京市经济发展趋势判断

加快新城建设、推动城乡协调发展以及明确高端产业功能区定位等为北京市经济增长提供了有利支撑。然而，北京市经济也面临继续下行的可能，一方面，根据北京市经济周期运行规律，2009 年北京市将处于本轮经济周期的收缩期；另一方面，北京市先行合成指数由 2007 年第 2 季度的高点一路下行，一致合成指数也呈高位下滑趋势（见图 2），由此判断未来北京市经济放缓的风险加大。

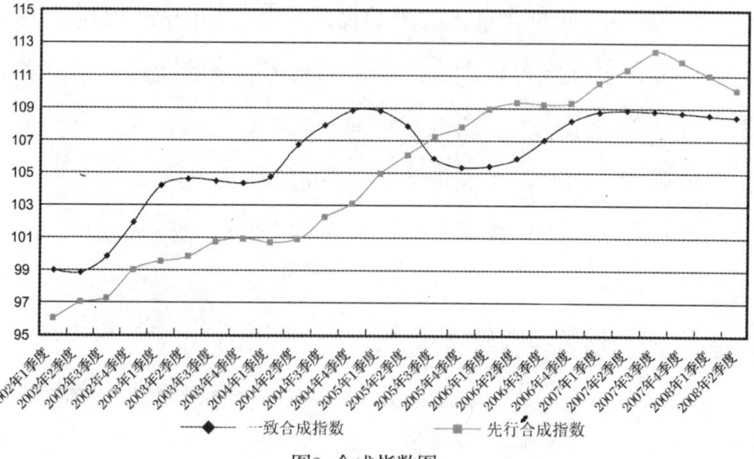

图2 合成指数图

在经济自身运行规律的作用下，针对2009年北京市经济运行面临的国际国内环境，按照不同环境和政策力度设计3种可能的情境，模拟预测高、中、低3种方案下的经济运行态势（具体预测见文后附表）。综合考虑目前国内外运行环境，我们认为，出现高、中、低3种情景的概率是10%、70%和20%。

（一）中方案：平稳增长情景，GDP增长9.5%左右

在全球性金融危机形势严峻、世界经济衰退的情况下，"保增长"是2009年的主要着力点，宏观调控政策重心以提升社会信心改变预期为主。各项政策的实施给社会强烈的政策预期引导，及时提振了市场信心，防止了经济景气的连续下滑，同时为缓解产能过剩压力、加快结构调整、理顺资源价格、深化体制改革提供了较为宽松的景气环境。

在上述背景下，经初步测算，预计2009年北京市经济将呈现先抑后扬的波动态势，全年增长9.5%左右，基本保持平稳增长态势。**从三次产业看**，中共十七届三中全会关于推进农村发展改革的决定为第一产业发展带来了良好机遇，预计北京市第一产业增长1.7%左右。国内投资力度加大、北京市新城和薄弱地区的建设会带动北京市冶金、建材等行业的发展，奥运科技成果的转化利用有利于提升北京市工业产品技术附加值，但受出口放缓的影响电子信息行业依然面临低速增长，房地产领域的不景气使建筑业发展起色不大，预计第二产业增速为5.7%左右。第三产业的发展机遇大于挑战，旅游业及金融业将继续平稳增长，但是全球及全国经济放缓，对北京市的第三产业特别是生产性服务业冲击较大，预计北京市第三产业将保持11%左右的速度增长。**从三大需求看**，在启动新城建设，加大地铁、道路等重大投资项目以及完善产业功能区基础设施吸引社会投资等的推动下，北京市全社会固定资产投资保持16.5%的增长，但房地产市场仍将处于调整期。虽然陆续出台了一些刺激消费的措施，但在城镇居民收入增长预期有限、物价回落拉动消费下行的作用下，2009年消费增速难有大幅提高，预计增长15.6%左右。外需减弱在降低出口订单的同时也减少了原料的进口，预计北京市进出口增速分别放缓至 24.6%和 13.8%。国内外供需矛盾减弱将使 2009 年北京市物价涨幅持续回落，但考虑到 2009 年我国将进一步提高农产品收购价格、适时调整资源能源价格，物价涨幅仍有进一步提高的可能，预计 2009 年北京市 CPI 保持在 103 左右。

（二）高方案：稳步回升情景，GDP 增长 10%以上

全球金融危机的影响不再恶化，世界经济处于调整期，国外经济形势好于预期与国家一系列积极政策相叠加。在外需趋稳和内需加大的共同作用下，经济景气态势依然延续，物价上涨、资源能源紧张压力可能重现。宏观调控重点以促进经济健康增长为主，政策重心转向夯实经济发展基础、保障民生、加大节能减排力度，大力推动一系列经济和社会体制改革，加快结构调整。

在这种背景下，北京市全社会固定资产投资将有较大幅度增加，房地产市场逐步调整完毕带动房地产开发投资逐步企稳，预计二者分别增长 19.3%和 19.2%；居民消费预期得到恢复，住房和汽车两大消费热点增长态势良好，社会投资对公共服务领域的不断投入使服务性消费成本大幅降低，居民服务性消费尤其是旅游消费将明显增加，预计 2009 年消费增速将有所提高，增长 17%左右。世界经济回落企稳，全球经济贸易止跌回升，北京市进出口逐步表现出复苏迹象，分别增长 27.7%和 16.2%。初步测算，三大需求能支撑 10%以上的较快增长。经济增速回升有利于扩大消费者信心，使北京市消费总需求增加，考虑到北京市市场供给有限的情况，预计北京市 CPI 将保持在 103.5 的水平。

（三）低方案：继续下滑情景，GDP 增长 9%以下

在金融危机影响程度和持续时间难以估计、国际经济形势继续恶化的情况下，国内经济调整期继续延长，就业压力加大，股市、楼市信心难以恢复，国内经济加速回调。宏观调控政策强调刺激内需，通过增加货币供给量、政府债券发行额度，充分发挥投资的拉动作用；进一步扩大社会保障覆盖面和标准；进一步扩大信贷规模和财政转移力度，扩大国内需求。

在此背景下，三大需求将呈不同程度的下降态势，带动北京市 GDP 增速放缓至 9%以下。需求减弱影响产业投资积极性，工业项目难以落地；受预期不乐观的影响，房地产市场继续处于深度调整期，房地产投资增势难以恢复。基础设施投资依然是拉动投资增长的主要力量，预计全年固定资产投资增长 15.4%左右。就业形势严峻使居民收入和预期收入更加不乐观，股指大幅下降和房价回落加剧了财富负效应，使耐用消费品消费增长出现明显减速。预计消费需求增长将放缓至 14%左右。国际形势进一步恶化对我国及北京市出口继续构成很大压力，预计 2009 年出口和进口分别增长 10%和 20%左右。

五、政策建议

（一）加大投资力度，发挥投资的推动作用

加快新城建设的投资和引导力度，充分发挥政府投资引导的杠杆作用。给予适度优惠政策，鼓励适于新城发展的行业落户新城。拓宽融资渠道，吸引民间投资介入新城建设。保障新城土地持续供给，做到既保证土地的持续开发，又能拓宽新城产业的发展空间。积极推动北京市基础设施建设，加大投资向郊区转移力度。合理安排基础设施的投资结构，扩大公共服务设施的投资范围。积极构建项目审批一站式服务平台和绿色通道，加快项目审批力度，积极推动项目尽快落地。加大推进保障性住房建设力度，适时出台相关措施促进房地产市场健康平稳增长。加大投资与产业发展对接，加快投资向有效产能转化的效率，提高产业竞争力。

（二）培育消费群体，刺激消费增长

提高城镇居民收入，培育消费群体，谨防消费断层现象。加大补贴力度，提高补贴范围。强力推进职业教育培训和再就业培训，扩大城镇居民就业。积极扩大信息宣传力度，鼓励下岗工人自主创业，为下岗工人提供良好的再就业环境。扶持生态农业和观光农业发展，鼓励郊县农民就近择业。培育新的消费热点和消费区域。加快消费场所周边配套设施和消费环境的改善，提高消费者的通达能力和消费热情。加快社会保障体系建设步

伐，积极降低消费成本，鼓励中高端收入阶层扩大消费。逐步发展高端消费产业或服务产业，积极促进消费升级。

（三）积极总结奥运遗产，推动相关产业的快速发展

积极总结奥运遗产，抓住机遇优先发展奥运相关产业。加大品牌推介力度，树立奥运场馆建设和奥运举办期间涉及的相关产品的品牌形象。依托奥运优势，将公共基础设施与周边的商业办公、娱乐休闲、教育文体等功能相结合，积极培育体育产业，有效带动餐饮、娱乐、休闲和服务行业的发展,努力将北京市打造成为体育休闲之都。提高奥运场馆设施商业化运作水平，逐步形成一批集旅游娱乐一体化的大型休闲场所。

（四）以保增长为主线，促进经济发展方式转变

在防止经济下滑的同时，积极推动发展方式的转变。加快各次产业内部的产业能级提升，引入资本集聚程度高、技术密集型的高端产业；加快实现高科技产业、金融、商务等生产性服务业、社会服务业、文化创意产业“四极”带动的产业发展格局。加快产业集群化发展，充分发挥规模优势，提高产业竞争力，推动六大高端产业功能区的深入发展，使高端产业功能区成为高端产业的承载地，尽快实现产业布局由散点式发展向空间集聚式发展转变。继续加大公共教育和科技等投入，提升技术进步率，促进创新驱动力的持续增强。不断建立和完善创新机制，营造和优化创新环境，促进自主创新能力的提升。选择合适的区域和时机，推行碳交易或者排污权交易试点，完善节能减排体系。进一步加大节能减排力度，逐步完善北京市高耗能产业的退出机制。

（刘岚芳　位志宇）

附表

2009年北京市主要经济指标预测方案比较

指标名称	单位	2007年		2008年		2009年					
						低方案		中方案		高方案	
		实际值	增长率（%）	预测值	增长率（%）	预测值	增长率（%）	预测值	增长率（%）	预测值	增长率（%）
地区生产总值	亿元	9353.3	13.3	10634.0	9.7	11780.2	8.9	11908.2	9.5	12075.2	10.1
第一产业	亿元	101.3	2.2	103.4	2.1	103.8	1.5	104.2	1.7	104.6	2.1
第二产业	亿元	2509.4	12.7	2735.3	5.5	2911.3	5.1	2968.4	5.7	3069.2	6.5
工业	亿元	2082.8	13.1	2274.0	6.3	2445.5	6.4	2493.5	7.0	2578.1	8.6
第三产业	亿元	6742.6	13.8	7795.3	11.2	8765.1	10.2	8835.6	10.9	8901.4	11.4
全社会固定资产投资总额	亿元	3966.6	17.7	4023.4	1.4	4643.2	15.4	4686.2	16.5	4801.4	19.3
房地产开发投资	亿元	1995.8	16	1986.3	-0.5	2233.2	12.4	2275.6	14.6	2367.2	19.2
社会消费品零售额	亿元	3800.2	16	4551.6	19.8	5198.5	14.2	5259.7	15.6	5325.4	17
出口总额	亿美元	489.2	28.8	590.6	20.7	650.1	10.1	672.5	13.8	685.2	16.2
进口总额	亿美元	1440.3	19.8	2369.5	64.5	2851.4	20.3	2951.3	24.6	3025.3	27.7
地方财政一般预算收入	亿元	1492.6	33.6	1875.6	25.7	2235.6	19.2	2287.6	22	2337.3	24.6
地方财政一般预算支出	亿元	1646.9	27	2155.2	30.9	2707.6	25.6	2792.5	29.6	2839.3	31.7
居民消费价格总指数	上年=100	102.4		105.3		101.5		103		103.5	
城镇居民人均可支配收入	元/人	21989	13.9	24738.7	12.5	27203.2	10	27382.3	10.7	27825.4	12.5
农村居民人均纯收入	元/人	9559	10.9	10732.1	12.3	11762.3	9.6	11851.5	10.4	12057.1	12.3

注：地区生产总值及增加值的绝对值为现价，增速为可比价

2008～2009 年北京市社会发展形势分析及 2009 年展望

一、2008 年北京市社会发展主要特点

2008 年，北京市继续推进以民生为重点、以城乡公共服务统筹为目标的社会建设，并抓住北京奥运有利时机，提升城市管理水平。各项社会发展工作顺利推进，民生政策体系日益完善，社会发展主要目标有望如期实现。

（一）就业和城乡居民收入指标基本保持良好态势

开发社区岗位和安置失业人员提前完成全年计划，城镇登记失业率控制在年度目标之内。2008 年，北京市将扩大就业和消灭"零就业"家庭作为工作的重点，截至 2008 年 9 月底，北京市开发社区工作岗位 13.93 万个，安置失业人员 11.16 万人，均提前完成全年计划目标，且 692 户新"零就业"家庭动态归"零"。截至 9 月底，北京市城镇登记失业人员总数为 30.32 万人，同比增长 12.09%。失业人员就业率得到提高，实现就业 17.3 万人，同比增幅为 18.26%。城镇登记失业率为 1.83%，低于全年 2.3%的控制目标。

城乡居民收入名义增速平稳，实际增速有所回落。2008 年，经济的较快增长带动居民收入平稳增长，1～3 季度城镇居民人均可支配收入为 18577 元，同比增长 12.2%，扣除较高的物价因素影响，实际增长达到 5.8%，与上年同期相比有所回落。农村出行等交通设施进一步改善，设施农业、民俗旅游等生产性服务设施建设得到加强，带动京郊农民进城，吸引城

镇居民进村，农村居民增收较快，人均现金收入达到 9389 元，同比增长13.1%，比上年同期增幅高 2.6 个百分点，其中，工资性收入和财产性现金收入保持较快增长。

（二）社会保障面得到明显扩展，制度更趋完善

社会保险覆盖面进一步扩大。社会保障群体队伍进一步扩大，截至 9 月底，养老、医疗、失业、工伤和生育保险分别为 738.60 万人、851.72 万人、596.92 万人、651.83 万人和 316.95 万人，分别比上年同期增长 12.88%、12.99%、14.84%、12.58%和 12.19%。

“一老一小”和农民工参保总人数再创新高。北京市推出的延伸扩面类社会保险的参保人数也出现了快速增加。截至 8 月底，北京市“一老一小”参保总人数已经达到 155.48 万人，其中，城镇老年人参保人数 17.41 万人，学生儿童参保人数 138.07 万人。农民工参加工伤保险和医疗保险人数分别为 207.19 万人和 183.66 万人。

养老保险和医疗保险制度实现无缝覆盖。2008 年，北京开始实施了新型农村社会养老保险制度和城乡无保障老年居民养老办法，实现了养老保障制度的全覆盖。前者惠及约 5.9 万人，后者惠及约 70 万人。同时实施了《关于北京市城镇劳动年龄内无业居民参加城镇居民基本医疗保险的实施意见》，惠及 47 万人，实现了城乡居民医疗保险制度的全覆盖。

低保标准相应提高。从 2008 年 7 月 1 日起，北京市城市居民最低生活保障标准由家庭月人均收入 330 元调整到 390 元。北京市农村低保平均标准为 1780 元，并以此为区县农村低保最低标准。惠及城市居民最低生活保障对象有 7.2 万户、14.6 万人，农村低保对象有 4.1 万户、7.7 万人。

（三）住房保障力度继续加大，有望实现年初目标

1～3 季度，北京市经济适用房施工面积达到 504.6 万平方米，其中 2008 年新开工 138 万平方米，同比增长 52.8%。出台了限价房管理销售办法和购买标准，加快经济适用住房、两限房、廉租房申请受理和配租配售步伐，有望实现年初制定的新建廉租住房 50 万平方米，经济适用住房 300 万平方米，限价商品住房450万平方米的政策性住房建设目标。

（四）市民出行效率和安全状况明显提高，实现奥运承诺

交通限行措施大大缓解了城市交通拥堵状况。在交通限行和各类专项整治措施的作用下，第3季度北京市交通事故和交通拥堵大幅下降。7月1日至9月15日，北京市共接拥堵报警3.4万起，同比下降62.9%，发生死亡事故130起、死亡148人，同比下降47.2%和45%。特别是在奥运会期间，交通状况改善明显：拥堵和事故报警比7月1日前分别下降90.6%和51.7%；市区主干道交通流量下降23.1%，车辆通行速度提高9%；交通死亡比2007年同期下降69.8%，未发生重特大交通事故、酒后驾车事故和严重交通拥堵，交通安全状况创十几年来最佳，全年有望实现道路交通万车死亡率低于3.8人的目标。

（五）空气质量目标提前31天完成，达标质量大幅度提高

得益于1998年以来北京市持续采取的控制大气污染等措施，北京市空气质量达标天数增加、质量提高，这更有利于市民的身体健康和工作生活。截至11月30日，2008年北京市空气质量二级和好于二级的天数累积达到256天，已经占到了全年天数的70%，提前31天完成了北京市委、市政府确定的2008年空气质量改善目标，北京市空气质量连续10年得到了改善。统计分析显示，256个达标天的突出特点是达标的质量大幅度提高。在256个达标天中，一级达到了56天，比2007年全年的一级天数还多24天；1～11月的二氧化硫、一氧化碳、二氧化氮、可吸入颗粒物四项污染物浓度平均值，与上年同期相比分别下降了约22%、27.8%、27.7%、16%。

（六）统筹城乡发展，农村投入力度加大

农村居民成为养老政策最大受益群体。农村养老保险在《北京市新型农村社会养老保险试行办法》颁布后出现快速增长，参保人数已经达到106.55万人，覆盖率超过70%，大大超过了40%的调控目标。

农村卫生服务体系建设和基本医疗服务运行机制建设逐步推进。2008年投入2.8亿元，为农村187个乡镇卫生机构、1391个村级卫生机构实施基本装备标准化配置。村级基本医疗卫生服务项目建立“政府购买”机制。从2008年1月份起，规范农村基本医疗卫生服务项目，镇级提供免费项目14类75项，村级提供免费项目16类47项。

农村劳动力的教育与培训进一步加强。职业教育和培训成效明显，农村劳动力转移培训完成10万人。支持京郊农民田间学校建设。为加快培养有文化、懂技术、会经营的新型农民，2008年支持新建200所、续建100所农民田间学校。

二、当前社会发展领域存在的主要问题

（一）人口增长过快和公共服务资源不足的矛盾短期内难以改观

人口过快增长成为北京市人口调控难题，一方面按照社会发展的总体趋势和北京市经济发展的需要，存在大量户籍迁移需求，另一方面，流动人口也保持较快增长，截至7月底，北京市新登记办证流动人口675.9万人，比上年同期增长1.4倍；已登记办证流动人口总数达到916.6万人，创历史最高纪录，比2007年同期增长80.9%。虽然北京市近年来一直保持较大的基础设施建设规模，但由于人口的持续增长，部分公共资源供给仍然处于紧张局面，如拓展区城市基础设施建设仍然远远落后于人口增长，市政管网不足，文教体卫设施难以高效满足包括外来常住人口在内的市民需求。

（二）社会公共服务设施的空间格局亟须优化

社会公共服务设施城区过度集中于旧城区，与快速的城市化进程不相适应，与建设城市多中心格局不相适应，与市民快速增长的公共服务需求不相适应。尤其是近十年来，人口居住向三环、四环甚至五环外快速扩张，三环外的公共服务设施严重缺失，特别是人口规模庞大的大型社区，小区设施配套很不完善，无法有效满足市民便捷、舒适的公共服务要求。建设和改善新城公共服务体系、提升南城及西南部地区公共服务能力的任务仍然艰巨。

（三）城乡社会发展差距依然较大，统筹发展任重道远

社会公共资源配置的城乡不均衡状态没有明显改善。目前，北京市公

共资源配置依然存在重城市轻农村的情况，农村教育、医疗、文化体育等社会公共服务资源和服务水平与城市相差悬殊。在公共投入上对农村的倾斜在短期内仍然难以改变城乡差距过大的状况。

（四）短期内仍然存在影响民生改善的不利因素

一是物价指数一直处于高位运行，1～9 月，食品价格指数达到了 118.4，成为居民消费价格上升的主要力量。二是出现了就业形势趋紧的不良苗头，一方面部分行业出现就业人员减少迹象，另一方面，北京市各行业劳动力需求景气指数均明显下降。

（五）市民社会不断发育，社会管理需要加大创新力度

当前我国的社会转型实际上就是一个市民社会不断发育的过程。在此过程中，市民的权利意识将觉醒，利益诉求将增多，与原有管理体制的矛盾也将增多，此时急需创新社会管理方式和方法，如近年来逐渐增多的物业管理纠纷就是一个明显的信号。

三、2009 年北京市社会发展形势展望

（一）国内改革大环境更为宽松，民生问题得到空前重视

当前，社会各阶层对改革的接受程度是空前的，对各项改革的参与程度也正在加深，改革的制度禁区越来越小，这种宽松的制度环境为北京市进行制度创新提供了很好的条件。同时，和谐社会建设进入了新的阶段，从中央政府的政策思路来看，更加重视社会民生问题，更加重视城乡统筹发展，更加重视经济发展与资源、环境的协调。这一思路的转变为北京市加大社会领域投入、改善社会民生问题提供了契机。

但是，国家宏观经济面临下行风险，将对社会发展带来不利影响。由美国次贷危机引发的金融危机已经影响到实体经济，部分发达国家步入经济衰退之中，中国经济也出现了减速迹象。当前，北京市经济也处于周期下行期，经济发展趋缓将直接影响就业和居民收入，对政府财政收入也将产生一定影响。

（二）区域间公共服务均等化水平将继续提高

近年来，北京市一直在促进公共资源的均衡配置，随着政府投入日益向公共服务薄弱地区倾斜、向农村倾斜，以及加快新城发展和加快南城、西南部地区发展等政策的实施，新农村建设的进一步推进，城乡统筹发展、区域均衡发展程度也将不断提高，区域间公共服务均等化水平将继续提高。

（三）社会保障覆盖率将进一步提高，但各项保险基金的收缴率可能下降

由于2008年社会养老保险制度和医疗保险制度均实现了无缝覆盖，参保潜在人群大大增加，因此可以预见2009年社会保障的覆盖率将进一步增加，特别是目前覆盖率较低的农村养老保险将可能出现参保率的快速上升。另一方面，由于整体经济形势增幅放缓影响，部分中小企业的生存压力加大，有可能引发各种保险费的拖欠现象，导致保险基金收缴率的下降。

（四）居民就业和收入压力较大

失业率将可能上升。一方面由于经济增长速度回落，新增就业需求将减少；另一方面由于北京市在奥运会后对外来人口依然保持较大的吸引力，同时中小城市就业的不景气可能迫使部分流动人口进入北京这样的大城市寻找就业机会，外来人口的大量进入将加剧北京劳动力市场的竞争，导致失业率的上升。

居民收入增长可能放缓。不利于北京市居民收入提高的因素有：北京市原材料及工业品出厂价格之间的剪刀差较高，企业利润空间将进一步减弱，面临着企业降低工资及失业率上升的风险，不利于北京市城镇居民收入水平的提高；股价的回落，不利于居民的财产性收入的提高。

四、政策建议

（一）加快出台基本公共服务标准，促进公共服务均等化

制定基本公共服务标准。界定基本公共服务内涵、分类，借鉴国外基本公共服务均等化模式，提出北京市四类功能区基本公共服务均等化的基

本标准、配置原则、发展目标及评价方法；评价各区域基本公共服务均等化状况，测算各功能区实现基本公共服务均等化的建设需求，促进各功能区基本公共服务均等化。

（二）加大三类区域公共服务能力建设，满足市民公共服务需求

1．加大对新城的投入，改善新城公共服务设施。新城吸引力不足的很大一个原因是新城的公共服务设施普遍相对较差，居民生活多有不便。因此，改善新城的公共服务设施是增强新城吸引力的一个必要措施，当前最主要的包括城市道路、学校、医院、文化活动场所等。同时，创新管理手段，提高新城公共服务水平，如加强新城的社会治安管理，完善新城交通体系与通往城市中心区的轨道交通等的衔接，提升新城的生活便利性。

2．加快提升南城和西南部地区公共服务水平。继续加大政府投入倾斜力度，加强社会投资引导，重点支持群众最急需的社会基本公共服务设施建设，推动一批功能性的公共服务设施项目落户南城，支持一批符合规划、具备发展条件的大型公共服务设施发展壮大，提高南城和西南部地区社会公共服务供给的能力和水平，满足南城居民对基本公共服务和优质公共服务的需求。

3．通过“双轮驱动”，加快推进新农村公共服务建设。按照城乡一体、城市化的思路，实施新农村和重点镇建设“双轮驱动”，带动农村人口聚集，改变农村生产方式、生活模式，构筑城乡一体的新格局。抓好“三起来”工程和村庄环境整治，完善公共设施管护机制，改善农村生活条件。加强重点镇建设，分阶段集中解决交通联络、垃圾治理、集中供水、污水处理等设施问题，提升基本公共服务能力，增强集聚和带动作用。

（三）转变促进就业思路，以创业带动就业，大力推进居民创业和中小企业发展

提供充足的就业机会是政府的一项重要职责。目前北京市解决下岗失业人员的主要思路是开发社区工作岗位，但是经过前几年的开发，潜力已经十分有限。有资料显示，中小企业已经成为北京市创造就业岗位的重要力量。可考虑采取必要措施大力鼓励居民创业和中小企业吸纳就业：

1．全面梳理限制居民创业和中小企业发展的政策，创造良好的就业环境。据统计，近年来中国个体户的数量一直处于萎缩之中，这说明在大环境上还存在一些制约个人创业的因素，建议全面梳理北京市的各项限制个人创业和中小企业发展的制度因素，努力创造一个宽松的个人创业和中小企业发展环境。

2．制定激励措施，鼓励中小企业吸纳下岗失业人员。放宽和规范非公有制经济在市场准入、财政税收、信用担保和金融服务等方面的政策措施。借鉴福利企业吸收残疾人员就业的部分优惠措施，对中小企业吸收下岗失业人员给予一定优惠，优惠形式和幅度可以比福利企业小一些。

（四）总结奥运经验，把“奥运机制”规范化、制度化、长效化

完善城市管理运行机制，提升城市管理水平。北京市在奥运会期间对城市管理方式进行了一系列的创新。奥运会后应该进一步及时总结这些创新的经验，加以完善，使其能够常规化、规范化和发挥长期效用。如完善交通管理机制，改善城市交通运行状况；完善能源和生活必需品保障机制，食品药品安全监管机制和城市应急管理体系等等。

（五）深化社会领域改革，健全社会政策体系

在政府公共管理和社会管理中，围绕解决好人民群众最关心、最直接、最现实的就业、教育、医疗、社会保障等利益问题，深化社会领域改革。做好综合配套改革试点工作，把完善社会运行调控机制作为改善民生和促进社会和谐的重要任务，从社会运行调控的主体、方式、决策、执行、问责等方面入手，深化社会领域改革，健全社会政策体系。探索建立新的社会管理格局，加强基层社会管理体制。重视社会组织建设和管理，建立完善充分反映各社会群体利益诉求的沟通机制。加强对社会管理工作的统筹协调，统筹各部门社会政策，建立健全社会政策体系。加强公共服务绩效评价工作，提高社会政策实施效果。

（隆学文 林 宝）

发展环境

2009 年国内外经济运行环境分析

受次贷危机不断深化、金融市场持续动荡的影响，世界经济和贸易增长明显放缓，步入停滞或衰退的风险加大。世界经济明显已经进入一个中长期调整阶段[①]。国际货币基金组织预测 2009 年，全球经济增长仅为 2.2%。在结构性调整和周期性调整的作用下，我国经济进一步回调，预计 2009 年全年 GDP 增长 9%～9.5%。在中共十七届三中全会精神的指导下，“新土改”将引领改革迈入新阶段；宏观调控将围绕“全力保增长”逐项展开，预计国家将会实行积极的财政政策和宽松的货币政策组合。

一、国际经济环境进一步恶化

（一）次贷新危机引发全球金融危机

随着美国雷曼兄弟公司宣布破产，美林证券被收购，美国国际集团陷入财务危机，次贷危机又给美国金融体系带来了新的一轮风暴，混合型金融危机已然形成[②]。国际货币基金组织 2008 年 10 月份公布的《世界金融稳定报告》预测，美国次贷问题引起的金融危机将不断深化，全球金融机构的损失将高达 14050 亿美元，比 4 月份的预测增长 50%以上。由于全球涉入次贷危机的金融机构众多[③]，随着时间的推移，将会有更多的损失披露，

[①]根据美国经济学家库兹涅茨在 1930 年提出的周期理论，与房地产业泡沫破灭（或者说与房屋建筑）相关的经济周期的平均长度为 20 年。它的周期变化与房屋建筑、人口增长率的变化以及消费对收入的比率等有密切关系。

[②] 金融危机可以分为货币危机、债务危机、银行危机等类型。近年来的金融危机越来越呈现出某种混合形式的危机。

[③] 商业银行、保险公司、投资银行、退休基金、教育基金、政府托管的各种基金和对冲基金等。

次贷危机影响还远未结束。为了缓解并降低金融危机给虚拟经济和实体经济带来的危害，各国政府纷纷出手干预[①]，虽然政策、措施准确到位，但向市场注入流动性、提升市场信用度，只能延缓危机进程，不能从根本上解决次贷引发的市场问题，世界经济进一步恶化的趋势难以扭转。

（二）大宗产品价格回落，全球通胀稍有缓解

受沙特增产、世界经济疲软对石油需求减少、美元汇率较稳定等因素的影响，国际油价一路走低，于2008年10月27日盘中跌破60美元大关。原油价格从每桶60美元涨至147美元用了3年多的时间，而再跌至60美元以下仅用了不到4个月的时间[②]，价格波动明显加剧。受全球小麦产量预计增加、中国和印度大豆产量创下新高、泰国和越南大米丰收等利好因素的影响，国际粮食价格出现回落。美国、欧元区、日本等发达国家和地区8月份的CPI普遍出现回落[③]，发展中国家通胀仍保持较高水平。虽然需求下降，但由于产油国对产量的控制和地缘政治危机、自然灾害的不可预期以及投机行为的存在，不排除油价再次出现大幅波动的可能。

（三）实体经济受到波及，增长集体放缓

2008年第1季度和第2季度，世界经济同比分别增长4.4%和3.9%，比上年同期分别回落0.04和0.46个百分点。其中，发达国家经济增长明显放缓，而发展中国家经济增长虽有所放缓，但增速仍较快。

---

① 美国政府在接管“两房”后，出台了7000亿美元的救市计划。截至2008年10月中旬，欧洲各国救市方案出资总额已近2万亿欧元。德国政府将拿出5000亿欧元用于救市，其中4000亿欧元用来为银行同业拆借提供担保；1000亿欧元用于政府注资金融机构，这其中又有最多800亿欧元用于直接注资银行。法国将拿出最多3600亿欧元用于金融救助。其中3200亿欧元用来担保银行借贷，400亿欧元用来向银行提供资本金。英国政府宣布向皇家苏格兰银行、哈利法克斯银行和莱斯银行注资370亿英镑。英国10月8日紧急公布一揽子银行救助计划，将向英国各大商业银行提供高达500亿英镑资金，以增强市场的流动性。西班牙政府当天通过总额最高1000亿欧元的金融援助计划，用于在2008年年底前为西班牙金融机构提供信贷担保。这一计划适用于部分外国银行在西班牙的分支机构。荷兰政府将出资2000亿欧元用于为银行同业拆借提供担保。葡萄牙政府将出资200亿欧元为银行同业拆借提供担保。奥地利政府宣布将出资850亿欧元为银行同业拆借提供担保，并拨出150亿欧元用于银行资本重组。继10月7日澳洲央行降息以来，全球掀起降息潮：10月8日，欧美主要经济体联合降息，包括美联储、欧洲央行、英国央行、瑞士央行、加拿大央行和瑞典央行在内的西方六大央行联合宣布将基准利率下调50个基点。紧接着是亚太地区。

② 2008年7月底均收报于每桶120美元左右，8月底跌至每桶110美元左右，9月初跌破100美元大关，10月27日，再次大跌，伦敦布伦特原油期货盘中一度下跌到每桶59.02美元。

③ 美国，2008年7月5.6，8月5.4；欧元区，7月4.0，8月3.8；日本，7月2.4，8月2.1。

美国经济持续走弱，面临“零”增长风险。2008年第3季度，美国经济出现0.3%的负增长，为2001年第3季度以来最大降幅，美国经济增长的发动机——个人消费开支17年来首次出现季度环比下降（-3.1%）。随着房地产市场持续下滑，次贷危机难有见底信号，信贷市场持续恶化，贷款和证券化资产损失不断攀升，金融领域的风险有扩散到实体经济领域的迹象。在信心缺失和失业加剧等因素影响下，消费仍将持续低迷。

日本经济将持续在底部徘徊。日本目前在次贷风波中受影响和牵连较小，并开始抄底华尔街，但主要出口国经济增长的放缓、国内制造业的不景气、失业率上升等因素难以支撑日本走出经济底部。日本央行预计，2008财年日本经济将增长0.1%，增速大大低于该行此前预测的1.2%。

欧洲主要国家集体走弱。虽然2008年9月欧元区消费者信心指数从-19下跌到-24。总体经济信心指数从87.5下跌到80.4，是1993年10月以来最低水平。欧洲制造业已出现自2001年以来的首次衰退，欧盟委员会《秋季经济预测报告》预测，欧盟27国经济2008年将进入衰退；2009年德国、法国和意大利经济将出现零增长，英国、西班牙将出现1%和0.2%的负增长。

新兴经济体增速回调，但仍保持相对高位。受发达经济体需求持续疲软的影响，新兴经济体尤其是出口依赖度较高的国家和地区出口难以企稳。在金融风暴的影响下，股市持续低迷，并有大幅震荡的风险，房地产市场也难以回暖；游资的注入和撤离也为这些地区带来了巨大的金融风险。

（四）全球贸易放缓，格局有所调整

在世界需求下降、各国贸易保护主义有所抬头等因素影响下，世界贸易出现放缓，但格局有所改变。OECD统计数据显示，2008年上半年全球贸易量环比增速放慢，第1季度增长1%，第2季度下降0.2%。其中，OECD国家出口增速从1.4%回落到0.4%；进口第1季度增长0.6%，第2季度则转为下降0.8%。与此同时，全球贸易不平衡状况有所改变：作为最大贸易逆差国美国的逆差有所缩小，同为贸易顺差大国的中国和日本顺差有所缩小；此外，欧元区由顺差转为逆差，但全球贸易总体不平衡状况未得到根本扭转。

（五）信用危机空前严重

全球著名的国际信用保险及信用管理服务机构科法斯发布了《科法斯世界贸易信用风险手册2008～2009》中文版预测，2008年会是全球信用风险高发的年份[①]。对金融市场动荡的惧怕，对市场信心的缺失以及对政府宏观调控能力的怀疑，动摇了整个经济的基础。企业欠款比例增加、涉及欠款企业范围扩大、居民不良贷款比例大增、国家间金融机构拆借利率居高不下，信用危机已经深入到各个领域，并对虚拟经济和实体经济带来了严峻考验。

综上所述，2009年国际经济环境进一步恶化，面临衰退风险加大（详见下表），会对未来我国的经济运行带来较大影响。从短期来看，外需下降将使我国出口增长持续走弱；全球金融危机通过波及我国资本市场影响我国企业融资方式、居民投资收益，进而影响我国金融体制改革创新进程；预期国际资本的大规模流动，将给房地产业发展带来巨大风险；全球信用危机也将对企业投资意愿和居民消费信心产生一定影响。从长期来看，我国面临的出口和生产困境，将有助于加速企业自主创新、产业升级的步伐；同时，此次危机可能带来发达国家超前贷款消费模式和打造世界工厂生产模式的改变，这种变化或将对我国未来的消费模式和生产格局产生深远影响。

二、国内经济仍将处于下行调整期

2008年，虽然受到国际环境恶化和国内严重自然灾害的影响，但我国仍然保持了稳健的发展态势。在自身周期性调整要求和外部结构性调整的共同作用下，在2009年经济增速将稳步小幅回落，预计能保持9%的增长。

[①]2008年前4个月全球企业欠款指数上升了45%。自1月以来，北美拖欠货款个案显著上升，不仅来自房地产直接相关行业，还涉及其他的行业。为此美国和西班牙的评级已被调低至A2，英国、爱尔兰、加拿大、墨西哥、日本、丹麦、葡萄牙和南非已被科法斯列入负面观察名单；5月底，科法斯又调低了包括航空运输、工程建筑、汽车、造纸、零售、电子零配件和纺织品在内七大行业的风险评级。该机构对中国内地仍维持了2007年的国家风险A3评级，中期信用风险为“低风险”。

《世界经济展望》预测概览摘要（%）

表 a

数据 项目	2006	2007	2008年10月预测		2008年11月与10月预测差异	
	实际值	实际值	2008	2009	2008	2009
世界产出	5.1	5.0	3.7	2.2	-0.2	-0.8
先进经济体	3.0	2.6	1.4	-0.3	-0.1	-0.8
美国	2.8	2.0	1.4	-0.7	-0.2	-0.8
欧元区	2.8	2.6	1.2	-0.5	-0.1	-0.7
德国	3.0	2.5	1.7	-0.8	-0.1	-0.8
法国	2.2	2.2	0.8	-0.5	—	-0.7
日本	2.4	2.1	0.5	-0.2	-0.2	-0.7
英国	2.8	3.0	0.8	-1.3	-0.2	-1.2
俄罗斯	7.4	8.1	6.8	3.5	-0.2	-2.0
中国	11.6	11.9	9.7	8.5	—	-0.8
印度	9.8	9.3	7.8	6.3	-0.1	-0.6
东盟五国	5.7	6.3	5.4	4.2	-0.1	-0.7
巴西	3.8	5.4	5.2	3.0	—	-0.5
世界贸易量	9.3	7.2	4.6	2.1	-0.3	-2.0

表 b

数据 项目	2006	2007	2008年10月预测		2008年11月与10月预测差异	
	实际值	实际值	2008	2009	2008	2009
消费者物价						
先进经济体	2.4	2.2	3.6	1.4	—	-0.6
新兴和发展中经济体	5.4	6.4	9.2	7.1	-0.2	-0.7

摘自：国际货币基金组织，《世界经济展望》，2008年11月6日

（一）实体经济持续调整，三大需求增长缺乏动力

2008 年前 3 季度我国国内生产总值 201631 亿元，同比增长 9.9%，比上年同期增速回落 2.3 个百分点[①]。这已是继 2007 年第 2 季度以来连续第 5 个季度增速下滑。9 月份首次出现用电需求增幅低于 GDP 增幅现象，中国电力消费弹性系数小于 1，有关部门预计到 2008 年年底发电设备利用小时可能降至 5000 小时以下，这些反映需求的先行指标的下行走势，预示着经济下滑态势已成定局。预计 2009 年三大需求增长动力不足。首先，虽然国家出台了提高部分行业出口退税率等刺激出口的政策，但在外需持续下滑的影响下，我国出口形势仍然严峻，东南沿海一些出口依赖度高的省市已纷纷调低增长预期。其次，在全球金融危机和我国沪深两市大小非解禁高潮来临的 2009 年，我国股票等证券市场回暖可能性不大，金融市场融资、融券的能力大幅下降，企业现金流吃紧；房地产市场调整没有到位，浓重的观望气氛一时难以化解，市场投资能力和意愿会大幅下降。再就是全球进入降息周期，居民实际增收放缓，财产性收入大幅下降，新的收入增长点没有形成，消费者信心难以上升，消费需求启动困难。

（二）主导产业面临困境，影响范围逐步扩大

2008 年我国部分大中城市房地产市场出现了量价齐跌的情况，居民购房意愿达到 1999 年以来的最低水平，开发商资金链紧张，土地大量“流拍”，导致房地产开发投资持续回落。1～9 月份，房地产开发投资 21278 亿元，增长 26.5%[②]。汽车生产、销售均不乐观，1～9 月，汽车生产 76.47 万辆，同比增长 1.02%；销售 75.15 万辆，同比下降 2.74%。楼市和车市的不景气将对金融等上游产业，钢铁、建材、机械、化工、电子等下游产业带来不利影响，影响范围会逐步扩大。在价格“剪刀差”尚未缓解、外需明显收缩、企业融资难等因素的影响下，我国企业尤其是中小企业、外向型企业生产经营困难加剧，产能过剩进一步增加，第 3 季度企业景气指数比上季度

[①] 其中，第一产业增加值 21800 亿元，增长 4.5%，加快 0.2 个百分点；第二产业增加值 101117 亿元，增长 10.5%，回落 3.0 个百分点；第三产业增加值 78714 亿元，增长 10.3%，回落 2.4 个百分点。

[②] 1-8 月份房地产开发投资增长 29.1%，1-7 月 30.9%；1-6 月为 33.5%。

和 2007 年同期分别回落 8.8 和 16.1 个百分点。

（三）通胀压力初步得到缓解，但仍将保持高位震荡

在国家“一保一控”的宏观调控和全球初级产品市场价格下调的双重背景下，我国居民消费价格涨幅继续放缓，工业品出厂价格涨幅出现回落。2008 年前三季度，居民消费价格上涨 7.0%（9 月份上涨 4.6%，比上月回落 0.3 个百分点），涨幅比上年同期高 2.9 个百分点，但比上半年回落 0.9 个百分点。工业品出厂价格同比上涨 8.3%（9 月份上涨 9.1%，涨幅比上月回落 1.0 个百分点），涨幅比上年同期高 5.6 个百分点。 随着翘尾的下降，如果没有新的增长点出现，CPI 将保持高位小幅震荡，预计 2009 年 CPI 上涨 4% 左右。

（四）安全生产事故频发或将成为影响经济发展的羁绊

2008 年以来安全生产问题频频发生，毒奶粉、毒鸡蛋问题出现，反映出企业为降低成本而不择手段、市场过度竞争、政府“缺位、越位”等问题，随即出现的奶农倒奶、企业倒闭、出口受阻等产业链各个环节的问题，将会影响整个行业发展以及中国产品形象。煤矿塌方、瓦斯泄漏等事故更多反映出的是企业社会责任差，政府、社会监管不力等问题。这些问题的接连出现，对本已处在下行期的我国经济无异于是雪上加霜。

三、预期宏观调控力度加大，政策环境适度放松

面对日益恶化的国际环境和下行趋势明显的国内经济，国家明确强调要按照科学发展观的要求，采取灵活审慎的宏观经济政策，尽快出台有针对性的财税、信贷、外贸等政策措施，着力扩大国内需求特别是消费需求，保持经济平稳较快增长。近期，国家已经出台了大力度的经济刺激计划，未来两年 4 万亿的大规模投资，将对扩大内需、刺激经济增长带来有力保障。

（一）宏观调控政策取向将是“全力保增长”

随着国内外经济形势的变化，我国宏观调控政策取向已由 2008 年初的“双防”，转变为年中的“一保一控”，并正在向“以保增长为主”转变。在 2009

年国际经济持续恶化的判断下，预期 2009 年年初我国的政策取向将是“全力保增长”：通过刺激消费扩大内需，调控投资适度增长，以缓解外部环境带来的经济下滑风险。

（二）采取“积极的财政政策和宽松的货币政策”组合

按照蒙代尔－弗莱明模型的分析，在有效需求严重不足时,应采用财政政策和货币政策的“双松”搭配，但在人民币仍存在升值预期和国际资本预期大规模流动的背景下，“积极的财政政策和宽松的货币政策”组合将更有利于我国启动内需，保持经济稳步增长。

积极的财政政策：预计国家将会抓紧出台已试点多年的增值税改革，降低企业生产成本，激发企业投资、生产积极性。进一步提高部分行业的出口退税率，降低产权交易的中间费用。再次提高个人所得税起征点，让利于中低收入阶层。提高全社会的医疗、社保等基础保障，以切实提高居民收入，刺激居民消费。通过加大政府对保障性住房的投入，降低购房交易中间税费，以刺激购房需求，稳定房地产市场。

宽松的货币政策：在全球进入降息周期的背景下，根据流动性情况，灵活、针对性的调整存贷款利率、存款准备金率、贷款额度等，增强窗口指导的范围和力度，增强金融对经济增长的支持力度。

（三）抓住时机，加快体制改革进程

在国际初级产品价格大幅回调的背景下，国家发改委提出要适时对煤、油、粮食等资源价格做出一些调整，但调整时会考虑受影响最大的弱势群体生活问题。预计国家将理顺资源产品定价机制，充分发挥市场对资源的基础配置功能，发挥价格的杠杆作用以推动节能减排。以本轮房地产市场调控为契机，适度增加地方政府调控职能权限和范围，充分发挥地方政府自主调控的积极性，实行差异化的区域政策，以满足不同地区的差异化发展需求。在本轮国际金融危机的冲击和警示下，在保持金融稳定的前提下，继续审慎地向前推进金融体制改革，建立有效的金融风险监管体制，维护国家经济金融安全。

（四）中共十七届三中全会精神为我国改革和发展重点指明了方向

中共十七届三中全会通过的《中共中央关于推进农村改革发展若干重大问题的决定》，以农村作为未来改革的主攻方向，从土地流转等方面入手破题农村改革，通过逐步放开农村要素市场，健全农村土地、资金、劳动力市场，建立保障农民长远利益机制，从根本上解决长期扭曲的城乡二元结构和“三农”问题。该决定的提出，有利于提高农业生产效率，释放生产力，而且有利于扩大国内需求，促进城乡一体化，加速城市化进程，对中国经济将产生新的推动力。

（齐 心）

2008 年国家宏观调控政策回顾及 2009 年政策取向判断

2008 年以来，我国经济形势先扬后抑，国家宏观调控政策相应由“双防”转变为“保增长”。2009 年，国际金融危机尚未见底，为应对外部冲击、保持我国经济平稳增长，预计政府会加快转变增长方式步伐，在积极的财政政策和适度宽松的货币政策的背景下，加快改革步伐，以扩大内需为主导，充分发挥投资和外贸的推动作用。

一、2008 年我国宏观调控政策转变：由妥善处理经济增长和通胀的关系转向以“保增长”为主

针对 2008 年面临的经济形势，我国宏观调控政策取向三易基调，从“双防”转向“一保一控”，然后又以“保增长”为主，彰显宏观调控政策的及时性和灵活性。

（一）2007 年 12 月至 2008 年 7 月间，国内经济面临过热风险，通胀压力加大，宏观调控政策以“双防”为主基调

从 2004 年开始我国实行“双稳健”的财政、货币政策，我国经济保持较快增长，2006 年突破 11%，2007 年达到 11.9%，经济增长存在由偏快转为过热的风险。国际原油、大宗商品价格高涨，我国物价输入性通胀压力较大，2007 年我国 CPI 由 1 月份的 2.2%上涨到 11 月份的 4.6%。同时我国经济运行中一些长期积累的突出矛盾还没有得到根本解决，如投资增长过快、

信贷投放过多、外贸顺差过大。为消除经济运行面临的风险和存在的不健康、不稳定因素，2007 年 12 月 3 日至 5 日的中央经济工作会议把保持经济平稳较快发展放在首位，把**防止经济增长由偏快转为过热、防止价格由结构性上涨演变为明显通货膨胀作为当时宏观调控的首要任务**，按照控总量、稳物价、调结构、促平衡的基调做好宏观调控工作，首次采用稳健的财政政策和从紧货币政策的搭配。

为抑制价格过快上涨，国家发改委自 2008 年 1 月 15 日起，对部分重要商品及服务实行临时价格干预措施。

为落实从紧的货币政策要求，继续加强银行体系流动性管理，抑制货币信贷过快增长，2008 年 1 月 16 日央行决定从 2008 年 1 月 25 日起提高存款类金融机构人民币存款准备金率 0.5 个百分点，执行 15%的存款准备金率。至 5 月 20 日金融机构人民币存款准备金率达到 16.5%。

（二）2008 年 7 月至 11 月间，国内外经济局势不确定性风险增大，物价有所回落，宏观调控政策以保增长和控物价为宏调首要任务

由于全球经济进一步下滑及金融市场依然动荡不安，我国出口行业和整体经济增长面临着下行风险，同时南方雪灾和汶川震灾给我国的经济发展带来了一定的不利影响，2008 年 1～6 月份我国经济增长开始放缓，GDP 同比增长 10.4%，比上年同期回落 1.8%；上半年居民消费价格水平上涨 7.9%。这表明国家从紧的货币政策防止经济过热的势头已见效，但通胀仍未得到有效控制。中共中央政治局 2008 年 7 月 25 日会议明确指出：**把保持经济平稳较快发展、控制物价过快上涨作为宏观调控的首要任务，即"一保一控"**，显示在短期政策目标上，把抑制通货膨胀放在突出位置。

为了缓解纺织企业的困难，稳定出口，保障就业，7 月 31 日，财政部等部门宣布自 2008 年 8 月 1 日起将部分纺织品、服装的出口退税率由 11%提高到 13%；部分竹制品的出口退税率提高到 11%。11 月 1 日再次提高部分纺织品、服装、玩具出口退税率，同时提高日用及艺术陶瓷出口退税率。

为缓解中小企业融资难和担保难问题，8 月初，央行以采用"口头通知"

的方式，调增了全国商业银行信贷规模。随后9月16日至10月29日期间，央行又先后三次下调人民币贷款基准利率和中小金融机构人民币存款准备金率，以解决中小企业流动资金短缺问题。

为保障房地产市场稳定健康发展，财政部决定从2008年11月1日起，个人购房契税税率暂统一下调到1%；对个人销售或购买住房暂免征收印花税；对个人销售住房暂免征收土地增值税。

（三）2008年11月5日至今，国际金融危机尚未见底，宏观调控政策以“促进经济平稳较快增长”为主

在世界金融危机日趋严峻的背景下，国内房地产、钢铁、汽车等重要支柱产业产销大幅度下降。前3季度，我国经济增速回落至9.4%，为我国经济增长5年多来首次低于10%。物价已经出现明显回落，通胀压力逐渐减小。为抵御国际经济环境对我国的不利影响，保持经济平稳较快发展，防止出现大的起落，成为促进科学发展的首要目标。2008年11月5日，国务院常务会议研究部署**进一步扩大内需促进经济平稳较快增长的措施，对宏观调控政策作出了重大调整，将实行积极的财政政策和适度宽松的货币政策，确定了当前进一步扩大内需、促进经济增长的十项措施，并在今后两年多时间内安排4万亿元资金强力提振经济。**一系列措施表明“保增长”已成为最重要任务。

2008年11月27日起，央行下调金融机构一年期人民币存贷款基准利率各1.08个百分点，其调整幅度远超过此前市场的预期，为11年来的最大降息。

2008年12月8日至10日，中央经济工作会议再次明确2009年首要任务是保增长、扩内需、调结构，并提出2009年经济工作五项重点任务。

自“保增长”措施实施以后，四季度新增1000亿元的投资已经大体落实到项目，有利于大规模配置资源，对于提振市场信心、改变市场预期、缓解经济下滑风险起到稳定剂作用。但是如果要有效拉动国内消费需求，保持我国经济平稳较快增长，还有赖于2009年的国内外经济形势以及我国政策的进一步落实。

二、2009 年国际国内形势分析

（一）全球经济持续放缓

金融危机愈演愈烈，金融领域的风险有扩散到实体经济领域的迹象，全球经济增长动力不足。主要经济体增速明显放缓，美国经济持续走弱，面临“零”增长甚至负增长的风险。受国际贸易放缓、国内制造业不景气、失业率上升等因素的影响，日本经济短期内难以回升。欧盟经济体制造业衰退迹象明显，经济信心指数跌至 1993 年 10 月以来的最低水平。受国际需求减少、国际贸易下滑的影响，大多数新兴和发展中经济体的增长率放慢，国际货币基金组织最新预测 2009 年的全球增速为 2.2%，与 10 月份的预测相比，下调了 0.75 个百分点，为 2002 年以来的最低水平。

（二）国内经济呈减速态势

受国际经济回落、国际金融危机持续扩大，我国出口形势仍然严峻，我国经济发展的外部动力减弱。房地产市场可能继续深度调整，市场投资能力和意愿大幅下降。股市房市带来的财富负效应，消费者消费意愿下降。同时我国经济发展方式急需转型等深层次的问题尚未解决，依靠低端产品出口拉动经济增长的方式很易受到国际经济波动的影响，在一定程度上抑制着经济的快速回暖。

尽管我国经济减速，但是，与欧美日等主要经济体相比，**我国本轮经济减速与由虚拟经济向实体经济传导引起的美国经济下滑不同，**我国经济增长的基本面较好，恰逢国外经济下滑，外需减弱，内需疲软，加剧了我国产能结构性过剩局面，同时用工成本的提升，恶化了我国企业的生存环境，我国实体经济领域面临的风险较大，而金融领域的风险相对较小，因此一旦产业结构理顺或者外需恢复，我国经济有望反弹。

鉴于国内外形势，多个研究机构均下调了 2009 年我国 GDP 增长的预期。国务院发展研究中心预测 2009 年中国 GDP 有望保持在 8%左右。大摩及世界银行均将中国2009年的经济增长率预期下调至7.5%。

三、2009年我国政府的政策取向

考虑到货币政策对缓解金融危机的能力有限，同时为提升消费者信心、避免可能出现流动性陷阱，2009年货币政策将以适度宽松为主。为抵御国际经济环境对我国的不利影响，拉动内需以及我国经济结构调整必须以财政政策为主。因此，2009年将以实行积极的财政政策和适度宽松的货币政策，促进经济稳定增长。

（一）积极的财政政策

扩大财政赤字。2008年财政收入增速从上半年的33.3%一路下行，至10月份财政收入同比下降0.3%，为1996年以来第一次；而2009年国际形势严峻，财政收入更不乐观，要实现到2010年底约投资4万亿元的目标，需要政府大举发债才能完成，据有关部门测算2009年国债发行规模至少在13000亿以上。

加大财政转移力度。通过财政转移，保障低收入群体的生活水平，通过积极扶持中低收入群体创业就业，提高城乡居民特别是低收入群体的收入水平，促进经济平稳较快增长，维持社会和谐。积极发展农村公共事业，逐步扩大公共财政覆盖农村范围。设立专项补助资金，扶持中小企业发展。健全农业补贴的范围和标准，健全农产品价格保护制度，完善农产品市场调控体系，稳步提高粮食最低收购价，提高农民种粮的积极性。加大政府采购力度，采取以政府采购扶植企业发展，尤其是国内高技术产业的发展。推进增值税转型改革试点并研究制定在全国实施的方案。

个人所得税起征点上调的可能性较大。为了体现出税收调节贫富差距的功能，将适时调高个人所得税起征点。同时考虑到财政的承受能力和政策调整的渐进性，预计可能提高到3000元左右。为了体现公平原则，甚至可能会针对高收入者和低收入者实行差别化的个税起征点。

适时增收资源税。随着通胀压力基本消除，2009年CPI预计继续走低，开征资源税对物价上涨的压力较小；为消除价格扭曲现象，促进产业结构调整，预计会适时开征资源税。为保证政府从资源价格的上涨中获取收益，且体现成本的差异，预计实行从量、从价结合计征。

加快理顺成品油价格形成机制。在国际油价走低，国内成品油价格又相对较高的情况下，发改委、财政部、交通运输部和税务总局 12 月 5 日联合发布了《成品油价税费改革方案（征求意见稿）》，提高了燃油税。但是，在成品油价格改革方面仍留有余地。按照正常改革逻辑，成品油价的市场化改革有利于改变我国石油行业垄断定价、价格机制扭曲、与国际同涨不同跌的现实，更利于推动燃油税推出，由于国际油价已经降到一个比较低的价位，国内成品油价格在新税施行后，折合国际原油价格在 70 美元/桶左右，加上合理利润和其他加工成本和运输保险费用后，还有下降的空间。预计汽油和柴油价格调整会在 2009 年 1 月 1 日与征收消费税同时推出，分别下调 1000 元/吨和 1200 元/吨左右，并会在 2009 年适时理顺成品油价格形成机制。

按照区别对待、有保有压的要求，发挥政府投资的带动作用。投资将大幅扩大，初步估算 2009 年政府投资比 2008 年多 5000 亿以上。积极推动投资向自主创新和研发等领域转移，推动我国产业转型，加快我国经济发展方式的转变。积极引导投资偏向于公共领域。将积极推动民生工程、基础设施和生态环境建设等公共领域投资力度，发挥灾后重建的投资带动效应，大幅度增加对中西部地区农村公益性建设项目的投入。将加快实施粮食战略工程，推进国家粮食核心产区和后备产区建设，加快落实全国新增千亿斤粮食生产能力建设规划，完善粮食风险基金政策，逐步取消主产区资金配套。加快能源安全战略计划，扩大能源储备工程力度。同时采取更加严格的措施控制高污染、高耗能行业新上扩能项目，防止煤化工等产业盲目布局和违规建设。增加廉租房、经济适用房和保障性住房供应，稳定住房市场。

（二）适度宽松的货币政策

适时对利率和存款准备金率实行非对称调整。为应对国际金融危机的挑战和解决国内经济运行中的突出矛盾，保证银行体系流动性充分供应，促进货币信贷稳定增长，发挥货币政策在支持经济增长中的积极作用，防通缩已成货币政策关注重点。结合国内外形势，预计继续会对经济进行扩张性干预，发挥降息的“告示效应”，影响人们对经济稳健增长的心理预期。我国未来还存在降息空间，2009 年一年期存款利率可能降低 100 个基点左右，贷款利率降低 150～200 个基点，存款准备金率下降 300～400 个基点，预计央行会适时下调再贷款和再贴现利率。

推动金融市场稳定，改善企业融资环境。直接融资渠道不畅，间接融资困难重重。国际金融危机、经济减速预期、大小非解禁等多因素导致我国股市交易额大幅下降。预计 2009 年，将采取积极措施促进资本市场稳定运行，推动民间融资合法化，改善企业融资环境，帮助企业渡过难关。同时，将加大企业并购力度，提高产业集中度，推动企业改革，提高企业竞争力。启动再担保机构建设，构建全方位的金融体系安全网，为我国金融系统的平稳保驾护航。同时，为了加强信心和鼓励消费，政府将推出更多促进股市稳定的措施，有望推出股市平准基金。

（三）以产业结构升级为主的产业政策

以增长方式转变为契机，加快调整产业结构，提高企业的竞争力。优化产业布局，加快产业集聚，促进区域产业分工。通过信贷倾斜政策调整商品供应结构，并且大力推进企业组织结构调整，积极推动钢铁、汽车、煤炭、电力、水泥等行业的兼并重组。积极增强装备制造业自主创新能力，加快大型海洋石油工程装备及配套装备、高附加值船舶和大型先进工程船舶及船用配套装备的研发制造。进一步推进轨道交通装备关键核心技术的自主化。继续发挥轻工业和纺织业的优势。提高电子信息产业竞争力。加快淘汰落后产能，做好腾笼换鸟和筑巢引凤工程，积极引进国外高端产业和高端人才。扩大节能减排力度，积极利用可再生能源促进节能减排，预计将适时调整可再生能源发电价格，改变补贴计量办法，鼓励垃圾发电。

（四）更加积极的促进就业政策

通过政策引导和信息公开，逐步缓解劳动力就业市场上的总量矛盾和结构性矛盾。进一步细化和完善就业财政补助资金使用和管理办法，提高劳动者的职业技能和就业能力。通过小额贷款担保基金和微利项目的小额担保贷款贴息等政策扶持劳动者自主创业。通过公益性岗位补贴、社会保险的补贴以及特定就业政策的补贴等方式提高就业困难人员的收入，提高公共就业服务水平。进一步完善小额担保贷款政策，进一步加大劳动密集型中小企业的贷款贴息支持力度，鼓励、支持和引导个体私营等非公有制经济发展，积极发展劳动密集型产业、服务业和各类中小企业。完善低抗风险行业中高端人才补贴机制，防范人才流失。出台优惠措施鼓励企业吸纳困难群体，积极扶持失业人群自主创业，购买公益性岗位促进就业。

（五）实施以扩大内需为抓手的消费政策

积极调整国民收入分配格局，提高居民收入。加快落实职工带薪休假制度，培育市场消费主体。拓宽消费市场，尤其是农村需求市场，力保我国经济平稳增长。积极拓展农村消费，大力发展旅游、文化、体育等服务性消费，努力培育新的消费热点，着力扩大消费需求。提高城镇居民购房信心，降低购房最低首付款比例，降低个人买卖住房中间环节税。运用差别化信贷、税收政策支持居民购买首套自住房，满足不同层次住房消费需求。积极引导汽车消费，扩大小排量汽车消费需求。

（六）中性偏松的国际收支政策

逐步完善汇率形成机制。目前出口企业困难的主要原因仍是外部需求减少，单纯的人民币贬值难以刺激外部需求，不能根本改善出口现状，同时为防止股市、房市和大宗商品市场的波动，估计贬值幅度不会超过 5%。在适当时候，通过不断放宽汇率浮动范围，增加人民币汇率弹性，逐步实现人民币汇率有管理的自由浮动制度。由于国外经济放缓，2009 年将主要依靠提高对产出的国内吸收能力来降低外贸顺差，同时在国际收支政策上，将从注重贸易顺差和外贸增长，转向注重平衡，在中国金融体系依然脆弱、所有制改革尚未完成的情况下，作为维护我国自身金融安全的最后屏障，预计资本管制暂时不会放松。

出口退税的范围和力度有望进一步加大。为应对外需减弱引起的出口下滑，政府预计2009年有可能继续提高出口退税的范围和力度，进一步调整进出口税率以及外汇管理等方面的政策，改善我国对外贸易环境。2009年将继续控制粮食、化肥出口，继续严格控制高污染、高耗能和资源性产品出口。提高服装、纺织等劳动密集型产品和高附加值机电产品出口退税率，支持优势企业和产品出口，增加国内需要的产品进口。鼓励金融机构增加对优势企业贷款引进先进技术和高端设备，积极拓宽中小企业直接融资渠道，增加我国短期急需产品和长期战略需求产品进口，促进国际收支基本平衡。

（七）推行以严格耕地保护制度和完善土地流转为核心的土地政策

结合中共十七届三中全会精神，国家将在稳定和完善农村基本经营制度的前提下，实行最严格的耕地保护制度，并根据依法自愿有偿原则，允许农民以转包、出租、互换、转让、股份合作等形式流转土地承包经营权，发展多种形式的适度规模经营。预计会适时推动土地承包经营权流转试点。加快建立健全农村土地流转规范管理工作制度、工作机制和工作规程，实施流转合同制和备案制，积极完善土地承包经营权流转的管理工作。建立土地承包经营权流转服务平台，提供土地流转供需双方信息服务以及咨询服务，切实维护农民土地承包权益和流转主体地位。

（位志宇）

综合经济

2008年北京市投资形势分析及2009年展望

2008年，在外部经济环境恶化、国家宏观调控效果显现，以及北京市奥运场馆及相关基础设施投资结束和奥运期间限制措施等因素的共同影响下，北京市全社会固定资产投资增长出现大幅回落，预计全年仅增长1.4%左右。2009年，在国家大力度刺激经济的政策引导下，在北京市加大保障性住房建设力度，加大轨道交通，公路等基础设施建设，加快新城、南城和新农村建设的带动下，北京市投资增长将逐步恢复。在国内外经济下行的2009年，投资将成为实现北京市经济平稳增长的重要保障，预计将实现16.5%左右的增长。

一、2008年北京市投资运行特点

2008年，北京市全社会固定资产投资增长大幅回落，1～9月份，同比增长-7.77%，是1996年以来首度负增长，预计全年实现全社会固定资产投资4023.4亿元，增长1.4%左右，其中全年完成房地产开发投资总量与上年持平，基础设施投资增长13%左右。

（一）总量增长大幅回落，阶段性特征明显

随着自2001年开始的奥运及相关投资于2008年结束，北京市投资增长本应逐步小幅回落，但由于受到奥运期间限制措施的影响，投资增长出现了较大幅度的下滑，投资实际增长下滑幅度更大，1～9月份达到-15.4%。

奥运会的举办，将2008年的投资走势分成了明显的三个阶段。第一阶段是上半年奥运筹备收尾冲刺期，投资保持高增长，第一、二季度分别增长24.8%和10.2%；第二阶段是三季度的奥运举办期，受奥运期间各项限制措施的影响，第三季度北京市投资完成量仅为上年的 63%；第三阶段是第四季度奥运后的投资恢复增长期，随着奥运限制措施的解除，在北京市加大投资力度、加快建设进度和项目落地的共同作用下，预计第四季度投资将能达到17%左右的增长（见图1）。

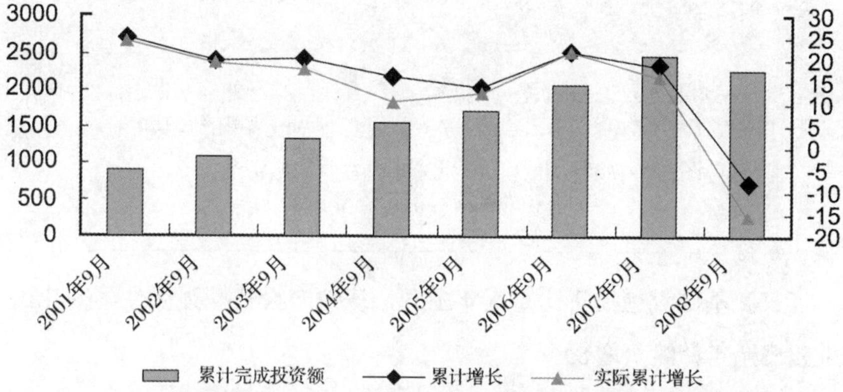

图1 2001年～2008年1～9月份北京市全社会固定资产投资累计额和增长情况

（二）中央投资比重五年来首度回落，非国有投资对宏观经济的景气反应增强

随着奥运重大工程的完工和首都机场改扩建、中央电视台新址建设等相关投资的收尾，中央投资增长一改自2004年以来增速高于全社会固定资产投资的走势，出现了低于全社会固定资产投资 5 个多点的负增长（为-13.19%），在全社会固定资产投资中的比重自2004年以来首度出现下降（为16.75%）。中央投资大项目拉动力的下降，对北京市自主投资保障经济稳定增长提出了更高的要求。

非国有投资一向是宏观经济的晴雨表，在全球经济下滑和奥运期间限制措施的影响下，北京市非国有投资增长快速回落（见图2），截至2008年

9 月末出现了 11.56%的负增长，成为造成全社会固定资产投资下滑的主要原因之一，非国有投资对宏观经济的景气反应度进一步增强。

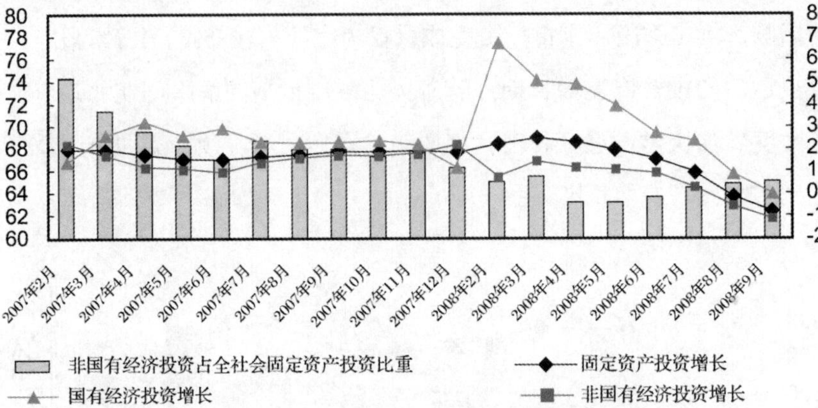

图2 2007年～2008年9月北京市全社会固定资产投资、国有和非国有经济投资增长比较

（三）基础设施投资比重逐年上升，房地产投资勉强保住半壁江山，工业投资全年持续负增长

奥运筹备阶段北京市基础设施投资整体保持了较快的增长势头，成为拉动投资增长的重要力量，也使得北京市基础设施水平取得跨越式发展。2008 年，虽然奥运场馆及相关配套设施建设结束，但由于多条轨道交通、高速公路、新城配套设施建设逐步展开，基础设施投资占全社会固定资产投资的比重稳步上升，达到 32%左右，对投资增长的贡献持续增大。

自 2004 年国家对房地产市场展开宏观调控以来，北京市房地产投资占全社会基础设施投资的比重持续下降，截至 2008 年 9 月份，已降至 50.03%，勉强保住了半壁江山（见图 3）。2008 年我国房地产市场进入了调整期，北京市也出现了量价齐跌，市场投资意愿大受打击，受此影响，2008 年前 3 季度，北京市房地产投资增长逐月回落，1～9 月份出现 8.12%的负增长；尤其是进入下半年，其占全社会固定资产投资的比重开始在 50%左右徘徊。

在外部需求持续下降，国内经济景气下降等因素的共同影响下，2008

年工业投资近乎全年呈现了负增长的态势，且增速持续下滑，截至 9 月末工业投资增长为-31.73%，比上年同期下降 57 个百分点，创出 2004 年以来的新低。工业投资占全社会固定资产投资的比重由近年来平均 10%以上的水平下降到 8%左右。

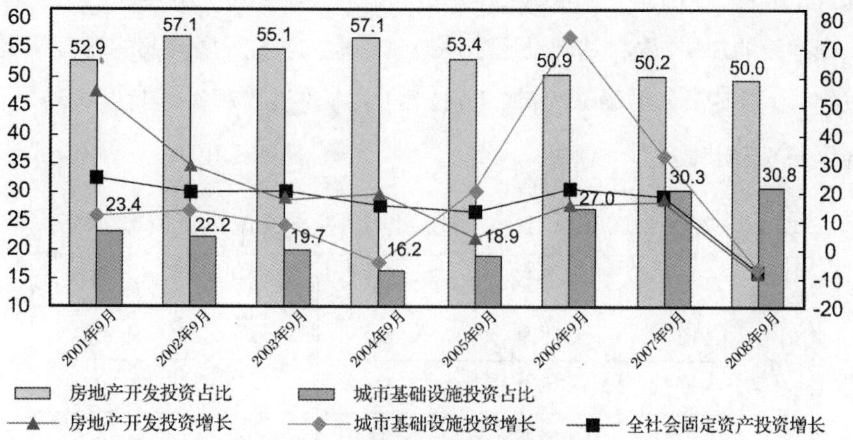

图3 历年1～9月北京市房地产开发和城市基础设施投资增速及占全社会固定资产投资的比重

（四）布局合理优化，涵养区投资一枝独秀领涨北京市

2008 年在建设重点加快向郊区转移、稳步推进新农村建设、全面展开新城建设等一系列导向型投资的带动下，北京市投资布局呈现出了区域协调、重点突出、特色鲜明的新格局。1～9 月份，城区和郊区全社会投资比重由 2007 年的 67.1∶32.9 调整为 65.2∶34.8。由于空间距离与产业项目的不同，奥运期间相关限制措施对四类功能区的影响不尽一致，1～9 月只有生态涵养区以 11.8%的增速领涨北京市投资，其他各功能区投资都出现了负增长（见表 1）。

首都功能核心区主要以旧城历史风貌保护、平房及胡同整治工程为主，2008 年完成了前门、大栅栏等重点改造工程及市政基础设施建设。城市功能拓展区仍是北京市投资的集中地，占北京市投资 50%左右，主要以奥运场馆建设、产业功能区开发、保障性住房建设为主，包括：丽泽商务区、京南航天科技园的建设，丰台区南苑西居住区、朝阳区常营经济适用住房和两限房居住区等多个保障性住房的建设项目。城市发展新区主导产业受奥运期间限制措施影响较大，虽然有新城建设启动、房地产投资增加等积极因素，但仍出现了-6%的增长。自 2004 年北京市开展投资“两个转移”以来，生态涵养区占北京市投资比重稳步上升，增速位列各功能区第一。重点镇建设的加快，农村基础设施建设的改善，生态友好型产业的培育发展，以“防沙、保水、增绿、保障”为重点的生态建设工程等项目共同带动涵养区投资稳步增长。

表 1　2006～2008 年 1～9 月份四类功能区完成投资情况（%）

		核心区	拓展区	发展新区	涵养区
2006	占比	18.9	50.5	24.6	6.0
	增速	30.7	18.6	20	30.7
2007	占比	17.3	49.8	26.4	6.5
	增速	8.9	17.2	27.8	29.3
2008	占比	16.1	49.1	26.9	7.9
	增速	-14.3	-9.0	-6.0	11.8

（五）资金供给趋紧，土地供应充足

北京市投资资金来源仍以自筹资金和金融贷款为主。2008 年以来，在全球金融危机、世界经济全面下滑、我国货币政策趋紧、奥运期间限制措施的影响下，1～9 月份，北京市城镇固定资产投资和房地产开发投资资金来源分别增长了-16.21%和-14.3%，是自 2001 年以来的首次负增长。城镇固定资产投资资金来源中，利用外资保持 58.6%的快速增长，比重由上年同期的 2%上升到 3.9%，自筹资金比重同比下降 8.5 个百分点。房地产开发投资资金来源中，由于房屋销售量价齐跌，1～9 月份，占比达到 30%的定金及预收款增速出现 20.28%的负增长。

2008 年，北京市土地供应延续了 2007 年以来逐步放开的走势，截至

10 月底，已交易的 2008 年土地供给面积合计 96.5 公顷，已经超过上年全年的 89.8 公顷，计划年底前入市的土地面积还有 46.4 公顷，土地供给十分充足。受年初信贷紧缩、楼市不景气等因素的影响，开发商投资拿地的积极性和能力均有所下降，北京市出现多宗土地流拍现象，土地的相对供给更加充足。

二、投资领域需要关注的主要问题

（一）房地产投资下滑对关联产业投资带来较大影响

多年来，房地产业一直是我国和北京市的支柱产业。由于房地产业上下游关联产业链长，影响范围较广，所以一度成为宏观经济的晴雨表和宏观调控的重要开关。2008 年 1～9 月份，受相关限制措施和房地产业不景气的影响，北京市建筑业完成总产值增速同比回落 1.4 个百分点，其中在北京地区完成产值回落 17.4 个百分点；金融业的增加值增速仅为 6.8%，低于 GDP2.3 个百分点，低于上年同期 5.8 个百分点，企业利润增速仅为 7.7%，远低于第三产业 53.1%的平均增速。房地产业对上下游企业的影响将会通过产业链传导不断扩大，钢铁、建材、机械、电子、化工等行业都将受到波及，进而影响关联产业投资意愿和投资规模，使得北京市持续低迷的产业投资进一步下滑。

（二）产业投资巢已筑好，但金凤难引

2001 年申奥成功以来，北京市基础设施投资保持了年均 15%左右的增长，首都的基础设施建设水平迈上了新的台阶，北京市的投资环境得到了极大的改善。“一主一副三新四后台”金融功能区、6 大高端产业功能区、3 个国家级开发区、6 个体育产业集聚区、16 个市级工业开发区、21 个文化创意产业集聚区以及物流基地的建设已经初具规模，各项配套设施基本完善；然而由此带来的产业投资却不尽如人意，工业投资全年持续负增长，生产性服务业中，仅信息计算机软件业实现了正增长，金融业投资降幅高达 31.56%；在轨道交通大规模建设的基础上，交运仓储邮政业下降 7.1%，

下降幅度大于全社会固定资产投资。吸引产业投资、形成实际投资量已经成为北京市转变投资增长方式的瓶颈。

（三）投资即期效益下降，对经济增长的拉动减弱

在全国扩大内需的宏观政策调整指导下，受奥运消费、民生建设的带动，2008 年 1～9 月份，北京市消费需求保持了 20.9%的增长，达到了 1996 年以来同期最高水平；而投资却出现了 1996 年以来的首度负增长。虽然 8、9 两月投资出现的负增长源于奥运限制措施的实施，但全年投资增速大幅下滑已成定局。消费与投资对经济增长的贡献将延续 2006 年以来消费拉动超过投资的走势，而且差距将进一步拉大。2008 年 9 月，投资效果系数已经由 2001 年的 0.45 下降到 0.3，投资产生的效益持续下降，对经济的贡献减少，对经济的拉动减弱（见图 4）。

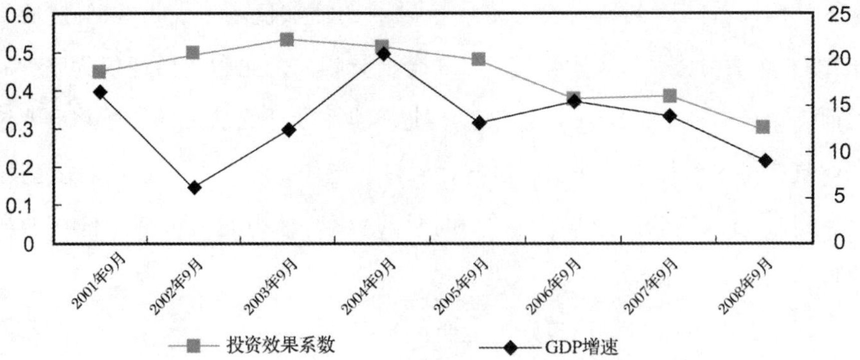

图4 2001年～2008年前三季度北京市投资效果系数和经济增速比较

三、2009年投资运行面临环境及形势判断

（一）面临环境及因素分析

从国际环境看，2009 年，世界经济增长将集体放缓；次贷危机引发的金融危机将使流动性进一步紧缩；实体经济受到波及，产业投资能力和意愿下降；国际游资的投机性增强，国际投资的审慎度亦会增强。**从国内环境看**，我国宏观调控将围绕“全力保增长”逐项展开。未来两年 4 万亿大规模

的投资和十条具体措施，将对扩大内需、刺激经济增长带来有力保障。虽然扩大内需是经济发展的新增长点，但启动投资将是见效最快的可控措施。虽然在保障 18 亿亩耕地红线的基础上，在《全国土地利用总体规划纲要（2006～2020 年）》的指导下，土地供给仍然从紧，但将会实行分区域、分类、差异化的管理模式，土地利用的集约化程度将会加强，保障性住房用地的规模将逐年增加。积极的财政政策和适度宽松的货币政策将有利于投资资金来源增加，资金供给的政策环境较 2008 年有所放松，但市场环境能否好转还有待观察。**从北京市情况看，**随着奥运会的结束，新城建设将接过筹办奥运的接力棒，承载起推动城市发展提升城市整体实力的重要作用；城镇化进程加快，将促进人口和产业集聚，与新城产业发展形成梯度转移格局，为城市运行提供新的发展空间。新农村建设的稳步推进将促进城乡协调发展。保障性住房建设规模的扩大，教育、公共卫生医疗等领域投入的增加将提高社会保障水平，体现以人为本的发展理念。在这些积极因素的作用下，北京市投资将稳步恢复增长。

（二）2009 年北京投资形势判断

随着奥运相关限制措施的解禁，生产投资逐步恢复，投资增长也将走出低谷；虽然全球金融危机影响犹存，奥运投资乘数效应也将逐渐消退，但在北京城市化建设进程加快的大背景下，随着新城、重点镇加速建设，基础设施投资力度增强，北京市投资增长将稳步回升，预计 2009 年实现增长 16.5%左右。

1. 土地供给相对充足，资金来源形势较 2008 年乐观。2008 年 4 季度，北京市土地供给集中放量，受开发商拿地热情下降的影响，势必将有部分转移到 2009 年。2008 年 1～9 月份，出现负增长的房地产开发投资中，以一级开发为主的土地开发投资保持了 36.5%的增长，2009 年入市土地储备相对充足。虽然房地产销售的不景气将延续订金及预收款增长的颓势；但在 2008 年连续三次降息后，央行取消了对商业银行信贷规模的硬约束，预期 2008 年 4 季度和 2009 年国家仍将几度降息，资金来源中占比最大的金融贷款形势较2008年乐观。

2. 基础设施投资将成为北京市投资恢复增长的重要保障。2009年，市内和区域间路网建设将成为基础设施投资的重心。北京市轨道交通线网规划建设将全面启动，多条轨道交通同时建设；自2009年下半年4号线建成通车后，每年都会有一条轨道交通投入运营。除奥运后计划新开工建设的3条高速公路外，2009年还计划开工京石第二高速公路，2010年将基本完成北京市高速公路网建设。新城、重点镇间联络线建设加快，“一环、十一放射、多联络”的浅山区路网体系建设将全面启动。万亩滨河森林公园的开工、城市节水工程的建设、新城配套服务设施及新农村基础设施的完善等项目带来的巨大的工程量和投资需求，推动基础设施投资成为北京市投资恢复增长的重要保障，预计全年增长23%左右。

3. 房地产开发投资占比将进一步缩小。2009年北京市房地产市场仍将处于调整期，虽然国家调控政策预期放松，土地和资金要素供给较2008年更为充足，但处于买方市场的购买需求仍不能被有效激发。在全球出现金融危机，我国进入降息周期，股市持续调整，居民增收预期不乐观，房地产市场走势不明朗的情况下，难以化解浓重的观望气氛，房地产销售量价齐跌的格局难有改观。2008年新开工面积大幅下降，也将削弱未来2～3年开发投资力度。预计房地产开发投资占比将降至 50%以下，全年完成增长14.6%以上。

4. 高端产业有望带动工业投资企稳。虽然外需持续疲软，工业企业订单和需求下降，价格“剪刀差”仍在高位徘徊，利润空间进一步下降，但北京市工业发展的高端化趋势没有改变。由于工业投资项目落地需要一段时间，2008年上半年北京市成功签约的20个高端产业项目，和“核心电子器件、高端通用芯片及基础软件产品”、“极大规模集成电路制造装备及成套工艺”两个国家重大科技专项规划通过国务院审议并开始组织实施，都将促进北京市高端产业投资增加。截至2008年10月底，北京市已交易工业用地43宗，占北京市土地交易面积的21.7%；其中88.4%属于高技术产业或现代制造业，土地供给的增加将有利于未来工业投资的增长。

四、政策建议

（一）充分发挥政府投资的杠杆作用，撬动全社会投资

北京市正处在本轮经济周期的下行期，政府主导的对非盈利性的公益项目、收益率低的基础设施项目和对经济影响较大的支柱产业项目的投资已成为带动投资企稳的重要力量。因为政府投资能够发挥杠杆作用，引导、撬动全社会投资，在目前对市场的不乐观预期下，股市、楼市财富效应下降的背景下，非国有投资增速持续下滑的态势下，通过规划政府投资布局、明确政府投资导向、保障政府投资力度，增加政府导向投资领域的政策优惠力度，来激发企业自主投资和民间投资的活力，吸引社会投资向高技术制造业、现代制造业、生产性服务业和基础设施投资领域的转移和跟进，从而盘活全社会投资、培育新的投资增长点、提高全社会固定资产投资的效率，保障投资恢复增长。

（二）从刺激需求入手，激发房地产市场活力

现阶段，北京市房地产市场呈现出明显的买方市场特征，房屋供给量充足，实际有效需求不足。所以要激发市场活力，除了加大保障性住房供给的力度外，还要从刺激有效需求入手。从北京市购房需求结构分析，应该进一步降低相关税费、提高公积金贷款额度和还款年限，下调公积金贷款利率等方式，刺激首次购房者的需求；从制度设计上着手，改变原有的对购买第二套住房的认定方法，以刺激改善住房条件需求。最重要的还是通过减免交易环节税费，提供贷款优惠、延长贷款期限、增加贷款额度来刺激需求，但不建议对购房者进行直接补贴。

（三）适时出台产业刺激方案，吸引产业投资落地

在加大对现代制造业、高技术制造业、生产性服务业等高端产业基础设施建设的同时，出台刺激型的产业政策以吸引产业投资。产业政策应以促进经济发展为中心，以吸引产业投资落地为目标，以加快北京市生产性

服务业为抓手，以产业发展的要素需求为切入点：通过金融体制创新、增加政府投资力度、降低民间资本进入门坎等措施，为产业发展提供相对宽松的资金环境；通过大力提倡自主创新、加大科技研发投入、加快技术投产速度等方式，增加行业发展的科技需求；抓住土地流转改革契机，通过改善土地供给结构，为产业投资落地提供充足的土地保障；通过税收优惠、贷款倾斜、财政倾斜等措施，提高北京市对产业投资的吸引力。

（四）合理规划，防止出现基础设施投资的透支

奥运及相关建设已经加快了北京市基础设施投资的步伐，目前正处于投资的低谷期，2009 年北京市仍将把继续推进以轨道交通为主的基础设施建设作为投资稳定的增长点。2008 年 4 季度，为了保障投资适度规模，部分规划项目提前开工，轨道交通等基础设施投资加快进程，突击形成了较大的投资量。但这种增长是不可持续的，而且长期以大规模的基础设施投资带动北京市投资增长的边际效用必将下降。因此做好长期规划，合理布局，适时调整，才能够保持投资的健康增长，有效的防范因为阶段性透支带来的后期投资大幅波动。

（齐 心）

2008 年北京市消费品市场运行分析及 2009 年展望

在政府消费快速增长、居民消费结构升级等因素影响下，2008 年 1～9 月北京市消费保持了较快增长。但受居民收入增幅趋缓以及住房、汽车等大宗商品消费增速趋降等因素的影响，未来北京市消费增速将趋于回落。预计 2008 年全年实现社会消费品零售额 4551.6 亿元，同比增长 19.8%；2009 年全年实现社会消费品零售额 5259.7 亿元，同比增长 15.6%左右。

一、2008 年北京消费品市场运行特点

（一）消费总量：快速增长，年内各月仅春节后 2 月份和奥运月 8 月份增速低于 20%

2008 年 1～3 季度，北京市社会消费品零售额名义增速和实际增速双双创历史同期新高（见图 1）。北京市实现社会消费品零售额 3356.1 亿元，比上年同期增长 20.9%，增幅同比提高 5.8 个百分点，为 1996 年来同期最高；扣除价格因素后实际增长 15.3%，同比提高 0.3 个百分点，是 2005 年以来同期最高水平。

从各月走势来看，2008 年北京市各月消费品零售额增速普遍偏高，仅春节后 2 月份和奥运月 8 月份低于 20%。2 月份增速偏低的原因与 2008 年春节在 2 月初，而 2007 年春节在 2 月末，时间不一致有关；8 月份增速偏低主要与奥运期间的限行、限产等因素有关。

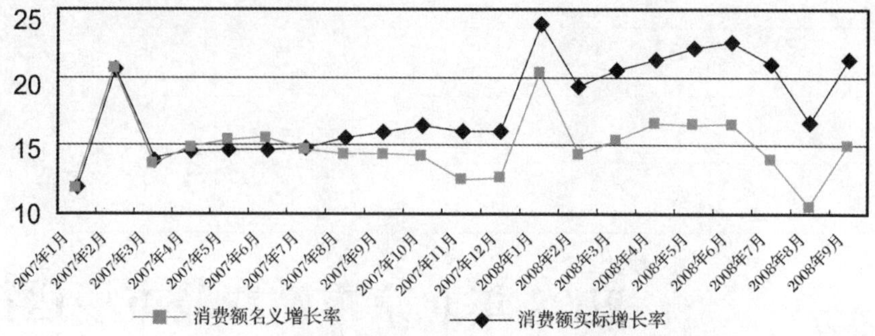

图1 2007年以来社会消费品零售额名义与实际增长率月度走势

（二）消费布局：城市功能拓展区依然占比最高，但消费继续保持向城市发展新区转移的趋势

随着远郊区县特别是城市发展新区商业设施建设逐步加快，发展新区消费近年来持续快速增长。2008 年 1～3 季度发展新区实现消费品零售额 499.9 亿元，同比增长 25.5%（2007 年同期是 24.8%），继续高于其他三个功能区，市场份额比 2007 年同期提高 0.6 个百分比，消费继续保持向城市发展新区转移的格局。由于金银珠宝等贵重物品的销售地点集中于核心区，带动了核心区消费的快速增长。核心区实现社会消费品零售额 653.8 亿元，增长 23.4%，位列增速第二；而拓展区实现消费额 2072.3 亿元，增长 19.4%，占比 61.7%，依然是消费的主要区域。生态涵养区由于城市化水平低，人口集聚程度较弱，社会消费品零售额同比增长 15.7%，远低于其他三个功能区，占比同比降低 0.2 个百分点（见图 2）。

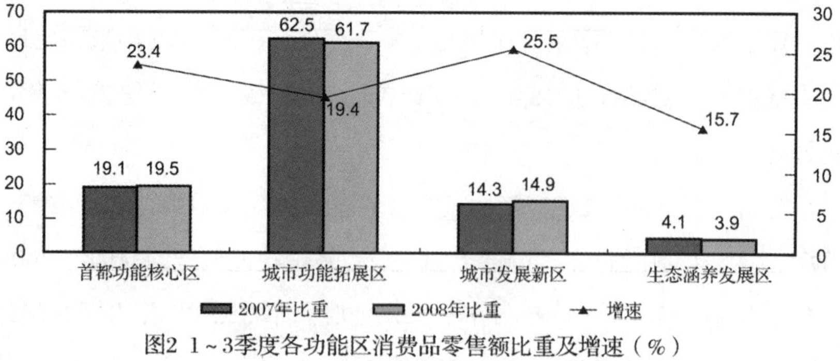

图2 1～3季度各功能区消费品零售额比重及增速（%）

（三）消费方向：用类商品依然是拉动消费的主要力量，烧类商品增速最低

2008 年 1～3 季度，北京市吃、穿、用、烧类商品分别同比上涨 20.8%、19%、22.1%、15.2%，涨幅均远远高于 2007 年同期，分别比 2007 年同期提高 6.6、6.7、4.2、6.8 个百分点。其中，用类商品零售额增速最高，占消费品零售总额比重达到 58%，是拉动北京市消费品零售额快速增长的主要力量。用类商品的消费热点主要是一些保值型及发展享受型商品，如金银珠宝、通讯器材、电子出版物及音像制品等。受交通限行政策以及成品油价格上调等因素影响，烧类商品同比上涨 15.2%，尽管是各类商品中增速最低的，但仍比 2007 年同期增速上升 8.4 个百分点（见图 3）。

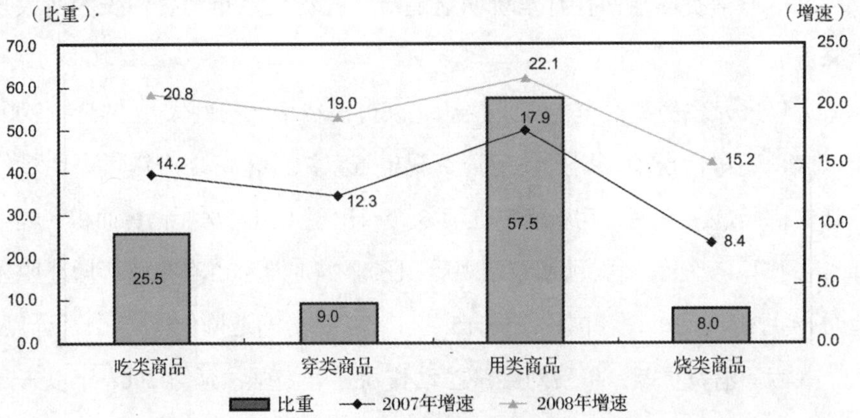

图3 2008年1～3季度北京市各类商品零售额占比及增速（%）

（四）消费水平：城镇居民消费支出增速继续下降，农村居民消费支出增速上升

居住及教育文化娱乐支出大幅下降影响城镇居民消费支出增速继续回落。2008 年 1～9 月，北京市城镇居民人均消费性支出实际增速同比下降 0.3%，是继 2007 年大幅下降后再次下降。八大类支出与上年同期相比呈六升二降态势，其中，住房消费支出大幅下降①导致人均居住支出同比下降

① 2008 年 1～9 月北京市现房、期房销售面积分别比上年同期下降 38%、53%。

8.8%，是八大类中增速最低的；政府对教育投入的不断增加[①]也引起居民教育支出增速大幅下降，1～9 月人均教育文化娱乐服务支出同比下降 7.5%。人均食品支出增幅最快，恩格尔系数（34.7%）比上年同期提高 2.7 个百分点。

农民消费结构升级和食品价格上涨推动农村居民人均消费支出增速上升。2008 年 1～9 月，北京市农村居民人均消费支出同比增长 12.4%，比上年同期提高 2.9 个百分点。主要是食品、衣着、家庭设备用品及服务、教育文化娱乐用品及服务支出增速大幅上涨带动的，家庭设备用品及服务、教育文化娱乐用品及服务、食品、衣着支出分别比上年同期上涨 29.2、19.2、12.8、6.8 个百分点。

（五）消费热点：住行消费明显趋缓，拉动北京市消费增长的两大热点降温

近年来，住房和汽车一直是拉动北京市消费增长的两大热点，但 2008 年以来，受房价松动，居民住房消费观望气氛浓厚，房地产销售出现量价齐跌的格局，1～9 月，房价涨幅连续 6 个月出现下滑，房屋销售面积大幅下降[②]；同期，受居民增收预期不乐观等因素影响，北京市汽车消费增速明显趋缓，9 月份机动车销售同比下降 15.2%，比 1 月份增速降低 32.7 个百分点。

（六）消费贡献：消费对经济拉动作用显著增强，延续 2006 年以来高于投资的走势

2008 年受奥运主体工程逐步完成、宏观调控政策对房地产投资的影响以及国内外经济减速对工业投资的影响，投资增速回落幅度很大，加上奥运期间各项限制措施的影响，北京市投资 1～9 月出现了 1996 年以来的首度负增长。而与之相反，消费快速增长，1～9 月同比增速创出 1996 年以来同期新高。消费与投资对经济增长的贡献继续延续 2006 年以来消费拉动超过投资的走势。2008 年 1～3 季度，消费占地区生产总值的比重达到

①2008 年 1～9 月底，政府财政支出中用于教育支出 210.8 亿元，占到地方财政总支出的比重达 16.3%，是财政支出中占比最高的一部分。

② 1–9 月，北京市现房销售面积同比下降 38.2%，期房销售面积同比下降 53.4%。

44.2%，高于同期全社会固定资产投资占比（30%），差距比上年同期提高9.4个百分点（见图4）。

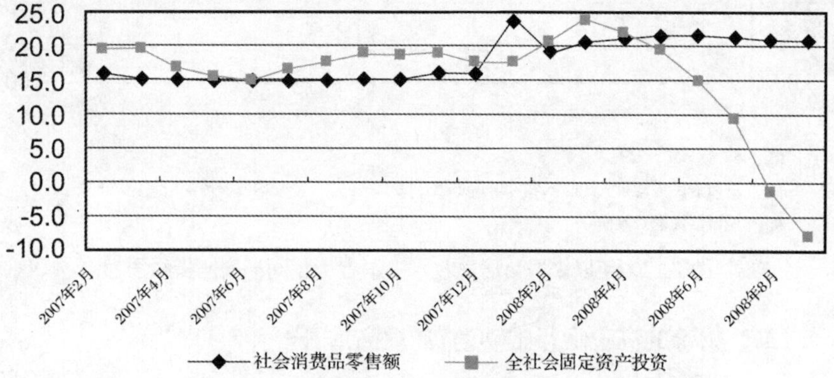

图4 北京市2001年以来历年1-9月份消费与投资增长走势图（%）

二、消费强劲增长的原因分析

与2003年一季度消费高速增长主要由用类商品拉动不同，这一次消费增长表现为吃、穿、用、烧的全面增长，推动其增长的原因既有一些长期必然因素，同时也有一些短期偶然因素，具体如下：

（一）政府消费快速增长是推动北京市消费强劲增长的一个主要原因

2008年来，北京市居民收入低速增长，1～9月，城镇居民可支配收入扣除价格因素实际收入仅增长5.8%，是2000年以来同期最低点，伴随收入增速的下降，居民消费支出降至2004年以来同期最低点，居民消费倾向降至1999年以来同期最低点（见图5）；同期来京旅游人数下降[①]，外来人口购买商品消费增速也同比下降；因此，能够支撑消费品零售额快速增长的因素就是政府消费和集团消费。近年来政府消费比重逐年提高，2007年占总消费的比重达到40%，而2008年为了举办奥运会，政府在园林绿化、场地装扮以及人员安置等方面的消费，是支撑2008年北京市消费快速增长的一个主要原因。

① 2008年1~9月，北京市累计接待入境游客286.1万人次，比上年同期下降10.7%，旅行社接待国内旅游者人数也比上年同期下降18.4%。

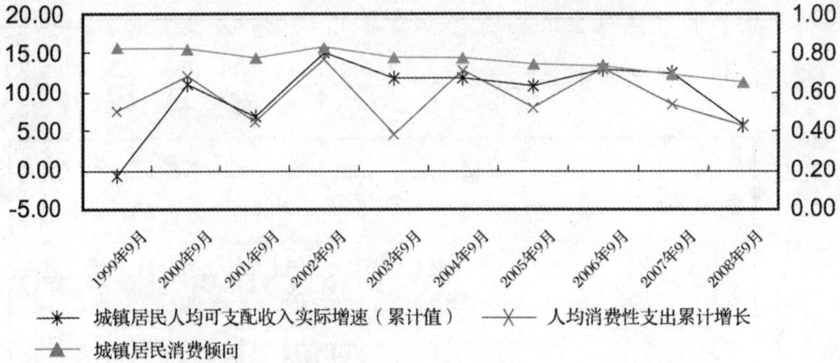

图5 1999年以来城镇居民收入、消费历年同期增速折线图

（二）物价的高位运行推动消费“虚高增长”

2008 年 1～9 月，北京市 CPI 同比上涨 6%，是 11 年来同期最高值，物价的高位运行推动了北京市消费的虚高增长。以食品为例，2008 年 1～9 月，北京市城镇居民食品支出名义增长 14.3%，比上年同期增长 1.4 个百分点，但扣除价格因素（食品类消费价格指数）后实际增长 4.57%，反而比上年同期回落 1.34 个百分点（见图 6）。

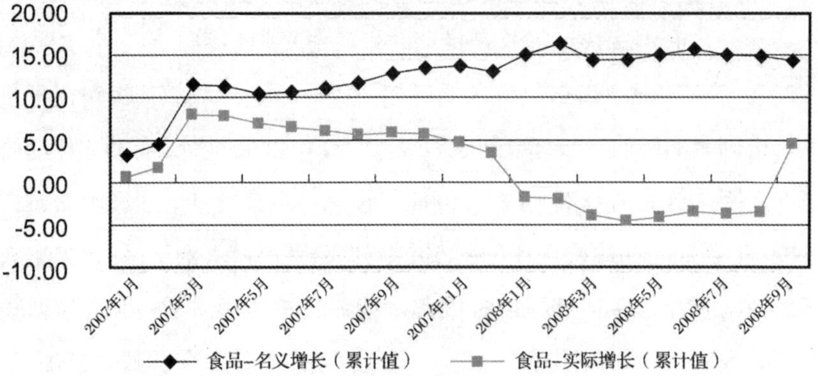

图6 2007年以来北京市城镇居民食品消费支出增速

（三）北京市人口结构中年轻人占比不断提高带来的必然现象

社会消费能力与人口结构息息相关，不同的年龄结构会对居民消费产生巨大影响。2007 年北京市 25～35 岁的年轻人占人口的比例为 30%，比

2006 年高 1.3 个百分点，是各年龄段中人口密度最大的群体。而且，25～35 岁左右的年轻人大多是独生子女，其生活方式、消费观念明显不同于父辈。同时，25～35 岁的年轻人由于处于成家立业的年龄段，安家消费支出也更大些。

（四）结婚和生育高峰推动北京市消费快速增长

2008 年由于有金鼠、奥运、数字 8 等诸多吉祥色彩，成为一个火热的结婚年和生育高峰年，数据显示，2008 年北京市的结婚人数将超过 18 万对，新出生婴儿接近 30 万人，成为新中国成立以来的第四个生育高峰，这必然带动北京市相关消费的快速增长。

三、2009 年北京消费品市场运行环境及全年走势判断

（一）全球范围内消费者信心指数[①]创新低，北京市批发零售业企业盈利景气指数下降、企业家信心指数持续下降

2008 年以来，受次贷危机引发的金融危机以及物价持续上涨影响，全球范围内消费者信心指数降至近年来最低。据有关机构对全球 51 个市场的消费者网上调查结果显示，2008 年上半年全球消费者信心指数下挫三年来之最。最新出炉的美国 10 月份消费者信心指数跌幅超出市场预测，从 9 月份的 61.4 点重挫到 38 点，远远低于较早市场预期的 52 点。我国 9 月消费者信心指数为 93.4，创下 2005 年以来的新低，而消费者预期指数则创下了 2005 年底以来的新低。北京市批发零售业企业盈利变化景气指数比上年同期下降 22.9 点，企业家信心指数也比上年同期下降 24.9 点，对未来的预期仍然比较悲观。同时，美国金融危机也可能对北京市居民消费心理产生影响，诱发消费模式更趋保守。

（二）“扩大消费、拉动内需”的宏观调控政策力度将加大，将有利于稳定今后消费增长

近几年政府一直将促进消费作为宏观调控的主基调。受金融危机影响，

---

① 消费者信心指数是反映消费者信心强弱的指标，是预测经济走势和消费趋向的一个先行指标

2009 年世界经济增速放缓，出口需求将显著减少；拉动经济增长将主要依靠消费和投资，预期 2009 年我国的政策取向将是“保增长、促消费”，将可能通过减税让利于民、加强社会保障消除居民后顾之忧、加大保障性住房建设等一系列政策刺激居民消费。

（三）奥运遗产将促进 2009 年来北京市的旅游消费

奥运会、残奥会的成功举办，极大地提高了北京市的形象，同时也为北京市带来了一大批奥运场馆和地标性建筑，形成了新的旅游资源；围绕奥运会的热点景区也会衍生出一系列旅游新线路和新产品，这将形成北京市旅游的新亮点，将使 2009 年来北京市旅游更有吸引力。旅游人数的增多，将带动与旅游相关的住宿、餐饮、购物等消费增长。

（四）居民实际收入增速将趋缓

目前看来，国际金融危机继续发展，受此影响，2009 年经济增速趋于回落，就业形势不容乐观，占居民收入近七成的工资性收入增长预计将持续 2008 年以来的回落态势；2009 年房地产市场将继续向下调整，股指也难以确保稳定增长，预计居民财产性收入增长仍不乐观；收入是消费增长的源动力，收入增速趋缓将对消费带来明显的抑制作用。

（五）消费价格增速趋于回落

受国际输入性通胀减缓、房价继续向下调整、国际市场萎缩加剧我国工业品供需过剩、食品价格趋于稳定等因素影响，预计 2009 年北京市消费价格增速趋于回落。1978 年以来的数据显示，CPI 走高的年份，名义消费增长往往同步走高，在 CPI 达到峰值后，名义消费将急速回落，实际消费增长将出现下行并达到谷底。物价涨幅的回落可能会带来消费增速的回落。

（六）大宗商品汽车消费增速将显著下滑

汽车在北京市消费中占比较大①。在居民收入增速放缓、成品油价格高位及其上调预期、提高用车成本并进行机动车总量控制等因素作用下，2009

① 2007年，北京市批发和零售企业零售总额为2685.98亿元，其中汽车类零售额为649.3亿元，占比达到近四分之一。

年汽车需求将会得到进一步抑制，汽车消费难以保持前几年较高的增长态势，将对北京市消费增长产生负面影响。

（七）住房消费将继续低迷，带动建材、家电、家具、装修装饰等相关消费增速回落

住房消费也是北京市消费中占比较大的一类商品[①]。房地产市场 2008 年以来出现价跌量低的态势，而根据有关专家预计[②]及市场买卖各方行为来看，预计 2009 年房市将继续处于调整期，居民住房消费继续低迷。由于住房购买会派生出对装修装饰以及家电、家具等用类商品的消费需求，其销售的疲软可能会影响到相关商品的消费。另外，在地方政府紧缩开支的背景下，奥运会后，预计 2009 年政府消费支出增速趋于下降。

综合来看，影响消费增长的因素有扬有抑，但抑大于扬，2009 年消费增长的形势不容乐观，预计 2009 年北京市消费增速将趋于回落，全年实现社会消费品零售额 5259.7 亿元，同比增长 15.6%左右。

四、政策建议

鉴于 2009 年社会总需求趋缓，宏观政策的主基调是拉消费、促内需。促进消费，不仅需要实施增加居民收入、完善社会保障、改善消费环境等长期性政策措施，也需要制定一些中短期措施，有效增加即期消费。

（一）直接对部分低收入群体发放消费补贴

扩大消费要以中低收入群体为重点，建议政府直接对低收入群体发放消费补贴，提高低收入群体的消费能力，这也是贯彻以人为本、建立和谐社会的必然要求。鉴于近年来低保户和边缘群体收入差距加大，不建议补贴范围以低保户为标准，可借鉴日本的做法，向未满 15 周岁的少年儿童以及领取低保的老年人发放购物券，用于生活消费。

---

① 2007 年，批发和零售企业零售总额为 2685.98 亿元，其中，与住房消费相关的商品包括五金、电料类 20.9 亿元，家用电器和音像器材类 190.7 亿元，家具类 26.3 亿元，木材及制品类 1.1 亿元，建筑及装潢材料类 24.56 亿元，共占零售总额的 9.8%。

② 北京统计局发言人称，由于房价较高，目前交易量已经滑落到较低的水平，但北京房地产价格走势还需观察。不过在短期内，下行的趋势不会改变，调整还没有到底。

（二）大力培育社区服务消费

当前，培育与发展北京市社区服务消费，其目的在于增加就业、促进居民消费、优化居民消费结构。建议借鉴新加坡做法[①]，由政府直接投资兴办部分社区服务实体、劳动服务企业和流动市场。另外，降低行政服务成本，鼓励社会主体创办多种便民利民的社区服务企业，推动文化娱乐、医疗保健、托幼养老、职业介绍等社区产业的发展，给居民创造更多的消费选择，更好的消费环境。

（三）大力拓展推进新型信贷消费

政府一方面要鼓励金融主体开发和发展新的消费信贷品种；另一方面要尽快制定和完善信贷消费的法律法规，并建立个人信用制度，保护放贷方与借贷方各自的合法权益，逐步把信贷消费的管理纳入法制化轨道，以保证信贷消费的健康发展。

（四）创造新的消费热点

一是深入挖掘奥运遗产，大力发展奥运主题旅游，增加北京市旅游消费收入；提高奥运场馆的使用效率，促进居民体育娱乐休闲消费。二是可兴建一些大型文化娱乐主题公园，促进文化娱乐消费。

（王小娥）

① 新加坡政府为了拉内需、促就业，大力投资兴办各类社区服务实体、劳动服务企业和流动市场，其中流动市场达500多个。

2008 年北京市价格形势分析及 2009 年展望

2008 年，在国际输入性通胀加剧、国内突发自然灾害、同时北京市经济长期处于“高增长、低通胀”水平下积累的矛盾释放以及奥运会的临时限制措施等诸多因素共同冲击下，2008 年上半年北京市物价延续 2007 年下半年以来的快速上涨态势[①]。在国家宏观政策的有效调控下，下半年物价过快上涨势头初步得到扭转，预计未来北京市物价涨幅将呈现继续回落的态势。

一、2008 年价格运行特征

2008 年 1 至 9 月，北京市 CPI 累计上涨 6%，比上年同期提高 4.4 个百分点，但比上半年回落 0.1 个百分点，低于全国的 7%；在四个直辖市中，仅高于天津（5.9%），低于上海（6.7%）和重庆（7.1%）。预计 2008 年全年北京市居民消费价格累计上涨 5%左右。

（一）消费者、生产者价格齐创近年来新高，但随后回落态势明显

2008 年前期，北京市消费价格继续 2007 年年中以来的加速上涨态势，2008 年 2 月同比上涨 6.6%，创 11 年来月度涨幅的新高。此后在反复中回落，9 月份同比涨幅为 5.2%。工业品出厂价格（PPI）彻底扭转了 2005 年 9 月以来的负增长态势，原材料、燃料动力购进价格（MPI）涨幅持续近年来的高位攀升态势，7 月份分别同比上涨 5.05%、23.52%，二者均创出 2001

[①] 2008 年 1～6 月，北京市 CPI 同比上涨 6.1%，比 2007 年同期提高 5.3 个百分点。

年来新高。但从 8 月开始，二者均出现回落，9 月 PPI、MPI 同比上涨 4.3%、20.2%，分别比最高点回落 0.75、3.32 个百分点。

（二）北京市 CPI 上涨与回落均滞后于全国

全国 CPI 从 2007 年 4 月（3%）开始逐月上涨，北京市 CPI 在其后 3 个月（2007 年 7 月）开始上涨，上涨幅度持续低于全国（见图 1）；自 2008 年 5 月以来，全国 CPI 涨幅出现逆转，5~9 月同比涨幅分别比上月回落 0.4、1、0.8、1.4、0.3 个百分点，而北京市 CPI 同期并没有出现明显的持续回落态势，直到 3 个月后（8 月份）才开始出现明显回落，回落幅度也明显低于全国。

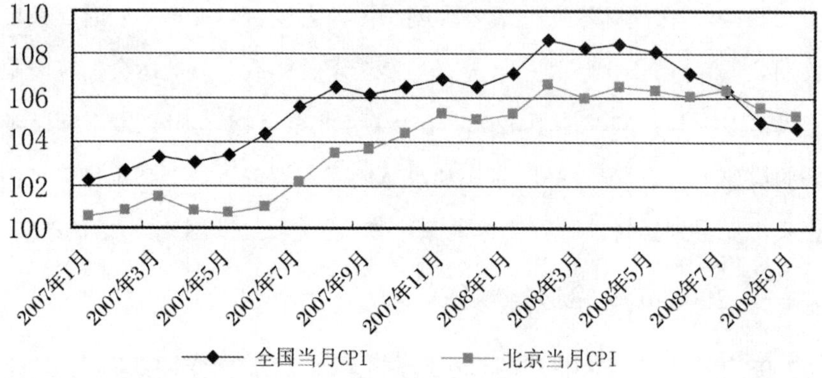

图1 2007年1月至2008年9月全国、北京CPI走势

北京市 CPI 和全国走势大体相同而又滞后于全国，主要原因是食品类商品在北京市消费价格中的比重低于全国。从 2007 年以来影响 CPI 变动的因素来看，全国和北京都主要是受食品价格变动的影响。在目前的 CPI 构成中，北京食品类权重比全国低 4.3 个百分点，使得食品价格涨跌对北京市的影响要低于对全国的影响。

（三）PPI 和 MPI 上涨与回落均滞后于 CPI 4~5 个月（见表 1）

相对于 CPI 中食品价格权重较大而言，PPI 和 MPI 中能源、原材料价格占比较大，钢铁、煤炭、石油等能源、原材料价格变化对 PPI、MPI 影响更大（见表2）。受国际经济减速影响，原油、钢铁等生产资料价格从2008年7月中旬开始大幅回落，带动北京市PPI、MPI回落。10月28日国际原油价格北海布伦特石油现货价格每桶58.4美元，比2008年7月11日的历史高位（144.38元/桶）下跌了一半多，创出16个月来的新低。

（四）房价走势出现逆转，环比涨幅出现负增长

从2003年下半年以来，国家和北京市针对房地产发展过快采取的一系列调控措施的效应在2008年集中显现。2008年以来，北京市房价涨幅不断回落。2008年9月，北京市房屋销售价格同比上涨6.9%，涨幅比上月回落2个百分点，是年内连续第6个月同比增速出现下滑。其中，新建商品住宅价格上涨9.2%，二手住宅价格上涨3.8%，分别比上月回落3.1个和1个百分点。从环比看，房屋销售价格比上月下降0.2%，为2005年以来首次出现下降。

表1　　三大价格指数此轮物价波动时间段

	持续攀升阶段	涨幅回落时间
CPI	2007.6～2008.2	2008.3
PPI	2007.11～2008.7	2008.8
MPI	2007.10～2008.7	2008.8

表2　　各行业PPI、MPI涨跌幅排名

指　标	2008年1～7月同比累计值	由高到低排名	2008年8月当月与7月增速差值	降幅在各行业/类中排名
PPI	**103.96%**		**0.25%**	
黑色金属矿采选业	235.04%	1	11.98%	1
黑色金属冶炼及压延加工业	146.57%	2	3.76%	4
农副产品加工业	137.85%	3	11.05%	2
煤炭开采和洗选业	134.01%	4	1.97%	5
石油加工、炼焦及核燃料加工业	121.83%	5	1.18%	7

续表

指　标	2008 年 1～7 月同比累计值	由高到低排名	2008 年 8 月当月与 7 月增速差值	降幅在各行业/类中排名
MPI	**119.23%**		**1.17%**	
农副产品类	144.96%	1	8.26%	1
燃料动力类	137.12%	2	4.72%	2
黑色金属材料类	132.76%	3	2.61%	4

注：非主要行业未在表中列出

二、2009 年物价趋势判断

（一）总体上国际价格运行环境趋于宽松，但不确定因素仍然较多

受占全球经济总量四分之一的经济体美国金融风暴的冲击，美、日、欧等发达国家经济整体处于减速状态，国际货币基金组织预测，2009 年全球经济增速仅为 2.2%。在此背景下可以预见，2009 年社会总需求增速放慢，这将对商品价格的持续走高产生抑制作用。但同时也应该看到，受经济减速影响，越来越多的经济体将政策重点从抑通胀转向保增长。在相对宽松的货币条件下，一旦市场信心有所恢复，国际商品价格就可能重拾涨势。而且随着中国、印度、巴西等发展中大国的工业化进程加快，资源和要素价格出现趋势性上涨的可能仍然存在。

（二）国内经济减速和产业结构调整将减缓生产资料价格上涨势头，但工资和成本上涨预期仍然较强

自 2007 年四季度以来，国内经济减速势头明显；尤其是由于国家提出了一系列鼓励节能减排和控制高耗能、高污染行业发展的措施，将使得一些高耗能产业生产增速下降比较明显，对能源、原材料的需求有明显的抑制作用；但同时现阶段面临国内外严峻的经济形势，国家紧锣密鼓出台了一系列扩大内需的政策措施“保增长”，预计将进一步降低存贷款利率和存款准备金率，加大窗口指导力度，提高市场上的货币供给量，增强企业

融资能力。同时面对经济减速的预期，各地政府也将纷纷提出一些重大项目，如目前广东、山东等地政府已纷纷提出一些大项目拉动经济增长。这些政策及举措都会对价格上涨产生拉动作用。另外，目前国内也存在较强的工资和成本上涨预期。2008 年 9 月份全国 PPI 涨幅仍达 9.1%，农业生产资料价格同比上涨高达 22.9%，有进一步向消费物价传导的压力。未来通胀很可能出现交替和反复。

（三）资源价格逐步理顺将对北京市 CPI 产生推动作用

2008 年下半年以来，国家调高了成品油价格，并两次提高电力价格，这几次调价会继续直接或间接[①]地对 2009 年 CPI 产生翘尾影响。由于北京消费价格中服务价格所占比重较高，北京消费价格受此影响较其他地区会更大一些。同时，由于我国能源资源类价格长期积累的矛盾日益突出，预计国家还将择机改革能源资源类价格形成机制，未来这方面的价格上涨将构成消费价格上涨的主要因素之一。

（四）食品价格大幅波动的可能性较小，将有利于北京市消费价格的稳定。从影响 CPI 的八大类商品来看，食品类是影响 CPI 变动的最主要因素

粮价上涨幅度可控。2008 年下半年以来，世界小麦增产幅度很大，供需紧张形势有所缓和，国际农产品价格涨幅趋缓；同时，2008 年我国粮食也实现了连续第五年增产[②]，从市场供需角度粮价上涨的压力不大。在农资价格涨幅明显的情况下，国家为保护农民的积极性，几次上调粮食收购价[③]，但幅度有限，属于可控范围。而且提高粮食最低收购价对物价水平的直接影响作用很小，因为粮食最低收购价不是市场的实际收购价，只有当市场粮价低于最低收购价时，最低收购价才会启动，正常情况下粮食收购价格

[①]成品油、电力价格上调除了通过对居民使用燃料和电力价格的影响而对 CPI 有直接推动作用外，对其他产品和服务的价格有间接推动作用，尤其是交通运输等服务价格受到的影响更大一些。

[②]按照初步统计结果，2008 年全国夏粮产量达到 12041 万吨，比上年增产 304 万吨，增长 2.6%。由于粮食价格上涨，加上国家为了调动农民种粮积极性，2008 年全国秋粮种植面积较上年有所增加，比上年增加 500 万亩以上；加上 2008 年雨水较为丰沛，全国各地秋粮长势良好，目前秋粮已经进入收获期，估计全年粮食增产的可能性较大。

[③]2008 年 10 月 20 日,发改委公布了最新的粮食最低收购价方案：从 2009 年新粮上市起,白小麦、红小麦、混合麦每市斤最低收购价分别提高到 0.87 元、0.83 元、0.83 元,比 2008 年分别提高 0.10 元、0.11 元、0.11 元,提高幅度分别为 13%、15.3%、15.3%。稻谷最低收购价格水平也将作较大幅度提高。

仍由市场形成，而由于农资价格上涨、国内外粮价差距较大，农民惜售严重，目前市场粮价普遍高于最低收购价①。

猪肉价格大幅波动的可能性也不大。对于养殖户（场）来讲，养猪能否得到利润是影响养猪户积极性的关键因素。一般通过监测猪粮比价②，就能够大致估算出养殖户的养殖利润，进而对下一年度猪肉供给状况做出预测。业内专家研究我国生猪饲养在正常生产状态下，生猪价格与粮食价格的效益盈亏比价为5.5:1，比值在5.5至6.3范围内为正常盈利，比值在6.3以上为高利润区。而经过计算，北京市目前猪粮比价大约为 6.7③，远高于猪粮合理比价，因此，如果没有大的疫情发生，预计猪肉价格大幅上涨的可能性较小。

食用油价格大幅上涨的可能性也不大。北京市食用油加工能力 95%以上被外资公司控制，因此食用油价格直接受到国际市场的影响。而据美国农业部2008年10月报告预计，2008/2009年度世界大豆产量大幅上升，消费量持续下降，同时报告近24个月内首度调减大豆价格预期范围，这将对食用油价格的上涨产生抑制作用。

（五）2009年房价可能继续处于下行调整期

针对房地产市场2008年以来出现价跌量低的态势，近期国家有针对性地出台了相关政策，包括减免税、下调贷款利率和降低首付比例等，但这些房产新政倾向于鼓励居民住房消费，但对于炒房、投机等行为的抑制措施并没有松绑，并不是在保护高房价，而是旨在让房价稳步回归理性。而从数据来看，1～9月北京市现房、期房销售面积分别比上年同期下降38%、53%，房市继续呈现“量价齐跌”态势。2008年1～9月北京市一年以内住房空置面积比上年同期增长18%,是2006年以来同期最高值，“准新房”供给增多反映了市场对房价走势不乐观，而市场的悲观预期也将对房价的下行起到推波助澜的作用。预计短期内，房价下行的趋势不会改变，2009 年房市

① 以湖南长沙为例，2008年的最低收购保护价为77元/50公斤，而市场开秤价就比这个价格高出了8元。
② 生猪粮食比价，指的是养殖户（场）养猪时的生猪与玉米的比价。
③ 2008年10月底，北京市生猪价格为6.15元/斤，玉米价格为0.92元/斤。

将继续处于调整期。

总体上看，宏观因素中，促进价格和抑制价格上涨的因素并存，但抑制因素更多一些；而从构成CPI指数的八大类商品来看，主要构成部分食品类涨幅有限，而房价极有可能出现下降；从环比折年率走势来看（见图2），目前仍然持续下降，没有出现一点上涨的迹象，各种因素综合分析，预计2009年北京消费价格涨幅将呈现回落的态势。根据计算得知，翘尾因素对2009年CPI的影响大约在1.1%左右，考虑到新涨价因素，预计2009年北京市CPI同比上涨将控制在3%以内。

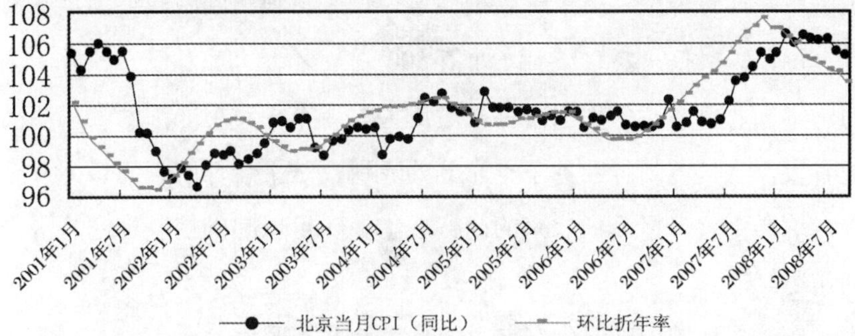

图2 2001年～2008年北京市当月CPI（同比）及环比折年率

三、政策建议

价格不仅是经济运行的晴雨表，也是重要的经济调控手段。政府要多运用价格手段调控经济资源，促进社会公平和经济发展。

（一）逐步缩小第三产业用电、用水价格与工业使用价格的差距，促进第三产业发展

为了引导第三产业节约资源，北京市长期以来对第三产业使用水、电等公用产品实行高价政策，以自来水价格为例，工业用水价格为5.6元/立方米，而宾馆、饭店、餐饮业用水价格为6.1元/立方米，洗浴业用水价格为61.5元/立方米，是工业用水价格的近11倍，洗车业用水价格为41.5元/立方米，是工业用水价格的7.4倍。考虑到北京三产份额较大，在当前经济

趋缓、社会总需求明显减弱的情况下，可考虑逐步缩小第三产业用电、用水价格与工业使用价格的差距，拉动社会总需求。可采取两种办法：一种办法是在以后调整价格时可考虑调高工业用电、用水价格，而第三产业用电、用水价格不做调整；另一种办法是在以后调整价格时可考虑以较大幅度调高工业用电、用水价格，而第三产业用电、用水价格以较小幅度进行调整。

（二）建议下调部分垄断行业的资费水平

在垄断行业中，北京市的电信资费与其他省市相比明显偏高，尤其是手机资费，导致外地手机卡进京抢生意，如来自银川的中国移动全球通的商旅卡每分钟接打只要 0.25 元（面值 500 元），不足北京移动神州行卡通话费的一半。北京的电信用户网络密度更大、成本相对更低，而收费却高于其他省市，这是电信行业竞争不充分的表现，是不合理的。建议下调电信资费，这样不仅可以降低北京的商务成本，还可以起到控制价格总水平上涨的作用。

（三）多种措施确保北京市生活必需品供需平衡

由于北京市主要生活必需品自给率较低，如猪肉自给率约为 47%，粮食仅为 18%，食用油、食糖、食盐等商品货源全部需要外地供应，抗风险能力较弱。需要高度重视生活必需品供应保障问题，建议采取以下措施：**一是**加快建立覆盖生活必需品生产供应、市场交易、价格变动、储备状况以及国内相关主产区生产供应情况于一体的信息平台，对重要生活必需品的生产、流通、消费各环节进行全方位监测，做到早发现、早处理、早防范；**二是**加强对重要商品价格的分析预测，包括粮食价格、食用油价格、猪肉价格、能源价格等，密切关注国际国内大宗商品价格变动对北京市价格的传导；**三是**加大生活必需品信息发布工作力度，建议在网站、电视台、电台等媒体定期或不定期的发布相关商品价格分析预测等信息，甚至可以研究建立监测信息发言人制度，强化监测信息发布对市场预期的引导作用。

（四）尽快细化落实中央房地产“救市”政策，防止北京市房价出现大幅下滑

房地产业由于关联产业链较长，投资额较大，其走势变化对北京市经济走势影响极大。建议尽快细化落实国务院第四季度经济工作安排中所提出的“加大保障性住房建设规模，降低住房交易税费，支持居民购房”政策，降低地方政府可以调节的税费，刺激居民住房消费。

（王小娥）

2008年北京市外贸形势分析及2009年展望

一、2008年北京市外贸形势分析

（一）贸易总额高速增长，进口拉动作用明显

2008年以来，北京地区贸易总额快速增长，前3季度累计进出口总额2146.3亿美元，占全国进出口总额的10.9%，在各省市中继续位列第四，与第三名上海相差330亿美元，差距已大为缩小，贸易增速为55.3%，同比提高38.8个百分点。其中，进口、出口额分别为1715.7亿美元和430.6亿美元，同比增长66.5%和22.4%。受原材料和劳动力成本上升、人民币升值、外部需求下降以及国家外贸调控作用显现等多重因素影响，北京市出口增长呈现明显回落态势，2008年1～9月增幅同比下降9.5个百分点；贸易逆差为1285.1亿美元，同比增长89.7%，增幅同比提高85.9个百分点。进出口对贸易总额增长的贡献率分别由上年同期的56.3%和43.7%变为89.8%和10.2%，贸易增长主要依靠进口拉动。

（二）贸易商品结构继续优化、资源型产品进口增加

2008年受国际形势变化影响，北京市出口结构呈现以下特点：**一是机电产品和高新技术产品的主体地位不变。**前3季度两类产品分别增长24.3%、14.3%，在北京市出口总额中的比重达到57.9%和34.4%，均高于上年同期水平。由于全球经济低迷使消费者采取谨慎态度，更新换代所激发

的购机需求保持下降态势，导致我国手机类产品出口速度大幅下降。前 3 季度占出口商品总额五分之一以上的手持或车载无线电话机实现出口额同比增长 13%，增幅下降 51.8 个百分点，且低于北京市出口额增长水平。二**是国际主要资源类产品价格高企，刺激钢材、焦炭及半焦炭、肥料、铁合金等“两高一资”产品出口增长。**前 3 季度四类产品分别增长 71.5%、147.5%、142.2%和 177.4%，共占出口总额的 12.3%。

进口结构呈现资源性产品增长较快的特点。受上半年国际初级产品价格持续走高、国内经济较快增长拉动原材料需求等因素影响，以原油、成品油、铁矿砂等为主的资源性产品进口增长较快。1～9 月份，这三类产品进口额分别增长 92.1%、242.5%和 113.1%，增速同比提高 82.9、218.4 和 45.4 个百分点，占进口总额的比重为 63.1%。其中，原油累计进口额为 875.3 亿美元，占进口总额的 51%。另外，1～9 月份农产品、粮食、食用植物油等产品的进口量大幅增加，同比分别增长 126.2%、295.5%、139.7%,占进口比重达到 7%。随着下半年国际资源类商品价格的逐步回落，预计全年进口总额增幅较前三季度略有下降。

（三）贸易主体仍以国有企业为主，外资企业增长放缓

从进出口企业类型看，2008 年国有企业在北京市进出口中的主体地位进一步强化。前 3 季度国有企业累计实现进出口额 1608.8 亿美元，占总额的 75%，比上年同期提高 4.7%，大宗商品进口额大幅提高是国有企业占比提高的主要原因。同时在全球经济衰退的背景下，国际市场需求不足使得外资企业贸易增长放缓，比重由上年同期的 25.7%大幅下降至 20.6%。

（四）一般贸易仍为主要方式、加工贸易增速放缓

从贸易方式看，一般贸易仍然是北京市对外贸易的主要方式。2008 年前三季度，一般贸易进出口 1768.2 亿美元，占贸易总额的 82.4%，比 2007 年同期提高 6.2%。其中，一般贸易项目下进口同比上升 13.9%，占总进口额的比重提高至 89.7%。一般贸易出口占总出口额的比重为 53.2%，比上年上升 2.6%。在国内劳动力成本提高和全球经济放缓的形势下，北京市加工

贸易的生产要素成本优势已不明显，同时受加工贸易目录及退税政策调整影响，北京市加工贸易整体趋缓，前 3 季度共实现进出口 249 亿美元，同比仅增长 6.9%。其中来料加工项目出现了负增长。2008 年北京市对外承包工程出口货物大幅增加，达到 31.4 亿美元，同比增加 67.2%。

（五）贸易伙伴多元化

2008 年北京市对外贸易伙伴遍布五大洲，亚洲仍然是最大的出口市场和原材料进口地，占北京市贸易总额的 49.8%。由于原油、铁矿石等进口额大幅增加，非洲、拉丁美洲贸易额同比分别增长 85.5%、100.6%，比重达到 16.6%和 7.7%，沙特阿拉伯、安哥拉成为北京市最大的原材料进口国，贸易伙伴日益多元化（见表 1）。

表 1　2008 年 1～9 月份主要国别（地区）进出口情况表

单位：亿美元

主要出口贸易伙伴情况				主要进口贸易伙伴情况			
国家（地区）	金额	同比±%	比重%	国家（地区）	金额	同比±%	比重%
总量	430.6	22.4	100	总量	1715.7	66.5	100
美国	36.7	27	8.5	沙特阿拉伯	177.7	137.1	10.4
日本	31	17.3	7.2	安哥拉	177.5	150.9	10.3
韩国	30.2	48.4	7	日本	120.7	47.2	7
中国香港	29.7	16.6	6.9	美国	91.6	31	5.3
印度	22.3	28.3	5.2	韩国	89.5	47.4	5.2
新加坡	15	-21.7	3.5	俄罗斯联邦	85.3	45.8	5
匈牙利	12.9	35.5	3	德国	82.0	39.2	4.8
芬兰	11.8	-4.3	2.7	阿曼	77.1	69.7	4.5
中国台湾	11.1	47.2	2.6	伊朗	63.5	112.2	3.7
德国	10.3	-41.9	2.4	巴西	53.1	161.9	3.1

根据当前北京市外贸发展环境，结合前 3 季度的外贸运行特征，预计 2008 年全年北京市进出口贸易总额将达到 2965 亿美元，同比增长 53.7%，其中进口 2369 亿美元，出口 590 亿美元，分别增长 64.5%、20.7%。

二、2009 年北京市外贸形势展望

2009 年，基于全球经济下行导致外需下降的总体形势，北京市在出口订单增速下降的同时也将同步缩减原料进口，同时初级产品价格有望高位回落，2009 年外贸总额增长将继续趋缓，初步预计全年进出口贸易总额将达到 3623.6 亿美元左右，同比增长 22.4%，其中进口 2951.3 亿美元，出口 672.3 亿美元，分别增长 24.6%和 13.8%以上。初级产品价格下跌使得北京市资源型商品比重同步下降，单纯依靠进口拉动的局面有望改变，贸易伙伴持续多元化。

（一）国际经济陷入衰退，外部需求进一步减弱

受金融危机影响，全球经济进入衰退期，据国际货币基金组织最新预测，2009 年世界经济增长仅为 2.2%，发达国家整体下降 0.3%，自二战以来首次出现下降，其中美国下降 0.7%，欧元区下降 0.5%，日本下降 0.2%。世界经济增长放缓将导致各主要经济体缩减外部需求，拖累国际贸易增长。目前，尽管各国相继推出了稳定金融秩序、刺激经济增长的措施，但全球市场信心的恢复需要较长的时间，而次贷危机引发的连锁反应仍未结束，金融市场动荡局面仍将持续，对实体经济的伤害也在不断扩大。据众多机构预计，2009 年将成为近年来世界经济贸易最为低迷的一年。在外部需求全面收缩的情况下，我国贸易环境进一步恶化不可避免。

（二）国际贸易风险加大，贸易保护主义重新抬头

本次金融危机波及全球各主要经济体，由于一些知名金融机构破产或被收购，导致部分国家金融市场动荡、信用急剧恶化、货币价值面临剧烈波动，影响到了全球贸易的稳定运行，势必加大进出口贸易中的履约风险、汇率风险和结算风险，中国广大出口企业若处置不当，必将蒙受巨大损失。

同时，国际贸易的萎缩必将使国际市场竞争越发激烈，导致全球范围的贸易保护主义重新抬头，技术性壁垒和绿色壁垒继续加重。截至 2008 年 11 月底，包括美、日、欧盟等经济体为保持本区域市场贸易稳定、维持经济增长、保证就业，明确表示将采取更为保守的贸易政策和措施，此举将极大抑制中国出口，对外贸易摩擦将大幅增加。

（三）相关政策调整有利于促进北京市外贸增长

2008 年下半年全球经济放缓促使我国采取了更为积极的经济政策。在外贸领域，国家已于 8 月 1 日、11 月 1 日、12 月 1 日先后三次提高部分纺织服装类劳动密集型产品、高技术含量和高附加值产品出口退税率；人民币汇率也由原先的“小步走、不停步”变为逐渐趋稳，同时调整信贷政策解决了中小企业融资难的问题。预计 2009 年，在全力保增长的目标下，人民币将继续保持稳定甚至小幅反弹，机电和高附加值产品等出口退税率有望进一步提高，同时，国家有望放松对加工贸易限制类产品目录中的纺织、服装、玩具等劳动密集型行业的限制。上述政策的实施将对促进北京市外贸增长，改善外部环境起到积极的作用。

（四）初级商品价格回落有利于进口环境改善

2008 年上半年，以原油、粮食、铁矿石为代表的初级产品价格涨势强劲，从下半年开始，金融危机爆发带来全球市场信心动摇、需求减弱，初级产品价格快速回落。预计 2009 年，原油、粮食等产品价格总体上仍将延续高位回落走势，但各国刺激经济的措施、欧佩克减产、美元价值变化以及日益严重的地缘政治冲突和海上航运安全问题仍将是引发国际商品价格波动的不确定因素。价格回落有利于改善中国原材料进口环境，减轻企业持续上升的成本压力，也为中国加强战略石油和粮食储备，抵御价格波动风险创造了有利时机。

三、相关建议

（一）优化出口结构，提升首都产品竞争力

此次经济危机对我国出口的危害主要集中在纺织、服装、玩具等劳动密集型行业，以及受奶粉事件冲击的食品行业。因此，为避免外需下降给出口带来更大的冲击，北京市在着力优化进出口结构的基础上，要加快实现从规模速度型向质量效益型转变：继续提高机电产品、高技术产品的比重，扩大电影、动漫等文化创意类产品出口；鼓励和引导企业加大科技投入和技术创新，提高产品的附加值；提高产品质量标准，打造具备首都品质、符合首都形象的名牌产品，提升产品的竞争力。

（二）继续贯彻走出去战略，扶植出口企业发展

面对世界经济衰退、外需下降的环境，应继续大力贯彻“走出去”战略，鼓励有实力的企业跨国并购、海外建厂，积极开拓国外市场销售渠道，支持更多的企业承接服务外包业务。同时，政府部门及行业协会要为出口企业创造更为有利的环境：加大通关便利化、税收奖励和返还等政策的实施力度；降低先进技术设备进口关税；进一步拓宽中小企业融资渠道；继续加强对出口企业产品研发、技术创新、品牌推广、知识产权保护等方面的扶持力度；为出口企业提供更完备、更及时的法律、汇率、市场、预警监测和协调等方面的服务。

（三）积极争取发达国家放宽高技术产品出口限制

应当充分利用当前美、日、欧盟等主要经济体陷入低迷、增长乏力的有利时机，积极开展贸易谈判，敦促发达国家放宽对我国的高新技术与知识产品出口限制，促进双边贸易平衡。

（贾秋淼）

2008年北京市就业形势分析及2009年展望

2008年以来，北京市就业形势总体平稳，劳动关系总体保持稳定，但自第3季度开始，受国家宏观经济环境变化的影响，国内就业环境出现新的变化，整体就业形势面临新的考验，随着国家经济增长趋缓，预计2009年北京市就业形势也将受到一定影响。

一、北京市就业的总体形势

（一）就业形势总体平稳，城镇新增就业达到历史同期最佳水平

2008年北京市将促进就业作为改善民生的重要着力点，以贯彻落实《就业促进法》为切入点，积极落实促进就业政策，城镇登记失业率稳中有降（见图1），城镇登记失业人员就业率提高。根据北京市劳动局数据，截至9月底，北京市城镇登记失业人员总数为30.32万人，同比增长12.09%。在城镇登记失业人员中，实现就业17.3万人，同比增长20.81%。月末实有失业人员10.39万人，城镇登记失业率为1.83%，为连续4年来同期最低水平，低于全年2.5%的控制目标。“零就业”家庭帮扶长效机制基本建立，全年“零就业”家庭实现动态为零。

1～9月份城镇新增就业人数达到32.51万人，完成年计划达到历年同期最佳水平。截至2008年9月底，北京市开发社区工作岗位13.93万个，安置失业人员11.16万人，均提前完成全年计划指标。

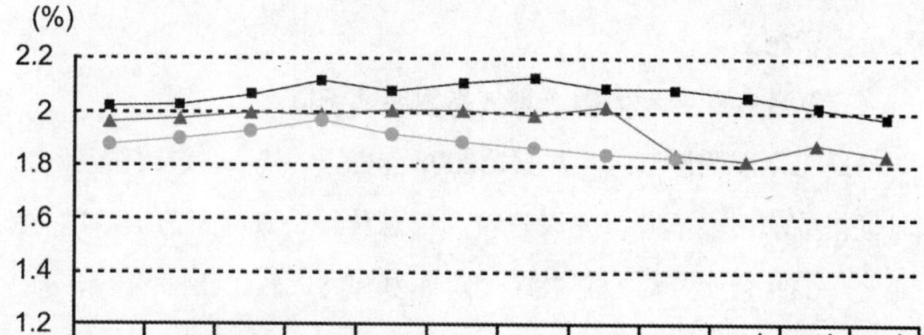

	1月	1–2月	1–3月	1–4月	1–5月	1–6月	1–7月	1–8月	1–9月	1–10月	1–11月	1–12月
06年	2.02	2.03	2.07	2.12	2.08	2.11	2.13	2.09	2.09	2.06	2.02	1.98
07年	1.97	1.98	2.0	1.99	2.01	2.01	1.99	2.02	1.84	1.82	1.88	1.84
08年	1.88	1.9	1.93	1.97	1.92	1.89	1.87	1.84	1.83			

图1 北京市城镇登记失业率变动趋势

（二）《劳动合同法》平稳实施，劳动关系总体稳定

2008 年以来，《劳动合同法》在北京得到平稳贯彻实施。北京市地方企业劳动合同续订率达到 95.6%，城镇职工续订率为 94.1%，高于近几年 90% 的平均水平。劳动合同短期化问题得到扭转，签订一年及以下劳动合同的占 21.5%，同比下降 44.6 个百分点；无固定期限劳动合同和中长期劳动合同比重提高，签订三年以上劳动合同占 22.3%，签订无固定期限劳动合同占 10.6%，同比分别提高 15 和 3.4 个百分点。没有产生因为劳动合同制度的重大调整，引发社会不稳定因素。

二、当前就业形势中的不良苗头

（一）部分行业出现从业人数下降迹象

2008 年 1～9 月，北京市城镇单位从业人员共 564.2 万人，比 2007 年末增加 19.9 万人。其中，国有经济和集体经济部门的从业人员数分别减少 1.0 万人和 1.6 万人，下降幅度分别为 0.5%和 9.3%。分行业看，主要集中在教育、建筑业、制造业和农林牧渔业，相关行业从业人员分别减少了 6823 人、6524 人、1358 人和 656 人，下降幅度分别为 1.8%、2.0%、0.1%和 2.4%。这与奥运期间建筑、制造业等实施了短期停产、限产及经济增长趋缓等因素相关。

（二）各行业劳动力需求景气指数明显下降

根据北京市统计信息网数据，2008 年第 3 季度北京市各行业劳动力需求景气指数均明显下降，尤以建筑和信息传输、计算机服务和软件业下降最显著。工业企业劳动力需求景气指数为 97.8，较上年同期下降了 16；建筑业劳动力需求景气指数为 79.9，同比下降 67.6；交通运输、仓储和邮政业劳动力需求景气指数为 93.5，同比下降 18.7；批发零售业劳动力需求景气指数为 122.1，同比下降 25.3；房地产业劳动力需求景气指数为 100.3，同比下降 8.1；社会服务业劳动力需求景气指数为 118，同比下降 15.1；信息传输、计算机服务和软件业企业劳动力需求景气指数 79.3，同比下降 53.4。只有住宿和餐饮业劳动力需求景气指数同比增长了 20.2，达到 150.5。

（三）劳动争议案件急剧攀升，集体争议明显增加

2008 年，《劳动合同法》、《劳动争议调解仲裁法》相继实施，劳动维权有法可依。随着劳动者维权意识的加强，北京市劳动争议案件量也呈现持续大幅上升趋势，案件增长幅度超出历史任何时期。1～9 月，北京市劳动争议案件数出现了明显的攀升趋势。截至 9 月底，劳动争议案件达到 32954 件，较上年同期增长 103.81%。其中，劳动报酬，经济补偿、赔偿，变更、续订、终止合同，解除劳动合同等类的争议均出现了较大幅度的上升。

集体维权意识更强，劳动集体争议案件值得关注。1～9 月，北京市劳动集体争议案件达到 1722 件，同比增长 146.70%，明显快于劳动争议案件的总体增长速度。集体争议涉及 12679 人，同比增长 84.53%。

三、2009 年北京市就业形势判断

从国际国内宏观形势和北京市的经济发展状况分析，2009 年北京市的就业形势将总体趋紧。

（一）国际金融危机继续发展，中国经济增长减速，全国就业形势严峻

由美国次贷危机引发的金融危机进一步加深，各国虽然出台了一系列

的救市措施，但是金融危机已经影响到实体经济，部分发达国家即将步入经济衰退之中。在国际经济大环境和国内宏观调控等多种因素的影响下，中国经济也出现了减速的迹象。按照国家统计局公布的最新数据，与2007年同期相比，2008年前3季度中国GDP增速为9.9%，回落2.3个百分点。国际金融危机对中国实体经济的影响已经逐渐显现，出口下降，中小企业融资困难，部分沿海地区出现了中小企业的破产和倒闭，尤其是大量吸纳就业的第三产业增加值的增速也呈回落态势，这些对就业形势将造成一定程度的负面影响。

（二）北京市经济下行明显，新增就业规模可能有所缩小

近年来北京市经济增长一直保持了较高的就业弹性，2005、2006和2007年分别是0.24、0.37和0.19，经济增长带动就业增长作用显著。因此，在国内外经济形势趋缓的情况下，北京市经济增长也将放缓，预计2008年北京市GDP增长率将回落到9.7%，2009年将持平或略有下降。经济增长趋缓必然对北京市的劳动力需求产生较大影响。如果按照0.2的就业弹性计算，预计2008年底北京市从业人员总数约为961万人，2009年底将为979万人，每年新增就业人口的规模较前几年有所减少，减少的规模大约为5万个岗位以上。

此外，奥运会的结束将减少部分就业需求。奥运会给北京市创造了大量的就业机会，随着奥运会的结束，部分直接服务于奥运会的工作岗位将消失，同时对相关行业的就业也会产生一些间接影响。

四、对当前就业工作的几点建议

（一）实施就业优先战略，在“保增长”的同时“保就业”

“保增长”已经成为国家宏观政策的一个主要目标。但是，从当前的经济形势来看，在“保增长”的同时有必要进一步明确“保就业”的政策目标。虽然经济增长会带动就业增长，“保增长”客观上也是“保就业”，但是由于经济结构和就业弹性的影响，对不同产业的支持所产生的“保就业”的作用

也存在较大的差异。当前，应该重点支持劳动密集型企业的发展。

（二）加大创业扶持政策力度，通过创业带动就业增长

在现有创业扶持政策的基础上进一步加大创业扶持力度。政府要加大力度，搭建一个创业的宣传舆论平台、一个与创业者的沟通平台、一个创业项目孵化平台，使广大创业者能够享受到专业性服务和个性化服务，尤其是面向创业的重点群体进行针对性宣传和个性化支持，通过大力推动创业增长来带动就业增长。一是进一步加大创业专家指导队伍建设，为创业者提供个性化和专业化的咨询、指导；二是加大创业项目资源库的构建，免费为创业者提供突出本土化、投资少、见效快、市场前景好等特点的创业项目服务；三是加强创业培训，督促定点培训机构按规范技术标准组织教学，将学员培训合格率、创业成功率和带动就业等情况纳入培训效果考核；四是加大创业贷款支持，对符合条件的创业者提供小额贷款和贴息政策扶持，建立创业引导性资金，推动创业服务工作。

（三）采取切实措施支持中小企业发展

各种数据表明，中小企业是创造就业机会、吸纳就业人员的重要力量。虽然2008年国家已经推出多项措施促进中小企业发展，如安排中小企业专项发展资金、国际市场开拓资金等。但是，在当前的金融危机中，首先受到冲击的是融资能力弱的中小企业，融资渠道不畅依然是中小企业面临的主要困难，应该加大对中小企业的信贷支持力度。

（四）完善就业促进政策，帮助困难群体就业

扩大就业促进政策的覆盖范围，将城镇促进就业的政策向农村延伸；将刑释解教人员、随军家属以及失业一年以上的人员、享受失业保险的北京市农民合同制工人纳入就业困难人员范围，享受各类促进就业优惠政策。

在进一步健全“零就业”家庭就业帮扶长效机制的基础上，及时向“零就业”家庭劳动力提供适合的职业指导、职业培训和岗位推荐等就业服务。

建立城乡平等的职业技能培训补贴制度、技能援助制度，重点加强对城乡登记失业人员的技能培训和创业培训，使失业人员尽快获得职业技能的提升，增加在劳动力市场上的竞争力。积极拓展新的就业领域，进行有针对性的培训，特别是结合北京市经济结构升级有预见性地培养一些专门的技术人才。

（五）加大农村劳动力就业政策扶持力度

研究鼓励招用北京市农村劳动力的政策和北京市农村劳动力跨地区流动就业的政策；研究鼓励北京市农村劳动力自谋职业、自主创业的政策；研究鼓励和扶持农村就业品牌，对具有地区优势、灵活多样、吸纳就业潜力大且较受农村劳动力欢迎的就业项目给予有针对性的重点扶持。加强“技能型”和“创业型”农民的培养。

（林宝　隆学文）

2008 年北京市功能区发展形势分析及 2009 年展望

2008 年，北京市加大城乡统筹力度，区县功能定位进一步落实，四类功能区的比较优势和主导功能获得全面提升，阶段性特征初步彰显，呈现出差异化、特色化和总体协调的发展取向。

一、2008 年功能区发展总体情况及特点

（一）整体发展水平持续提升

近几年，四类功能区的经济总量持续增长，在空间比重上的分布也逐渐符合功能定位要求。与 2004 年相比，2007 年核心区、拓展区、发展新区和涵养区的地区生产总值年均增速分别达到 14.5%、14.9%、17.5%和 12.8%，其中拓展区经济规模总量最大，发展新区经济发展速度最快，成为拉动北京市经济增长的重要区域（见图 1）。

（二）主导产业发展各显新意

1．核心区高端服务业聚集效应明显。金融街已成为北京市高端服务业聚集的典范；东二环商务区异军突起，重点吸引地区型机构总部；西单、王府井等商业街区通过升级改造，增强了发展活力；休闲旅游、文化创意为重点的特色街区成为核心区发展的新亮点。

2．拓展区引领现代服务业和高技术产业发展。CBD 及周边地区汇集了北京市 80%以上的外资金融机构，成为外资机构和金融资源最集中的区域；20

周岁的中关村园区成为北京乃至全国创新创业最活跃的区域，截至 2008 年 9 月底，中关村园区总收入、利润、税收分别占北京市开发区的 76%、80.1% 和 81.7%。

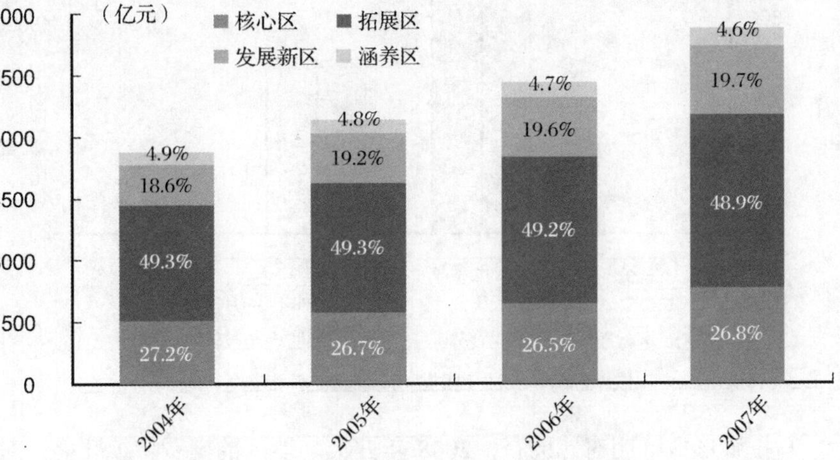

图1 2004～2007年四类功能区占GDP的比重

3．发展新区加快发展现代制造业和生产性服务业。2008 年，大兴、房山发挥生态和地理优势，积极促进房地产业发展；通州确立建设综合性服务新城的目标，文化创意产业成为现代综合服务业的主体；顺义围绕临空经济区建设，以航空业为主的交通运输业快速增长；昌平积极推进旅游业、信息咨询业、汽车制造业等产业发展。

4．涵养区着重发展生态友好型产业。2008 年，涵养区生态建设稳步推进，特色林果、绿色养殖、生态旅游业和民俗旅游业等生态友好型产业发展加快，呈现初步融合化发展趋向。1～9 月份，涵养区的民俗旅游户数量、接待人次和总收入分别占北京市的 70.4%、82.7%和 85.3%。

（三）投资全面下滑，消费保持增长

2008 年，受经济下滑、交通限行和奥运投资结束等因素影响，1～9 月，除涵养区以外，核心区、拓展区和发展新区的全社会固定资产投资均出现负增长，同时，核心区、拓展区、发展新区和涵养区的投资增幅分别同比下降23.2%、26.2%、33.8%和17.5%（图2）。

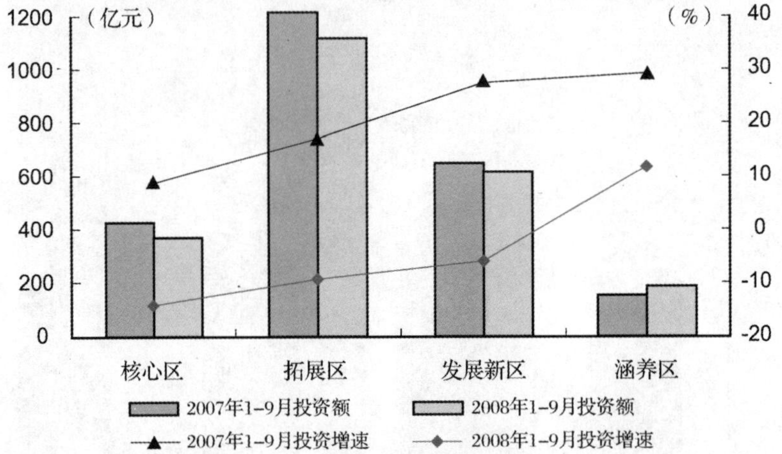

图2 2007～2008年四类功能区投资额及增速对比

与投资形成鲜明对比的是，2008年四类功能区的消费持续旺盛，对经济拉动的贡献增大。1～9月，核心区、拓展区、发展新区和涵养区的消费增长率分别为23.4%、19.4%、25.5%和15.7%，均高于2007年同期（图3）。其中，受交通便利、购物环境及居民收入等因素影响，拓展区的社会消费品零售额占北京市总量的62%，成为北京市消费增长的主导力量。

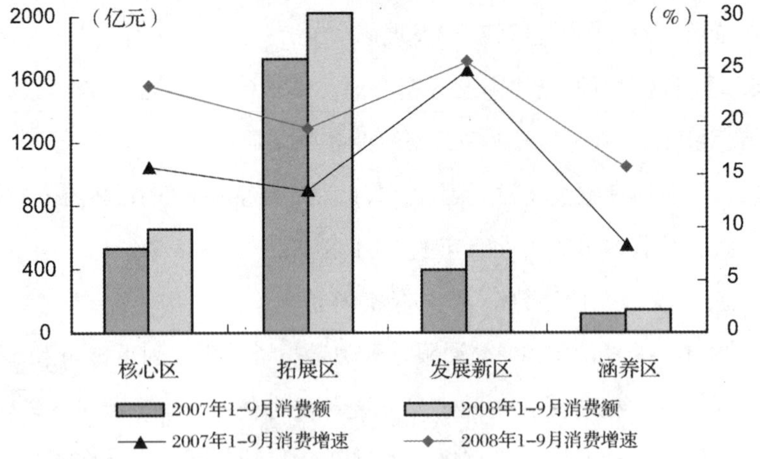

图3 2007～2008年四类功能区消费额及增速对比

2008 年，四类功能区的居民收入保持平稳增长，其中，涵养区和发展新区的居民收入增幅高于核心区和拓展区（图 4）。区域间居民收入差距略有扩大，核心区、拓展区、发展新区、涵养区城镇居民收入比由 2007 年的 1.24:1.22:1:1 变为 2008 年的 1.28:1.25:1.01:1；三个功能区的农村居民收入比由 2007 年的 1.32:1.10:1 变化为 2008 年的 1.34:1.13:1。

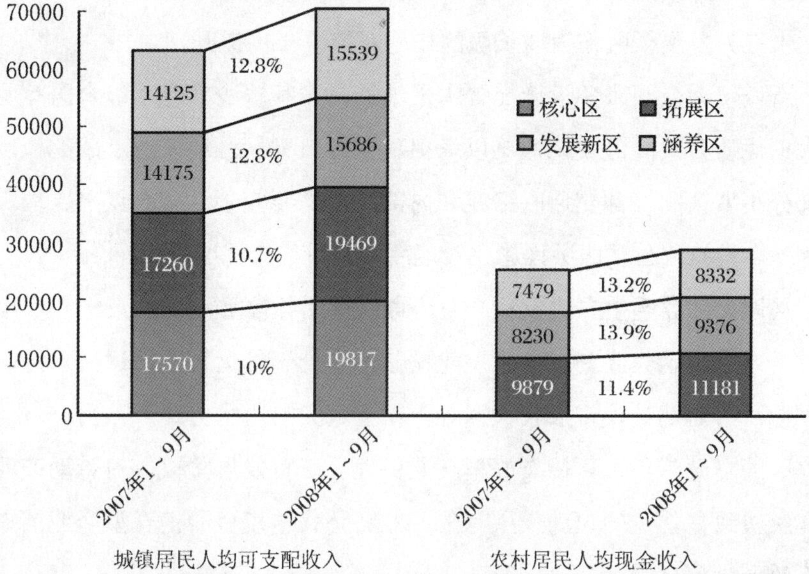

图4 2007~2008年四类功能区城乡居民收入对比

二、功能区发展中需关注的主要问题

（一）中心城区功能和人口疏解效果尚不理想

2008 年，中心城区的居住、流通、基础教育、医疗卫生机构和行政管理等功能疏解效果有限，而人口快速膨胀趋势不减，2007 年底数据显示，核心区常住人口密度达到 22394 人/平方公里，远高于其他三区每平方公里的 6312 人、709 人和 200 人。功能和人口的过度集聚，不仅使中心城区水资源、土地、能源等资源压力不断增大，城市运行管理和公共服务问题也日益突出。

（二）南城和西南部地区发展依然不平衡

由于长期以来缺乏大项目带动和功能性支撑，区域性投资严重不足，吸引社会投资比较有限，南城和西南部地区发展相对滞后，奥运投资不平衡更进一步拉大南北城的差距。主要表现为基础设施差距大，路网的平均密度偏低，轨道交通缺乏；基本公共服务设施不足，各种市政设施配套不发达；产业能级低，自我发展能力弱，高端产业和企业总部严重缺乏。

（三）发展新区作为增长极的作用有待进一步提升

新城现有公共服务设施配置水平较低，尤其缺少教育、综合医疗卫生等大型优质公共服务设施，难以承担新城人口集聚区和产业承载的作用；大部分小城镇的外部交通联络线和内部路网需要完善，安全饮水、垃圾处理等基础设施和公共服务设施比较落后，人口集聚程度较弱。

（四）涵养区生态建设和产业培育双重任务较重

一方面，涵养区剩余的生态建设任务多处于偏远地区，远离水源，交通不便，给后期管护带来较大困难，需要较大财力物力投入；另一方面，涵养区的资源节约、环境友好型产业仍处于培育发展阶段，对带动产业转型和解决致富就业的拉动作用有限，能够替代传统资源消耗型产业的作用尚不明显。

三、2009年功能区发展趋势展望

（一）相对薄弱区域将成为投资倾斜重点

过去几年，北京市建设的主线都以奥运为中心展开，投资重心主要集中在北城地区。奥运之后，北京市面临建设发展重心的战略转移，经济发展的支撑区域需要进一步扩大，城市功能布局需要进一步优化，因此加快南城、西南部地区等相对薄弱地区发展将有利于区域均衡发展和城乡统筹目标的实现。

（二）通达性增强将有利于中心城区人口疏解

2009年，地铁4号线将全线开通，而按照北京市轨道交通整体规划，轨道线路总数将达到22条，总里程近700公里，不仅拉近了中关村、金融街、北京南站、奥林匹克公园和CBD等热点地区，还连接了11个周边新城，再加之城市快速公交、郊区高速公路等交通基础设施的建设。无疑，未来中心城区将加大对远郊区县的辐射带动和反哺作用，远郊区县将更好地承接中心城区人口和产业转移，区域间将实现资源共享，缩小发展差距。

（三）产业转移与承接将成为区域合作的主要途径

随着中心城区地价成本、工资水平、居住成本不断上涨，越来越多的企业研发和非核心功能面临着转移或外迁，中心城区未来将以高端服务业为产业内容，远郊区县则将利用中心城区产业升级转移的契机，发挥“洼地效应”，接受总部经济和服务外包转移，吸引国内外知名企业设立研发中心、结算中心、呼叫中心和培训中心，进而与中心城区的高端服务业形成产业互补，同时有效避免北京市产业“空心化”现象。

四、促进功能区发展的政策建议

（一）强化政策倾向，引导人口和产业合理转移集聚

北京市应统筹解决人口调控问题，尽快出台产业带动人口转移的激励政策，加快促进核心区人口转移疏解，积极调控拓展区人口规模，提高发展新区人口承载能力，提高涵养区人口集聚水平。整合财政、税收、投资、土地、环保等手段，实施更加严格的产业准入制度，制定更加合理的产业指导目录，对重点行业、重点产业分别制定差异化的环保标准、节能节水节地标准、投资强度标准、产出强度标准等，严把产业准入关，限制低端产业发展。同时，加强有针对性的专项转移支付，突出对不同区域主导产业的支持，强化对高端产业功能区和生态产业园区的支持力度。

（二）加大政府投入力度，加快相对薄弱区域发展

对基础设施落后、产业基础较弱的南城、西南部地区、城乡结合部等区域要进一步加大政府投入比例。核心是优先配置重大公共服务项目和引入重大产业项目，优先基础设施投入，多打造高端产业园区，注重发挥重大项目、重点区域开发的带动作用，以项目来引导资源尤其是公共资源按功能定位的方向流动和集聚。

（三）基础设施和公共服务同步供给，加快新城建设

一方面，新城建设应坚持基础设施先行，加快新城交通联络线和主要基础设施配套建设，重点推进轨道交通、集中供热、天然气管网、污水处理设施建设，建设好新城外部绿带和内部绿网架构。另一方面，增强公共服务设施配套能力，鼓励优质公共服务资源向新城转移，推进一批功能性项目建设，较大幅度提升新城公共服务水平，增强对中心区人口转移的吸引力。同时，注重中心城与新城的互动，避免孤立建“城”。

（四）利用环境优势，提升涵养区生态友好型产业发展

涵养区平原地区可利用生态环境优势，依托小城镇，适当布局高技术制造业和以综合服务、外包服务、文化创意、研发设计、生态服务、培训教育等为重点的服务业，重点引导现代服务业和高新技术产业的企业总部到涵养区设立分支机构和后台服务设施；涵养区山区可综合利用生态资源和自然特色，推进“沟域经济”发展，开发建设以休闲观光为主的旅游体验型、科技教育型、休闲商务型、采摘休憩型等“生态旅游谷”。

（姚忠阳　崔岩）

2008 年京津冀地区经济形势分析及 2009 年展望

2007~2008 年度里，国际经济形势发生了巨大的变化，国内经济格局也在悄然改变，在北京奥运会、天津夏季达沃斯论坛等一系列重大活动、会议的推动下，京津冀地区加快了区域间合作发展的脚步，综合经济实力稳步增强。展望 2009 年，京津冀地区将不单是我国经济增长的“第三极”，更将成为国民经济稳定增长的基石。

一、2007～2008 年度京津冀地区发展概况

2007～2008 年度，京津冀地区整体保持了稳步较快的发展态势，区内各市经济总量增速普遍高于全国平均水平，占全国经济总量比重略有提高，区域间各领域合作进一步加强。

（一）经济稳健发展，消费对经济的拉动日益增强

截至 2007 年底，京津冀地区的经济总量已达到 25069.2 亿元，占全国经济总量的 10.2%，这一比重比 2004 年提高了 1.2 个百分点，延续了 10 年来持续小幅攀升的态势。近 5 年来，京津冀地区社会消费品零售总额占全国比重不断增加，全社会固定资产投资占全国的比重不断下降，消费对京津冀地区经济发展的拉动力在增强（详细数据见表 1）。

表 1　　　　2007 年京津冀都市圈经济发展基本情况

地区	指标	GDP（亿元）	全社会固定资产投资（亿元）	社会消费品零售总额（亿元）	出口总额（亿美元）	全部财政收入（亿元）
北京	绝对值	9353.3	3966.6	3800.2	489.2	1882.0
	增长（%）	13.3	17.6	16.0	28.9	52.3
天津	绝对值	5018.3	2388.6	1603.7	381.6	1204.3
	增长（%）	15.1	29.1	18.2	13.8	30.1
石家庄	绝对值	2393.0	1391.0	821.1	41.5	230.4
	增长（%）	13.2	26.9	17.5	22.0	21.2
唐山	绝对值	2779.1	1036.6	648.8	28.3	330.8
	增长（%）	15.0	35.4	19.2	43.2	25.2
保定	绝对值	1375.2	650.0	509.3	24.2	121.9
	增长（%）	11.7	12.4	15.5	48.9	22.2
秦皇岛	绝对值	665.1	252.4	198.1	21.5	85.3
	增长（%）	13.4	19.1	18.1	9.4	27.8
廊坊	绝对值	883.4	685.9	244.0	12.6	95.6
	增长（%）	15.0	49.1	18.5	46.8	40.4
沧州	绝对值	1485.7	618.7	339.0	11.1	123.9
	增长（%）	13.9	35.0	17.6	25.7	23.3
张家口	绝对值	564.5	290.1	190.2	4.7	91.9
	增长（%）	12.0	29.6	15.1	59.9	25.7
承德	绝对值	551.6	300.3	152.8	2.1	81.6
	增长（%）	15.7	30.3	15.0	41.3	39.3
合计	绝对值	25069.2	11580.2	8507.3	1016.7	4247.6
全国	绝对值	246619.0	137239.0	89210.0	12180.0	51304.0
	增长（%）	11.4	24.8	16.8	25.7	32.4
占全国比重	比重（%）	10.2	8.4	9.5	8.3	8.3

资料来源：全国和各城市 2007 年统计公报

（二）产业梯度优化与产业结构升级同步

改革开放以来，京津冀地区已经形成了较明显的产业梯度。近几年，产业梯度结构日益明显，2007 年，北京市第三产业的区位商[①]达到 1.84，天津市第二产业的区位商为 1.17，河北省第一产业的区位商为 1.21。随着北京市首钢的不断限产、减产，曹妃甸地区产能不断增加，有力地推动了区域内产业梯度转移。与此同时，区域内所有城市的产业结构优化升级，第三产业比重均有所增加，尤其是北京市第三产业比重已达到 72.1%，超过了现代发达国家 70%的平均水平（详细数据见表 2、3）。

表 2　　2005~2007 年北京市、天津市和河北省产业区位商比较

各产业区位商 / 年份	北京市			天津市			河北省		
	第一产业	第二产业	第三产业	第一产业	第二产业	第三产业	第一产业	第二产业	第三产业
2005	0.12	0.65	1.68	0.24	1.18	1.02	1.15	1.11	0.82
2006	0.11	0.57	1.80	0.23	1.17	1.02	1.18	1.07	0.86
2007	0.09	0.54	1.84	0.18	1.17	1.03	1.21	1.06	0.86

原始数据来源：各城市 2007 年统计公报

表 3　　2007 年京津冀都市圈内各城市的产业指标

名称	GDP 值（亿元）	第一产业比重	第二产业比重	第三产业比重
北京市	9353.3	1.1	26.8	72.1
天津市	5018.3	2.1	57.6	40.3
河北省	13863.5	14.2	52.3	33.5
石家庄	2393.0	13.7	47.9	38.4

① 产业区位商的计算公式为 $HQ_{ij} = (H_{ij} / H_i)/(H_j / H)$，其中，$HQ_{ij}$表示 i 地区 j 产业的区位商，$H_{ij}$表示第 i 个地区、第 j 个产业的产出，$H_i$表示 i 地区的全部产出；$H_j$表示全国 j 产业的全部产出，H 表示全国所有产业的总产出。一般来讲，当区位商显示超过 1 时，就说明该产业在该地区拥有一定的比较优势。

续表

名称	GDP 值(亿元)	第一产业比重	第二产业比重	第三产业比重
唐山	2779.1	10.3	57.4	32.3
保定	1375.2	15.7	49.7	34.7
秦皇岛	665.1	11.7	38.6	49.7
廊坊	883.4	14.1	55.7	30.2
沧州	1485.7	12.0	52.0	36.0
张家口	564.5	15.1	45.1	39.9
承德	551.6	17.8	55.1	27.1
河北省	13863.5	14.2	52.3	33.5

资料来源：各城市 2007 年统计公报

（三）京津冀与长江三角洲、珠江三角洲经济现状比较

京津冀地区是中国北方历史悠久、规模最大、最重要的经济圈，但改革开放 30 年来，京津冀地区占全国经济总量的比重一直保持在 10%左右，而长江三角洲和珠江三角洲经济占全国经济总量比重却有了较明显的增长，分别由改革开放初的 17.7%和 5.1%上升到 22.7%和 12.5%（见图 1）。截至 2007 年底：从经济总量上看，京津冀地区仍然落后于长江三角洲和珠江三角洲；从经济外向度来看，也以较大的幅度落后于长江三角洲和珠江三角洲，但正是由于外贸依存度较低，使得京津冀地区在目前外部需求大幅下降的背景下，受到的冲击较小；从区域合作一体化来看，受行政体制约束影响，京津冀地区一体化进程缓慢，效果不理想，而且河北省的综合经济实力与京津两市的巨大差距，也为一体化进程带来了难度；但从经济发展质量上看，人均 GDP 几年来首度超过了珠江三角洲，并缩小了与长江三角洲的差距（见表 4）。

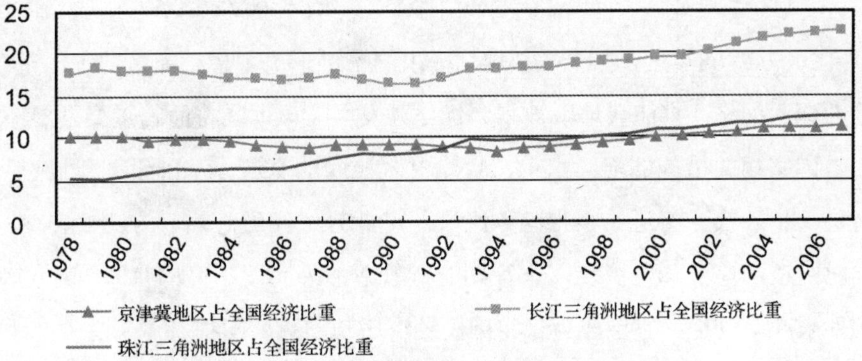

图1 1978～2007年三大经济圈经济总量占全国比重变化

表4　　2007年全国与三大区域主要经济指标对比

地区		GDP（亿元）	人均GDP（美元）	进出口总额（亿美元）	实际外商直接投资（亿美元）
全国		246619	2460	21738	748
长三角	上海市	12001.2	8949	2829.7	79.2
	浙江省	18638	4883	1768.4	103.7
	江苏省	25560.1	4430	3496.7	218.9
	小计/平均	56199.3	6087.3	8094.83	401.8
珠三角	广东省	30673.7	4343	6340.5	171.3
	广州市	7050.8	9302	734.9	32.9
	深圳市	6765.4	10628	2875.3	36.6
京津冀	北京市	9353.3	7654	1929.5	50.7
	天津市	5018.3	6022	715.5	52.8
	河北省	13863.5	2616	255.4	30.1
	小计/平均	28235.1	5430.7	2900.36	133.54

资料来源：根据各城市2007年统计公报整理得出

二、京津冀地区发展新情况及未来走势判断

2007~2008年度，“十一五”规划提出的推进形成主体功能区的工作正在不断深入细化，京津冀地区被列为优化开发区，该地区将面临重要发展期。随着国家相关措施的陆续出台，京津冀区域间的交通、基础设施建设进程将进一步加快，将进一步推动该区域的产业升级和经济增长方式的转变。同时，在当前全球经济步入下行期的背景下，外向度不高的京津冀地区受到外来冲击较小，有望成为稳定国民经济增长的重要支撑。

（一）地区现代交通体系建设的不断完善，增强了硬件配套设施

2007~2008 年度，京津冀地区实现现代交通体系建设大提速。年度内，京津二通道、京承三期、唐津高速公路、津港高速公路、河北省沿海高速公路等多条高速公路同时开工建设。随着 2008 年京津高速公路即京津二通道全线开通，京津城际高速铁路也正式开通运营，京津两地间已有 5 条大动脉相连，京津一小时经济圈已然形成，两市居民的生产生活空间范围将会大大拓宽，互在两市从业置业的“都市候鸟群”将大量涌现；随着京石客运专线即将开工建设，多条高速公路陆续建成通车，京津冀地区三小时经济圈初见雏形。随着现代交通体系的建设完善，多年来制约京津冀地区发展的基础设施建设落后、中心城市对经济腹地“空吸”远大于“辐射”而带来的环京津贫困带等问题有望得到缓解。

（二）区域政策引导加深产业合作

京津冀地区在 2007～2008 年度内，出台多项区域政策，加深了产业间合作力度和深度。2007 年 9 月，渤海银行北京分行正式对外营业；2008 年北京市发布的《关于促进首都金融业发展的意见》中明确指出，要充分发挥金融在区域资本要素流动过程中的桥梁和纽带作用，促进区域一体化发展，支持首都金融企业跨区域设立分支机构。2007 年 2 月，京津冀地区 13 个城市联合发布《京津冀都市圈城市商业发展报告》，提出建立和完善各地商务部门信息交流机制等意向；9 月份，北京 CBD、天津 CBD 和北戴河 CBD 签订了战略合作协议。2007 年 11 月，北京物流协会、天津市交通与

物流协会和河北省现代物流协会签订了"合作框架协议书",约定将相互支持三方物流企业进入对方物流服务领域,共同维护物流企业的正当利益。2007年4月,北京、天津、河北三地旅游部门签署了《京、津、冀旅游合作协议》,旨在共同打造区域旅游品牌,建立两市一省的优惠价格协作体系,加强信息交流;2008年6月10日,《河北省环京津休闲旅游产业带发展规划》通过前期论证。

(三)京津冀地区区域协作更加密切

在区域一体化思想的指导下,年度内,京津冀地区区域间合作更加密切,成果更加显著。为了2008年北京奥运会的成功举办,京津冀地区在各方面进行了联合行动。为了保证北京奥运会期间的空气质量,在奥运会期间,北京、天津和河北的部分地区,对一些工业、建筑行业实行停产、限产的措施;为了配合北京市单双号限行、黄标车限行的工作,天津、河北环京地区的交通、物流等服务业均受到不同程度影响,为奥运保障做出重大贡献。预期在奥运会后,为了保持首都环境,部分奥运期间的协作仍将继续,并会继续开发出新的形势和模式,以加强区域间资源互补、信息共享和发展补偿。

(四)现有区域产业结构特征,有利于稳定发展

改革开放以来,京津冀地区发展一直落后于以出口为主要增长点、外向型经济特征明显的长江三角洲和珠江三角洲地区。2007年下半年以来,受我国主动调整和外需下降的影响,全国出口增长大幅下降,对地区经济发展造成了较大影响。相比较而言,由于出口占经济总量比重较小,出口依存度较小,京津冀地区受到的冲击也较小。2008年下半年至2009年年末,国际经济形势仍不明朗,出口形势难以回暖,长江三角洲和珠江三角洲地区在新的经济增长点形成以前,仍将受到较大冲击,发展的不确定性增强;长株潭经济圈和北部湾经济圈还处于探索期;京津冀地区由于具有较先进的政府管理水平,科技、人才优势和日趋旺盛的内需作支撑,将成为我国经济圈中新的增长亮点和全国经济稳定发展的基石。

（五）区域金融业发展态势需要关注

始于2007年的次贷风暴，现已引起全球的金融动荡，各国股市大跌、期货市场大幅震荡、金融机构破产倒闭。这个由于金融衍生品过度创新、膨胀带来的金融危机，对我国金融体制改革和金融产品创新带来了警示和教训，进而会影响到区域内金融业的发展。自2006年天津成为金融改革试点区以来，金融保险业实现快速发展。2008年北京市在《关于促进首都金融业发展的意见》中提出要将北京建设成为具有国际影响力的金融中心城市。一小时经济圈内，两个超大城市共同致力于同一行业的发展，未来在资源配置、市场占有率、产品销售等各方面都将面临激烈竞争。虽然竞争的同时会带来体制的创新和产品升级，但对存贷款、外资、总部经济等资源的争夺将不利于两地金融业健康发展。

三、京津冀地区发展对策建议

（一）京津两地金融产业竞合，共同抵御全球危机

分析总结此次全球金融危机的经验教训，开发利用京津两市各自的资源禀赋，抓住各自特点，进行实质性的产业分工和布局，以实现京津金融产业竞合，将是目前两市金融业发展的首要任务，也是两市携手共同抵御全球危机的关键。天津市以滨海新区为中心，在引进了国外中小私募基金、成立了股权投资基金协会、开办新型金融租赁业务、设立政府创业风险投资引导基金、被确定为全国保险改革试验区的基础上，主要进行金融创新、金融衍生品的开发试验。北京市则在“一主一副三新四后台”布局的指导下，充分发挥政治资源、政府管理优势，着力于国家金融决策中心、金融管理中心、金融信息中心和金融服务中心的建设。

（二）在产业转移的基础上，建立“京津辐射产业园”

京津冀地区明显的“二元经济”已不是单纯通过产业转移能够缓解的，通过激活腹地本土企业活力、增强腹地内生发展动力将是未来工作的重点，而在“京津冀产业转移工业园”的基础上建立“京津辐射产业园”将成为有效

途径。“辐射产业园”是指在原有的产业转移基础上，形成区域承租管理模式，同时中心城市给予园内企业一定的特殊服务和待遇。京津两市企业、法人在“京津辐射产业园”中向当地企业进行管理出租、经营出租、技术、人员出租等活动，帮助经济腹地原有产业发展升级，尤其是民营企业和中小企业；与此同时，发挥京津两市的金融资源优势，对相关企业提供优质、优惠的金融服务，带动腹地的经济发展。

（三）促进经济腹地发展，增强城市群体能级效应

虽然近年来京津冀之间的经济差距在逐渐缩小，2007 年三地人均 GDP 已由 2005 年的 3.07:2.42:1 缩小到了 2.8:2.4:1，但差距仍然过大，由河北八市组成的经济腹地较为贫困，严重影响了京津两市“核心辐射”能力的发挥。要增强城市群体能级效应，就要实现中心区对经济腹地的各项帮扶、支援、补偿行动：进一步完善对经济腹地的经济补偿机制，增加环境保护补助、环境治理补助力度；大力开展人才、知识、技术交流活动，以知识交流带动经济合作；由政府和相关非政府组织共同设立“京津冀共赢发展基金”，对于经济腹地朝阳产业进行直接资助等。

（刘岚芳　齐 心）

2008 年北京市民“十最”及 2009 年“十大期盼”调查分析

北京市经济信息中心于 2008 年 12 月进行了一项涉及北京市四大功能区、9 个区县、30 个社区的 929 名 18 周岁以上市民的抽样调查，分析得出了北京市民心目中 2008 年的“十最”和对 2009 年的“十大期盼”。

一、2008 年北京市民心目中的“十最”

1. 汶川地震是 2008 年发生的最重大的社会经济事件[①]**（见表 1）。**2008 年，国际国内发生了很多重大的社会经济事件。首先，发生在四川汶川的大地震，造成的财产损失和人员伤亡都十分惨重，救援难度大和全社会参与抗震救灾、共度时艰也是这次地震的特点。**95.16%的市民将这一事件列为 2008 年发生的最重大的社会事件之一。**

三鹿毒奶粉事件作为一次波及范围广、造成危害大的食品安全事件，由于对群众的生活造成直接影响，**67.49%的被访市民认为这是最重大的事件之一。**2008 年，中国的航空航天事业也取得了巨大的进展，神舟七号飞船发射成功，中国航天员首次实现了太空行走，这一成就大大鼓舞了国人的爱国热情，增强了民族的自豪感，67.38%的被访市民认为“神七上天，中国航天员首次太空行走”是 2008 年最重大的事件。“第 29 届夏季奥运会在北京成功举行”，“美国次贷危机爆发，引发全球金融危机，对中国经济造

① 在调查中，本题是多项选择，要求选出自己认为最重大的 5 件社会事件；其他“九最”均是单项选择。

成影响”等也被较多市民列为最重大的社会事件之一。

表 1　被访市民认为 2008 年最重大的社会事件

2008 年最重大的社会经济事件	占比（%）	排序
四川汶川发生大地震，造成巨大的人员伤亡和经济损失	95.16	1
三鹿毒奶粉事件，涉及众多国内知名品牌	67.49	2
神七上天，中国航天员首次太空行走	67.38	3
第 29 届夏季奥运会在北京成功举行	63.62	4
美国次贷危机爆发，引发金融危机，对中国经济造成影响	53.18	5

2．“08 奥运”成为北京市民 2008 年最感兴趣（最关注）的词汇（见表 2）。社会热点词汇包含了市民对社会热点的关注。就北京市而言，2008 年与市民生活最密切相关的一件事无疑是北京成功举办了第 29 届夏季奥运会，在这届奥运会上，中国健儿取得了优异的成绩，市民也欣赏了众多高水平赛事，同时长时间、高密度的奥运宣传也吸引了众多市民的关注。因此，42.63%的被访市民表示“08 奥运”是其 2008 年最关注或最感兴趣的词汇，受关注度远远超过其他热点词汇。

被访市民较为关注的其他词汇有“抗震救灾”、“物价指数（CPI）”、“股市下跌”、“金融危机”等，这些词汇背后的社会经济事件在 2008 年都是热点事件。

3．“抑制物价上涨”是市民印象最深的社会经济政策（见表 3）。2008 年，中国经济宏观调控政策的一个重要任务就是抑制物价上涨，上半年延续了适度从紧的货币政策，下半年居民消费价格指数逐渐从高位回落。这些政策变化给市民留下了深刻的印象，有 24.22%的被访市民认为令自己印象最深的社会经济政策是“抑制物价上涨”。

表2　被访市民2008年最感兴趣（或最关注）的热点词汇

2008年最感兴趣（或最关注）的词汇	占比（%）	排序
08奥运	42.63	1
抗震救灾	9.47	2
物价指数（CPI）	8.50	3
股市下跌	6.78	4
金融危机	6.46	5

2008年，北京市出台或实施了一系列完善城乡社会保障制度的措施，实现了养老保险制度和医疗保险制度的无缝覆盖，其中"城乡无保障老年人养老保险"政策和"一老一小医疗保险政策"令市民印象深刻。此外，新劳动合同法的实施和降息等政策也令部分市民印象深刻。

表3　被访市民2008年印象最深的社会经济政策

2008年印象最深的社会经济政策	占比（%）	排序
抑制物价上涨	24.22	1
城乡无保障老年人养老保险	16.36	2
实施"一老一小"医疗保险	13.35	3
新劳动合同法的实施	12.81	4
降息	11.09	5

4. 在所有消费价格变动中，市民对"肉价"变动感受最深（见表4）。2008年，中国居民消费价格指数上涨较多，2008年北京市物价上涨较快，特别是与人民群众密切相关的食品价格出现了较大幅度的上涨。根据北京市统计局公布的最新数据，1～11月份北京市居民消费价格指数同比上涨5.4%。其中食品消费价格指数同比上涨17%，肉禽及其制品价格指数更是上涨27%，是价格上涨最快的消费品。25.08%的市民对此感受最深。其他市民

感受较深的价格变动还有房价、汽油价格、食用油价格和药价。

表 4　被访市民 2008 年感受最深的价格变动

2008 年感受最深的价格变动	占比（%）	排序
肉价	25.08	1
房价	18.30	2
汽油价格	16.68	3
食用油价格	16.58	4
药价	9.47	5

5. “医疗支出”是市民在基本生活支出之外的最大支出（见表 5）。医疗、教育和住房仍然是压在市民身上的新三座大山，分列基本生活支出之外的头三项支出。由于国家医改新方案还未正式推出，以药养医的问题仍然存在，看病贵还未真正缓解，39.07%的被访市民在基本生活支出之外的最大支出是医疗支出。其次，23.47%的被访市民基本生活支出之外的支出是教育支出。位列第三的是房产支出，选择这一支出的占 9.47%。

同时，由于人民生活水平的提高，市民的旅游和汽车支出增加，这两项支出也成为部分被访市民基本生活支出外的最大支出之一。

表 5　被访市民 2008 年基本生活支出外的最大支出

2008 年基本生活支出之外的最大支出	占比（%）	排序
医疗支出	39.07	1
教育支出	23.47	2
房产支出	9.47	3
旅游支出	7.97	4
汽车支出	7.75	5

6. 交通拥堵是北京成为宜居城市的最大障碍（见表6）。建设宜居城市是北京的一个目标。随着奥运会的召开，北京市的城市基础设施和城市管理水平得到了大幅的提升，但是宜居城市建设依然任重而道远。尽管北京市采取了一些措施，如大力发展公共交通、交通限行等，但是交通拥堵仍然是影响北京成为宜居城市的重要因素。调查显示，24.11%的被访市民认为北京市要成为宜居城市，最迫切需要改善的就是交通拥堵状况。

另外，空气质量也是北京市成为宜居城市的一大障碍。2008年，北京市提前完成了蓝天指标，但与群众要求的宜居生活环境仍然有一定的差距，18.95%的被访市民认为北京最需要改善的是空气质量。此外还有15.39%的被访认为北京生活成本太高，12.59%的被访市民认为北京房价太高，是最需要改善的方面。

表6　被访市民认为北京成为宜居城市最需要改善的方面

北京成为宜居城市最需要改善的方面	占比（%）	排序
交通拥堵	24.11	1
空气质量	18.95	2
生活成本高	15.39	3
房价高	12.59	4
社会保障	11.41	5

7. 市民2009年最担心物价上涨（见表7）。2007年以来的物价较快上涨给市民生活带来了一定的影响，虽然2008年下半年以来居民消费价格指数呈现出回落趋势，但市民仍然担心2009年再度出现物价快速上涨的局面。44.78%的被访市民2009年最担心是物价上涨。与此同时，21.31%的被访市民最担心的是收入下降。此外，市民比较担心的还有房价再涨、经济下行和就业形势恶化。

表7　　被访市民2009年最担心的事情

市民2009年最担心的事情	占比（%）	排序
物价上涨	44.78	1
收入下降	21.31	2
房价再涨	9.58	3
经济下行	8.40	4
就业形势恶化	8.40	4

8．2009年市民认为钱存银行最保险（见表8）。经济形势的下滑，特别是资本市场不景气导致市民对2009年的投资前景并不看好。超过42%的被访市民认为2009年没有什么有价值的投资渠道。22.07%的被访市民认为应该储蓄，把钱存在银行。另外有部分市民认为可以投资保险、黄金和房产。股市的低迷严重影响市民的投资信心，认为股票最具投资价值的被访市民仅占全体被访者的3.66%。

表8　　被访市民2009年最有价值的投资

市民2009年最有价值的投资	占比（%）	排序
没有	42.73	1
储蓄	22.07	2
创业	10.55	3
保险	6.67	4
黄金	5.71	5

9．改革开放30年最满意的是收入增加（见表9）。2008年是改革开放30周年。30年来，经过不断的探索和实践，中国走上了一条有自己特色的社会主义道路，建立了社会主义市场经济体制，社会经济快速发展，人民生活水平大幅提高，法制建设不断推进，多层次的社会保障体系逐渐完善。调查显示，改革开放30年，被访市民最满意的是收入增加，以下依次是社

会保障，其他方面还有科技进步、环境保护、教育普及等。

表 9　　改革开放 30 年来市民最满意的事情

改革开放 30 年市民最满意的事情	占比（%）	排序
收入增加	24.22	1
社会保障	20.34	2
科技进步	16.25	3
环境保护	12.06	4
教育普及	11.30	5

10．改革开放 30 年最不满意的是腐败（见表 10）。 30 年来改革开放在取得巨大成就的同时，也存在一些问题。这些问题的存在一方面削弱了改革开放的既有成果，另一方面也影响到改革开放的未来成效。在总结改革开放成功经验的同时，也必须正视这些问题，寻找对策，尽早解决。调查显示，被访市民最不满意的是腐败，以下依次是贫富差距、看病难看病贵、就业不稳定和社会风气。

表 10　　改革开放 30 年来市民最不满意的事情

改革开放 30 年市民最不满意的事情	占比（%）	排序
腐败	26.91	1
贫富差距	19.38	2
看病贵看病难	18.73	3
就业不稳定	11.52	4
社会风气	7.21	5

二、被访市民对 2009 年的“十大期盼”

2009 年被访市民希望有所改善的领域依次是（见表 11）：

1．居民盼望收入增加居“十大期盼”之首。 2008 年 1～3 季度，北京市城镇居民人均可支配收入为 18577 元，同比增长 12.2%。农村居民人均现金收入9389元，同比增长13.1%。虽然城乡居民收入保持较快速度，但是由于北京市目前正处于人民群众需求快速增长，生活水平迅速提高的阶段，同时，物价上涨较快，居民收入明显缩水，这些因素综合作用，增加居民收入成为市民最热切的期望。本次调查显示，78.36%的被访市民希望2009年政府在增加居民收入方面做出成效。

表11　2007～2009年度调查北京市民“十大期盼”榜

排名	2007年十大期盼	2008年十大期盼	2009年十大期盼
1	解决房价过高、上涨过快的问题	控制物价过快上涨	增加居民收入
2	解决交通拥堵问题	增加居民收入	控制物价过快上涨
3	完善医疗保险制度	缩小贫富（收入）差距	缩小贫富差距
4	加大对治安违法行为打击力度	方便就医、降低医疗费用	方便就医、降低医疗费用
5	提高教师素质，改善教育质量	增加就业机会	增加就业机会
6	完善养老保障制度，扩大覆盖面，提高养老保障标准等	完善宏观调控，控制住房价格	确保食品安全
7	加强环境卫生建设	完善社会保障制度	加大反腐败力度
8	降低医疗费用和药品价格	确保食品安全	确保用药安全
9	抑制物价上涨过快	加强劳动权益保护	完善社会保障制度
10	防止贫富差距太大	加强环境保护、污染治理力度	加快新农村建设

注：2007年调查方式与2008、2009年调查方式有所区别，对比结果仅供参考。

2．市民对控制物价过快上涨愿望迫切，位居第二。2008年北京市物价上涨较快，特别是与人民群众密切相关的食品价格出现了较大幅度的上涨。根据北京市统计局公布的最新数据，1～10月份北京市居民消费价格指数同比上涨5.8%。因此，控制物价过快上涨成为市民最热切的期盼之一，调查结果显示，71.91%的被访市民希望 2009 年在这方面有所改善。这是 2008 年控制物价居第一位后，2009 年市民仍然对政府加强宏观调控、控制物价过快上涨保持较高的期盼。

3．市民对缩小贫富（收入）差距的期盼连续两年居第三位。市民对收入分配表现出较大的不满情绪。调查显示，有 19.38%被访市民表示改革开放 30 年来最不满意的就是贫富差距问题。因此缩小贫富（收入）差距也成为被访市民的重要期盼。46.5%的被访者希望 2009 年在此方面有所改善，这是 2008 年以来，市民对缩小贫富（收入）差距的期盼连续两年保持第三位。

4．方便就医，降低医疗费用连续两年居第四位。目前，国家正在重新设计我国的医疗卫生体制改革，一个重要目的就是要解决看病难、看病贵的问题。从本次调查看，医疗费用高、药品价格贵是北京市医疗卫生领域存在的一个重要问题。调查显示，38.64%的被访市民希望能在方便就医、降低医疗费用方面有所改善，“方便就医、降低医疗费用”的期盼在 2008、2009 年连续居第四位，说明市民对改善医疗服务期盼较高。

5．稳定就业受关注，超过 1/3 的被访市民希望增加就业机会。据统计，北京市失业继续保持较低水平，截至 2008 年第三季度北京市城镇登记失业率仅为 1.83%。但国际国内经济形势的变化使就业市场的不确定性增加，就业难度加大。因此，增加就业机会成为被访市民的第五大期盼，37.35%的被访者希望 2009 年政府能够增加就业机会。

6．“食品安全”在市民“十大期盼”中位次前移两位。三鹿毒奶粉事件使全国人民对食品安全问题更为关注，确保食品安全成为人们对各级政府公共服务的热切期盼。本次调查中，32.4%的被访市民希望政府能够确保食品安全，与上年同期相比，有此期盼的被访市民上升了 10 个百分点。“食品安全”从 2008 年“十大期盼”第 8 位的基础上前移到第 6 位。

7．加大反腐败力度成为群众心声。反腐败问题已经引起了全社会的关注。本次调查显示，26.91%的被访者表示腐败问题是改革开放三十年来被访市民最不满意之处。因此，24.54%的被访市民希望政府在2009年加大反腐败力度。

8．被访市民希望政府加大监管，确保用药安全。尽管北京市近年来保持较高的药品抽检合格率，但是由于全国范围内药品安全事件时有发生，市民对用药安全环境仍然放心不下，因此用药安全也成为市民的期盼之一，22.93%的被访市民希望政府确保用药安全。

9．社保受到关注，完善社会保障制度成为被访市民的重要需求。北京市在2008年推出了一系列完善社会保障体系的举措，如实现了养老保险和医疗保险制度的无缝覆盖，实施了新型农村社会养老保险制度、城乡无保障老年居民养老办法和城镇无业居民参加居民基本医疗保险的实施意见等，但是总体上社会保障体系仍然还存在保障水平较低、可转移性差等问题，15.61%的被访市民希望2008年社会保障体系能够进一步完善。

10．加快新农村建设、缩小城乡差距受到关注。北京市近年来一直在推进新农村建设，加大对农村的投入，改善基础设施和提高农村公共服务水平，如2008年投入2.8亿元，为农村187个乡镇卫生机构、1391个村级卫生机构实施基本装备标准化配置，进一步缩小城乡卫生差距。但是，由于城乡之间社会差距仍然较大，公共资源配置不均衡的问题仍然比较突出。因此，加快新农村建设受到关注，14.75%的被访问市民希望政府加快新农村建设。

（隆学文　林宝　）

产业发展

2008年北京市农村经济形势分析及2009年展望

2008年为奥运决战之年，但政府对农业和农村的投入力度却未受影响，北京市进一步在政策上向农村倾斜，着力加强农村基础设施和公共服务建设，加快推进都市型现代农业发展，乡村旅游业保持较快增长，农民收入持续稳步增长。

一、2008年北京市农村经济发展总体形势及特点

（一）多重因素影响，农业生产呈现有增有减态势

2008年1～9月，北京市实现农林牧渔业总产值193.2亿元，比上年同期增长14.9%，其中种植业实现产值87.1亿元，增长11.3%，养殖业实现产值101.8亿元，增长18.7%。

1. 粮价上涨、补贴政策和气候条件等多项利好使农民种粮积极性高涨。初步统计，2008年北京市粮食总产量达到123.8万吨，同比增长21.3%，呈现面积、单产和总产量保持增长的“三增”态势。

2．蔬果产量和设施面积有所下降。前3季度，北京市蔬菜产量189.3万吨，同比下降10.4%，水果（含果用瓜）产量76.2万吨，同比下降8.1%；受奥运限行影响，设施农业建设放缓，前3季度北京市设施面积24.7万亩，为上年同期的92%。

3．畜禽生产规模继续收缩。受成本上升、“三鹿奶粉”事件和一些城镇

化推进较快地区退出养殖业等因素影响，北京市畜禽养殖空间受到挤压，1～3季度，北京市规模养殖场生猪和家禽出栏量分别为208.8万头、8003万只，同比分别下降1.7%、14.8%。

（二）产业结构调整加快，乡村旅游业渐成亮点

1. 特色林果、绿色养殖、林下经济为主的生态农业发展迅速。2008年，北京市农产品精品化发展势头良好，大兴的西瓜、平谷的大桃、昌平的苹果、门头沟的樱桃、通州的葡萄、房山的磨盘柿、怀柔的板栗等一批具有区域特色的果品和产业带基本形成。

2. 观光休闲、采摘体验、设施农业为代表的都市型现代农业发展良好。2008年，农业观光园、农业主题公园、沟域经济等现代农业模式得到进一步丰富，呈现“种植园林化、管理精细化、布局规模化、产品特色化”的特点。1～9月，北京市种业、观光园和设施农业总收入分别为7.2亿、7.4亿和19.9亿元，同比分别增长47.7%、4.9%和9.9%。

3. 生态旅游业发展强劲。2008年，随着郊区旅游基础设施和配套接待能力进一步改善，以及长假减少短假增多，更多城市居民消费进一步向郊区扩张，促进了以观光型、体验型、品尝型为特征的生态旅游产业升级。

（三）乡镇企业平稳增长，重点行业发展良好

进入三季度，受经济减速和奥运停限产的影响，北京市乡镇企业主要指标增幅有所回落，但综观前3季度，总体保持平稳增长态势。1～3季度，北京市乡镇企业总收入完成2303.7亿元，同比增长12.6%，其中第二产业增长16.9%，第三产业增长6.3%；利润总额完成120.6亿元，同比增长10.8%，其中第二产业增长16.7%，第三产业增长3.4%。批发零售、汽车零部件、农副食品加工业、机械电子、生物制药等行业呈现良好的发展势头。

（四）农村居民收支两线均保持较快增长

1. 收入增幅首超城镇居民，工资性收入仍为收入主体。自2008年初起，北京市农村居民收入增幅高于城镇居民（图1），至9月底，农村居民人均现金收入为9389元，增长13.1%（扣除价格因素，实际增长6.4%），高于同期城镇居民人均可支配收入的 12.2%（扣除价格因素，实际增长 5.8%），其中工资性收入达到 4950 元，同比增长 11.4%，收入贡献率达到 52.7%。

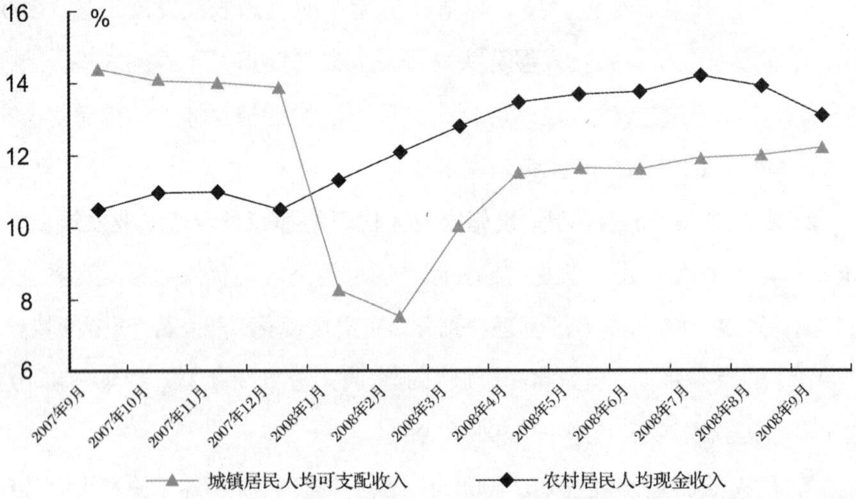

图1 2008年全市城乡居民收入增长率

2．消费支出增幅较大，食品和家庭设备用品支出成为主因。1～9 月，北京市农村居民人均生活消费支出为 5545 元，同比增长 12.4%（上年同期为 9.5%），远高于同期城镇居民的 5.7%，从支出去向看，食品支出 1884 元，增长 21.9%，家庭设备用品及服务支出 353 元，增长 30.7%。

（五）惠农政策不断推出，新农村建设向纵深推进

2008 年，北京市为减轻油品调价对种粮成本影响，小麦、玉米农资综合直补标准由 40 元/亩调整到 45 元/亩；北京市加大农机补贴力度，从种类到数量上都比 2007 年有所增加；北京市加大农民就业培训力度，1～9 月，实现农村劳动力转移就业 8.3 万人；新农村医疗报销比例从 26%提高到 40%，至 9 月底，北京市参保率达到 79.5%；新农村建设开展安全饮水、街坊路硬化、垃圾处理、厕所改造和污水处理“五项基础设施”建设，继续推进“三起来”工程和农村图书室、文化站、健身场、卫生室等公共设施建设。

二、2008 年北京市农村经济发展存在的主要问题

（一）农资价格持续上涨，农业生产效益下降

2008 年前 3 季度北京市农业生产价格指数逐季下降，分别为 124.2%、115.3%和 111.4%，而三季度农资价格指数为 123.8%，加之交通限行、“三鹿奶粉”事件等突发消极因素影响，使得农业效益利润空间不断压缩，农业生产经营风险加大。

（二）产业基础依然薄弱，影响农村长久发展

近几年，农村固定资产投资持续增加，但农业基础设施投入却依然不足，表现为农业设施老化现象突出，农业灌溉设备等生产条件亟须更新，农业配套服务设施亟待完善。乡村旅游业呈现蓬勃发展，但旅游综合配套能力受到考验，山区交通基础设施明显滞后，连接山区县之间的旅游环线和辐射景区的联络线还不通畅，旅游集散中心打造比较滞后，景区景点和民俗户在接待能力、服务质量上有待提高。

（三）产业结构亟须优化，农业多种功能尚待挖掘

农村产业结构性矛盾依然存在，表现为第一产业产业化程度不够高，效益较低；乡镇企业单体规模小，布局分散，大项目带动不足；第三产业发育不够，层次较低，增长方式集约程度不高。从产业趋势看，生态农业、农产品加工和山区旅游等产业的长远发展将依赖于相互融合，但目前农业的服务功能未充分发挥，农业旅游服务功能创收能力有限，高档次旅游产品比较欠缺，新型业态项目少，旅游规模和品牌有待提升。

（四）持续增收存在难度，内部收入差距依然较大

当前，北京市农村经济基础仍较薄弱，乡镇企业规模较小，小城镇建设刚刚起步，农民转移就业的途径还很有限，加之农资上涨幅度总体上高于收入增长幅度，使得农民持续增收的压力较大。农村居民内部收入也存在较大差距，2008 年 1～9 月，农村居民 20%高收入户与 20%低收入户的收入比达到 6.5:1，远高于城镇居民的 4.5:1。

三、2009年北京市农村经济发展形势展望

（一）土地破题或将成为2009年农村政策新亮点

中共十七届三中全会通过《关于推进农村改革发展若干重大问题决定》的政策信号表明，中央将从土地流转入手破题农村改革，通过逐步放开农村要素市场，健全农村土地、资金、劳动力市场，建立保障农民长远利益机制，从根本上解决长期扭曲的城乡二元结构和“三农”问题。从各地实践看，宅基地换楼、土地换社保、宅基地抵押贷款为代表的土地流转政策已开始试点。可以预计一旦政策明朗，土地权利明晰，资本会大规模流入农业领域，农业生产力将获得大幅提升。因此，政府是否会在近期推出具有“破冰性”的土地政策值得期待。

（二）消费升级促进乡村旅游业引领农村产业转型

2008年底北京居民人均GDP将超过8000美元，进入8000～10000美元发展型、享受型和空间拓展型的上升通道。随着带薪休假政策的出台、远郊区县轨道交通的改善、私家车的普及和城市中产阶级的崛起，京郊旅游市场无疑具有巨大的增长潜力和发展前景，而北京市居民消费结构差异明显、消费梯度较大的特点，又为旅游业持续增长提供了原动力。借助乡村旅游业大跨度发展，北京市有望加快农村产业结构转型步伐。

（三）宏观政策利好有益于农民收入保持较快增长

2008年下半年以来，国际金融市场急剧动荡，世界经济增长明显放缓，国内经济出现下调迹象，国家启动了多种政策来力保经济增长，通过加大基础设施投入、扩大居民消费、开拓农村市场和为中低收入者减税等措施来拉动国内需求；同时，中共十七届三中全会以中央文件形式全面阐述了农村改革的目标和方向，高层启动农村改革的决心可见一斑。因此，尽管外部经济形势难以乐观，但在宏观政策长期利好背景下，预计2009年北京市农民收入仍有望保持较快增长。

（四）生产资料价格上涨压力较大，乡镇企业发展不容乐观

在全球经济下滑的预期下，国际市场资源价格将表现出较大不确定性，

国内则会进一步推进资源和服务价格改革，推动相关产品价格上涨，从而直接或间接地引起农资价格总水平上升。另一方面，金融危机向实体经济蔓延兆头已经显现，预计今后一段时期，外部需求减少、流动性不足和人民币升值等影响将会给北京市部分以外向型为主的乡镇企业带来冲击。

四、促进北京市农村经济发展的政策建议

（一）加大对农村基础设施、公共服务和社会保障投入力度

北京市城乡资源配置不平衡状况短期难以改变，需要政府持续加大对三农投入力度。尽快实施一批服务农业生产和改善农民生活的基础设施项目，集中解决长期薄弱的节水灌溉工程、中小型农田水利、山区联络线、旅游集散地、重点沟域、农村饮水安全等问题；农村公共品供给和社保体系建立应获得更多公共财政支持，重点对医疗卫生、基础教育等领域加大投入，扩大医保范围和构建农村医疗网络，完善包括新型农村社会养老保险、新型农村合作医疗保险、失地农民补偿、生态补偿等多层次、广覆盖的农村社保体系建设。

（二）提高农业综合生产能力，促进农村产业融合发展

北京市农村应围绕所在区县主导功能，积极调整农村产业结构，鼓励节能降耗、环境保护和集约用地型产业发展。围绕初具影响的区域优势特色产品，发展特色高端农产品，加快绿色食品和有机食品认证，同时提高土地产出和资源综合利用能力，提高农业科技创新和应用能力，提高农业物质装备能力和农业服务能力。以发展乡村旅游作为农村产业调整重点，挖掘特色林果、绿色养殖、农产品加工、设施农业等产业的旅游服务功能，促进旅游业与一二产业有效融合，在区域内形成产业融合链条，政府则在项目审批、财政补贴、贷款贴息和宣传推介方面给予扶持。

（三）多渠道促进农民增收，加大开发农村消费市场

政府应进一步增加农资综合直补标准，扩大良种补贴标准和范围，积极发展都市型现代农业，开发农业多种功能，增加农民经营性收入；加快

建立城乡统一劳动力市场和平等就业制度，加强就业培训，加快农村劳动力转移就业，增加农民工资性收入；鼓励农民自主创业和实现土地合理流转，增加农民财产性收入；逐步把公共产品投入转变为由公共财政承担，减轻农民负担，增加农民政策性收入。同时，重视农村消费市场开发，改善农村消费环境；更新农民消费观念，引导农民提高生活质量；积极调整产品结构，开拓农村消费市场；构筑农村市场流通网络，完善农村市场流通体系。

（四）尊重农民主体意愿，审慎灵活推进土地政策

当前，农村土地流转在天津、重庆、成都等地进行了初步探索，但都只是小范围内对宅基地实现了产权置换，尚缺乏相对规范成熟的土地市场化定价机制。因此，在未充分做好转移安置和长久生计保障情况下，相关土地政策出台应慎之又慎，防止农民失业又失地。政府应积极探索引入农民定价权机制，保证农民在土地流转中的主体地位；因地制宜，充分尊重农民创造性，鼓励农民积极探索土地流转的有效形式；加快健全土地流转的交易规则，积极引入现代农业生产者和社会资本进入土地流转市场；制订土地流转法规，尽快建立规范信息平台和交易市场。

（五）提升农业组织化程度，提高农民参与市场的能力

各区县应依托当地主导产业、优势资源和特色产品，发展多种形式的农业专业合作组织。鼓励农村集体经济组织、农技部门、供销社等部门领头兴办专业合作组织；鼓励有销售渠道、生产加工技术和资金实力的专业大户牵头创办专业合作组织；鼓励国内外大型企业和专业协会通过不同形式引导农民提升组织化程度；鼓励散小合作社的整合，加快合作社规范化、规模化发展。政府可从登记注册、技术推广、金融服务和税收优惠等环节给予扶持，采取先干后奖、定额奖励等方式，鼓励农民专业合作组织扩大规模和提高水平。

（来现余 崔岩 ）

2008 年北京市工业运行形势分析及 2009 年展望

2008 年，在国际经济下滑和奥运期间限行限产的影响下，北京市工业形势严峻。产业集中度较高、行业分布较雷同的开发区所受影响较大，尤其是上下游价格的剪刀差使北京市工业的利润空间被进一步压缩，预计 2008 年北京市工业增速放缓至 6.3%。2009 年北京市工业发展面临的形势存在很大的不确定性，但是也存在良好的发展机遇，预计工业形势相对 2008 年将有所好转。

一、2008 年工业经济发展回顾

1. 工业增速较快回落。受国际经济增速下行、外贸需求减少等因素影响，2008年以来工业增长总体呈现下滑态势，尤其是因举办奥运会对一些工业企业临时停产措施的实施，更加速了北京市的工业下滑趋势。2008年1～9月份，北京市工业增加值为1629.97亿元，同比累计增长4.9%，低于上年同期8.6个百分点。其中，规模以上工业增加值从2008年3月份以来逐月下滑，前3季度累计为1607.8亿元，同比增长4.8%，增幅同比回落了9.1个百分点。受产品订货情况以及产品销售量下滑的影响，3季度工业企业景气指数快速下滑至119.1，比上年同期下降38.3点（见图 1）。预计2008年北京市工业呈回落态势，全年工业增加值将接近2300亿元，同比增长6.3%左右。

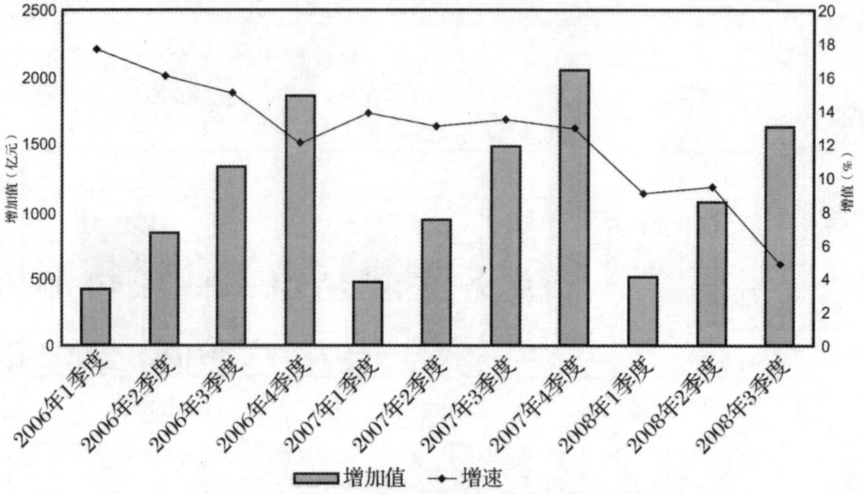

图1 2006年1季度以来工业增长趋势

2．高端产业总体回落，部分产业有回暖迹象。由于国内外形势和奥运期间限行限产等短期因素的影响，北京市高技术制造业和现代制造业下降趋势明显，2008年1～3季度，高技术制造业和现代制造业同比分别增长8.6%和10.6%，相对于1季度分别回落3.6和3.9个百分点（见图２）。

1～9月份，因外需减弱影响，通信设备、计算机及其他电子设备制造业生产持续下滑。随着奥运的结束，一些重点行业逐步恢复生产，支撑了北京市工业增长。其中，基础行业及部分装备行业生产逐渐好转，通用设备制造业实现增加值66.3亿元，增长10.6%，电气机械及器材制造业实现增加值63.7亿元，增长14.6%。交通运输设备制造业、专用设备制造业和医药制造业较快恢复生产，9月份当月工业增加值速度均转降为升。1～9月份，交通运输设备制造业实现增加值155.9亿元，比上年同期增长19.1%；专用设备制造业实现增加值62.5亿元，增长14.7%；医药制造业实现增加值69.4亿元，增长18.1%。这些重点工业领域的增速提升，为北京市工业发展平稳回落提供了支撑。

3．工业经济质量和效益分化严重。奥运会的举办加大了北京市一些高耗能工业的退出，一些高耗能产业的关停并转使北京市能耗持续下降。至

2008年8月，北京市全部工业企业综合能源消耗1287.1万吨标准煤，单位产值耗1.4231吨标准煤，相比7月份下降了0.07吨标准煤/万元。

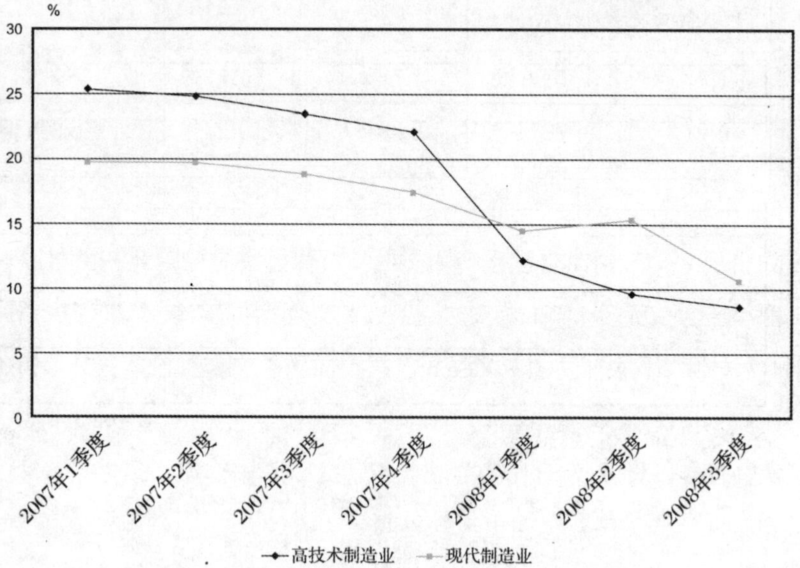

图2 高技术制造业和现代制造业增速走势

工业企业总体效益不容乐观，2008 年 1～8 月北京市工业企业效益综合指数回落至 199.84%，低于上年同期 203.28%的水平，但是不同性质的企业其效益差异较大。在亏损企业数量同比增长了 8.7%的情况下，规模以上工业企业主营业务收入达到了 7420.9 亿元，同比增长 15.9%，表明企业的收益情况差距较大。企业间产销情况差距较明显。1～9 月份，北京市规模以上工业企业工业产销率为 98.77%，同比增长 0.47%，而国有及国有控股企业同比仅增长了 0.02%。在工业企业效益总体下降的情况下，北京市非国有企业的产销情况相对较好。

4. 工业品上下游价格剪刀差扩大，继续挤压企业利润空间。2008 年以来，原材料、燃料动力购进价格涨幅呈持续高位攀升态势，1～9 月份月同比增长了 19.3%，创 2001 年来的新高。在上下游传导的压力下，2008 年以来工业品出厂价格也呈现出上涨态势：但是仍然低于 MPI 的涨幅，且 MPI 与 PPI 的剪刀差有进一步扩大趋势，由 1 月份的 11.97%扩大到 9 月份的

15.2%。价格剪刀差使企业的利润进一步压缩。1~8 月份，北京市规模以上工业企业营业利润为 272.2 亿元，同比增长 1.7%，增幅比上年同期下降了 28.1 个百分点（见图 3）。

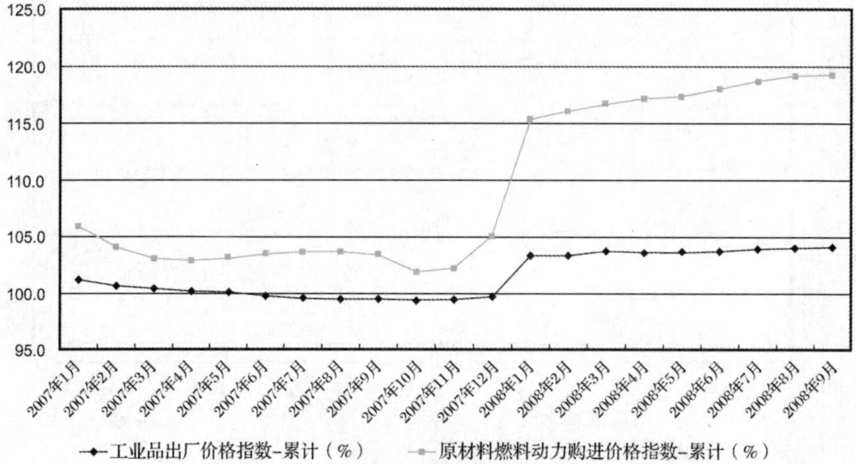

图3 原材料与工业品出厂价格走势

5. 非国有工业企业的就业机会逐步扩大。2008年以来，国有企业全部从业人员平均人数逐渐减少，由2月份的90053人下降到8月份的80331人，1~8月份同比下降了9.6%。而北京市外商及港澳台投资企业和股份制国内工业企业的经营状况相对较好，为北京市提供了大量的就业机会，成为提高北京市就业的主要途径。1~8月份两类企业提供的从业人员平均人数同比增长4.3%和1.8%。这两类企业从业人员平均人数之和由2月份的973275人上升到8月的1032878人，占北京市工业企业全部从业人员平均人数比重由2月份的86%上升到8月份的87.4%，远高于国有工业和集体工业。

6. 开发区工业经济回落态势明显。受国际形势和举办奥运短期因素的影响，2008年1~8月份北京市开发区和工业园区相对集中的功能拓展区规模以上工业企业利润同比增长8.8%，相对于1~2月份增速下降了187个百分点，城市发展新区1~8月份利润总额同比下降了8.2%。其中，北京市开发区工业总产值3464.6亿元，同比增长9.9%，低于北京市规模以上工业总产值1.8个百分点；工业销售产值达到3413.6亿元，同比增长10.8%，低于北京市规模以上工业销售产值1.5个百分点。究其原因，主要是由于开发区和工业园区内部的产业结构相同，且高耗能和外向型企业较多，面对同样的国际环境和政策限制措施，开发区和工业园区的产业均面临减产或停产的情况，因此北京市园区内的工业企业所受影响较大。

二、2009 年工业经济发展面临新机遇

（一）北京市工业化发展迈入新的阶段

1．迈入后工业化时代特征明显。改革开放30年来，北京市工业以平均9.5%的速度增长，增加值由1979年的77.4亿元增加到2007年的1707亿元，但是工业在经济总量中的比重振荡下降，由64.4%下降到2007年的22.3%。进入2008年以来，北京市工业增加值占GDP比重由一季度的24%快速下降到三季度的21%，再加上其他一些相关技术指标[①]表明，北京市工业化水平逐步迈入后工业化时代（见图４）。

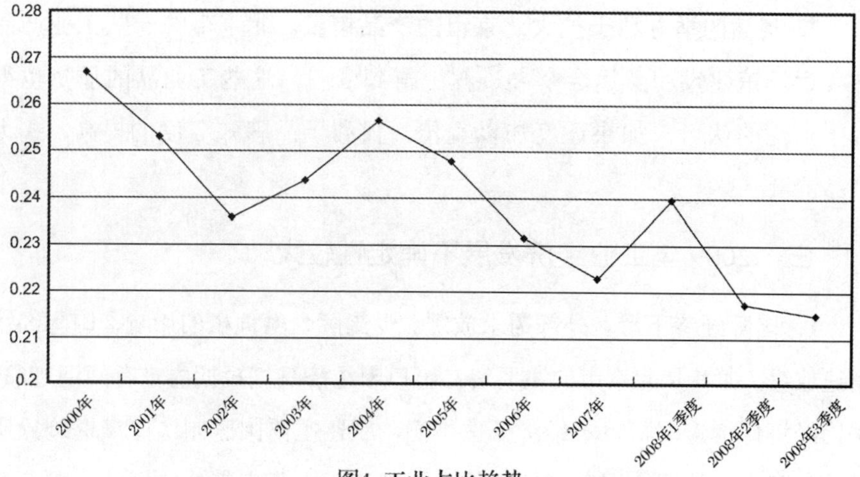

图4 工业占比趋势

2．北京市工业逐步实现由传统制造业向现代制造业的转变。北京市的工业结构调整持续进行，在大力发展现代制造业的政策之下，北京市基因

[①] 后工业化阶段的五项指标分别为：农业产值的比值在整个GDP中所占的比例小于10%，二产在GDP中所占的比例小于三产，人口城市化率75%以上，第一产业就业人员占就业人口比低于10%。至2005年，北京市的城市化率已经达到83.62%，北京市现代制造业比重呈增长趋势。

工程、生物芯片、纳米、新材料以及电子信息等现代制造业获得蓬勃发展，工业行业结构变化呈现出初级化向高级化发展的轨迹，电子、汽车行业比重上升。至2008年1～8月，北京市现代制造业实现利税665.6亿元，同比增长16%,占北京市规模以上企业利税总额的39.4%，高技术制造业实现利税165.5亿元，同比增长了15.4%，占北京市规模以上企业利税总额的25%。发展方式的调整推动了北京市由传统制造业向现代制造业的转变。

（二）北京市工业发展的基础较好

1．北京市部分行业的发展空间较大。首先，2009年，北京市部分工业存在潜在的市场需求。随着灾区重建以及国内铁路等一大批投资项目的实施，会推动北京市相关行业的发展。其次，奥运期间要求停产或由于限行被迫减产的企业可以较快恢复产能，部分企业生产能力比较充裕，如果加强企业生产组织调度，增加生产负荷和人员安排，开足马力生产，能够很快恢复并提高生产能力。

2．奥运的举办利于扩大北京市的产品销量。北京市的一些工业产品在奥运场馆建设和奥运会举办过程中得到应用，这些工业品的质量也得到了广泛的认可，如果适度加以宣传，很利于品牌知名度的提高，扩大产品销量。

三、2009 年工业经济发展不确定性较大

1．国际经济下滑，外部需求放缓。受国际金融危机的影响，国际经济增速放缓，尤其是北京市的主要贸易出口国经济景气短期内难有回调迹象。美国经济持续走弱，日本经济低位徘徊，欧盟主要国家制造业衰退迹象明显，外部需求放缓，国际订单可能大幅减少，对北京市外向型的电子信息等部分工业影响较大。

2．工业项目投资乏力，增长后劲不足。工业项目的投资周期较长，从引进至对经济增长发挥拉动作用一般情况下需两年左右。北京市自2006年之后基本无新引进的重大工业项目，在建重大项目也不足，工业增长后劲

乏力，严重影响北京市工业竞争力。

3．企业成本增加，利润滑落。2009年，为改善首都空气质量，北京市可能出台高排放车辆限行和一些交通管制措施，会影响工业企业原材料、产成品的运输，提高企业的生产经营成本。物流费用的提高，也将致使一些企业的增产动力不强。连续多年的成本产品的剪刀差，对北京市工业企业的利润影响较大。另外，电价、油价定价机制的理顺使能源价格存在进一步上涨可能，将对北京市工业产生较强的负面影响。

综上，2009 年，受外部需求减弱的影响，电子信息产业预计难以出现反弹，但是北京市工业的发展阶段和发展方式的转变有利于提升工业行业的内生动力，随着一些新增高端项目的相继竣工投产以及一批受奥运限行限产措施影响企业生产负荷的增加，工业增速将保持稳步增长态势。预计2009 年北京市工业增加值规模将接近 2500 亿，增速 7%左右。

四、政策建议

1．加大项目引进和审批力度，保证工业平稳增长。为此要提高项目审批效率。项目的引进关系到北京市工业的增长潜力和市场竞争力，目前，北京市工业项目审批中间环节复杂，程序过多，积极探索一站式项目审批服务，加快项目审批节奏，并针对高技术项目开辟绿色审批通道，促进项目尽快落地。加大招商引资力度，针对目前国际形势，充分挖掘项目源头，引进一批适合北京市产业功能定位的高端产业，积极探索合适的政府企业合作模式，营造良好的企业生存环境。

2．打造特色工业园区，提升工业品牌形象。积极学习国内外的工业企业经验，坚持自身发展和政府补贴相结合，完善良好的企业创新环境，尽快形成一批区内环境优美，能耗较低，技术实力雄厚的特色工业园区。积极把握奥运经济，加大宣传和推广奥运场馆建设和奥运会举办过程中应用的北京工业产品，树立北京的工业品牌。同时，加大项目推介，提升北京市的工业形象，积极推广一些工业中的新技术，在北京市市场上优先利用。

鼓励企业拓宽业务营销渠道，开拓国内外市场。

3．加快科技成果转化，推动企业高端化发展。尽快完善北京市科技成果转化体系建设，加大知识产权保护，加快科学技术向生产力转化的速度和效率。抓好“科技奥运”成果的转化应用，积极延伸“科技奥运”的成果。完善企业与科研机构信息需求体系，加快信息沟通速度。依托北京市的科研机构，形成企业与科研机构的良性互动局面。鼓励科研院所在北京市企业内部成立试验基地，使社会需求与研究项目不匹配的局面得以改变。

（位志宇）

2008 年北京市服务业形势分析及 2009 年展望

2008 年，受国际国内环境的影响，北京市服务业增速稳中有降，产业布局更加合理，奥运会成功举办使得体育休闲行业备受青睐。2009 年，北京市面临的国际国内环境更加复杂，但北京市服务业发展机遇大于挑战，服务业仍将保持较快的发展速度。

一、2008 年北京市服务业的发展状况

（一）服务业增速回落明显

进入 2008 年以来，受国际经济步入下滑通道、北京市经济进入新的经济周期的影响，北京市服务业呈稳中回落态势，增速由 1 季度的 11.9%回落至 11.5%。1～9 月份，北京市服务业增加值 5585.3 亿元，占地区生产总值的比重为 73.6%，同比提高了 1.9 个百分点，预计全年服务业规模可能达到 7795 亿元，在经济总量中的占比为 73.3%，对经济增长的名义贡献度达到 82.2%，全年增速可能保持在 11.2%的水平，为 2003 年以来的最低点（见图 1）。但服务业对北京市经济增长的稳定器作用依然比较突出。

（二）服务业结构和布局进一步优化

1. 现代服务业平稳增长。1～9 月份，在奥运经济及北京市产业结构调整的带动下，北京现代服务业以 11.8%的速度平稳增长，现代服务业在经济总量中的比重稳步提高，占比由第 1 季度的 48%上升到了第 3 季度的 51.3%。

其中，租赁和商务服务在奥运商机的带动下，依旧保持了2007年以来的高速增长，1～9月份，累计增速为24%，增加值达到了503亿元，占服务业的比重达到了9.01%；北京市物流及相关行业发展势头较好，在油价高涨、运输成本上扬等不利环境下，交通运输、仓储和邮政业仍保持较快的增长速度，1～9月份累计增长17.6%，增幅高于上年同期8.9个百分点；科学研究、技术服务和地质勘察业延续了上年的良好增长势头，以23.5%的速度增长；国内股市动荡，证券行业不景气，北京市金融业增速放缓，1～9月份累计增幅与上年同期相比下降了5.2百分点；受国际订单减少的影响，北京市信息传输、计算机服务和软件业逐季下滑，1～9月份累计增长8.1%，增幅比上年同期下降12.8个百分点，房地产市场受房地产销售低迷的影响，房地产业增速延续了2007年以来的下降趋势，2008年以来，房地产业增加值增速下降更快，1～9月份在上年同期下降6.7%的基础上继续下滑了11.9个百分点。

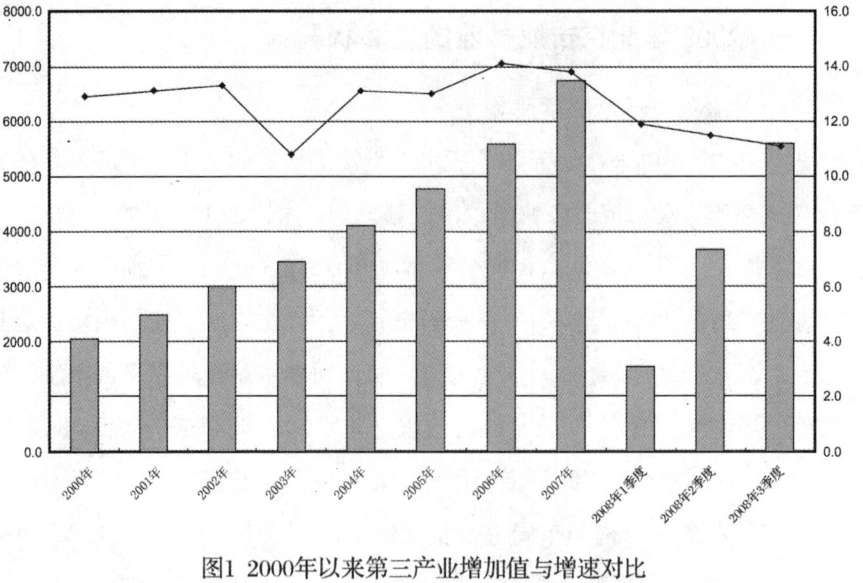

图1 2000年以来第三产业增加值与增速对比

2. 服务业集聚态势显著改善。服务业布局与四类功能区定位协调发展。新增服务业法人单位逐步向城市功能拓展区和城市发展新区积聚，2008

年 1～8 月份，北京市共新增服务业法人单位 2124 家，其中分别落户城市功能拓展区和城市发展新区 1533 家和 225 家，分别占到新增总量的 72.2%和 12%。

（三）服务业整体效益良好

2008 年以来，北京市总体保持平稳增长态势。1～8 月份，北京市第三产业主要法人单位收入合计 27200 亿元，同比增长 21.2%,实现利润总额 2899 亿元，同比增长 53.1%。在关键行业中，由于奥运限行及油价高涨的影响，北京市交通运输、仓储和邮政业利润同比出现下滑外，信息传输、计算机服务和软件业，金融业以及租赁与商务服务业的利润总额同比分别增长了 194.3%，7.7%，和 107%。尤其是在房地产不景气的情况下，北京市房地产业 1～8 月份实现利润总额 127 亿元，同比增长 132.4%。

（四）奥运举办对旅游和体育产业的影响差异较大

1．旅游产业下滑明显。国内年初以来的雪灾、地震以及长假制度的改变，使北京市旅游市场从年初开始就增长趋缓。同时，由于奥运安保措施的实施，来京人员数量减少，往年北京颇为火热的商务会展市场也处于半停滞状态，北京市旅游需求并未出现预期的增长。1～9 月，北京市累计接待入境游客 286.1 万人次，比上年同期下降 10.7%。其中，接待港澳台同胞 31.7 万人次，下降 22.1%；接待外国游客 254.4 万人次，下降 9.1%。旅行社外联和接待国内旅游者分别为 117.4 万人和 87.4 万人，同比下降 9.9%和 18.4%。2008 年以来北京市的旅游门票收入一直呈负增长，1～9 月份，在北京市旅游区收入同比下降 12%。

2．奥运促进体育娱乐业繁荣。奥运带动北京市体育休闲的消费热情，增强了北京市居民对体育休闲的消费需求。2008 年以来北京市文化、体育和娱乐业增速逐季提高，1～9 月份，北京市文化、体育和娱乐业增加值累计为 210.92 亿元，同比增长 29.5%，占服务业中的比重达到了 3.78%，增速和占比均为近年来最高点。

（五）实际利用外资的投入领域出现较大分化

服务业利用外资增速依然较高，1～9 月份达到 18.5%，但外资的投向领域分化现象比较明显。由于北京市的商务、物流产业以及信息服务的发展具有较强优势，1～9 月份，租赁和商务服务业，交通运输、仓储和邮政业，信息传输、计算机服务和软件业以及科学研究、技术服务与地质勘察业实际利用外资分别以 77.6%、216.5%、31.8%和 41.9%的速度增长。而受房地产市场不景气以及国家严格控制的影响，房地产行业的实际利用外资增速出现较大幅度的下降，1～9 月份，房地产企业实际利用外资累计增速同比下降了 30.8%。

二、须关注的问题

1．需密切关注房地产业发展。2008 年以来，北京市房地产交易量同比均出现大幅度下降，北京市住宅销售套数和销售面积同比均下降一半以上，9 月北京市房屋销售环比价格首次出现下降，“量价齐跌”特征初次显现。房地产业是北京市经济发展的重要行业，房地产市场的波动，不仅导致房地产行业本身出现问题，也会带动部分相关行业下行。

2．密切关注酒店行业资金流向。有关部门曾预计奥运期间将有 40～50 万人次入境旅游，但实际上只有 38 万人次，而按照这一预计的数据规模进行设计、维修和调整的北京旅游业的宾馆、餐饮和其他服务设施，由于实际游客人数的减少而成本大增，有关调查显示流向酒店行业目前有意退出的投资商[①]占到 70%，因此需提高北京市商务服务环境，减缓资金退出意愿。

3．密切关注科技成果的转化效率。2007年以来，北京市的科学研究、技术服务和地质勘察业较快发展，然而，技术进步对经济增长的贡献率提高相对较慢，需加快研发型服务行业的落地能力，推动科技成果的转化水平和效率，加快北京市的经济发展方式由投入型增长向效率型增长转变。

[①]在 2007 年至 2008 年上半年，估计有超过 100 亿的资金流向酒店行业。

三、2009 年北京市服务业发展展望

（一）北京市服务业发展的外部环境

国外经济形势加大北京市部分服务业发展困境。第一，受贸易外溢效应、金融压力和一些国家房市周期恶化等问题影响，2009 年全球经济走势不容乐观，对北京市的商务会展行业以及商务旅游行业的冲击较大。第二，国际金融动荡，金融危机有进一步加剧的可能，需要更加强有力的手段减少对北京市金融市场的影响。

国内政策和区域发展为北京市服务业的发展创造良好的运行平台。第一，针对国外的经济形势，国内以积极的财政政策和适度宽松的货币政策为基调，为北京市服务业发展营造良好的氛围，对北京市一些相关行业必将产生影响。第二，随着我国通胀压力逐步减缓，将进一步理顺能源类产品价格形成机制，逐步完善市场在资源配置中的核心作用，将进一步减轻北京市企业流动性压力。第三，在京津冀区域一体化发展的带动下，区域旅游、物流、商务等领域的合作为北京市服务业发展带来了良好的发展机遇。第四，2009年是我国贯彻落实中共十七届三中全会着力实现2020年农村改革发展基本目标任务的开局之年，进一步推进城乡和区域均衡发展的举措也将逐步实施，这必将推动北京市农村和郊区服务业的发展。

北京市服务业发展的内在动力增强。第一，投资转移推动北京市服务业向纵深向发展。为保持北京市经济平稳增长，2009年北京市将进一步加大投资对经济的拉动作用，新城、南城、西南部地区和重点镇建设等投资转移将拓宽服务业发展空间，基础设施投资的进一步加大拓展了北京市区域间的通达能力，为形成新的服务业集聚区域奠定坚实的基础。第二，商务服务交易会的举办将在一定程度上活跃北京市的服务业市场，对于完善北京市服务业业态，扩大服务业交流，推动北京市服务业的繁荣和发展提供了难得的机遇。第三，六大高端产业功能区发展意见的实施，将为北京市高端产业的发展提供增长环境。同时，北京市创意文化产业园的建立，有利于加速北京市创意文化产业的集聚，形成良好的创意产业发展环境。

（二）北京市服务业发展走势分析

1．生产性服务业可能面临增速放缓风险。第一，2009 年企业经济环境复杂，企业的生存空间恶化，企业的原材料和工业品剪刀差持续保持两位数，企业内部利润空间狭小，企业为获得市场份额，保持竞争优势，可能加快研发进度，推动技术科学研究和技术服务业的快速增长。第二，2009 年国际经济回落，国际国内需求放缓已成定局，北京市工业订单和贸易往来将大幅减少，交通运输、仓储和邮政业可能呈回落态势。综上，预计 2009 年北京市生产性服务业增速明显放缓。

2．现代服务业有望保持平稳增长。第一，2007 年底以来，在全球资源类价格高涨以及美国次贷危机的背景下，国际国内经济形势不容乐观，我国股市波动较大，受资产类价格下降的影响，证券、信托以及基金等金融产品和委托理财产品收益率均出现较大幅度下跌，预计政府可能会适时推出一系列稳定市场、恢复市场信心的措施。随着北京市金融业发展措施的进一步落实，“一主一副三中心四后台”的凝聚力逐步增强，金融业在北京市经济中的地位将进一步提升，银行、证券和保险业将较快获得发展机遇，北京市金融业增速有望稳步回升。第二，受外需放缓的影响，北京市信息传输、计算机服务和软件业可能延续低速增长态势。

3．公共服务业有望保持快速增长。为防止经济下滑，一大批投资项目将在 2009 年逐步落实到位，公共设施可能成为投资的主要领域，水利、环境和公共设施管理业会较快发展。2009 年政府可能通过改革拉动内需较快增长，一系列有关民生的改革方案将相继推出，如医疗改革方案可能出台，同时社会保障体系也将进一步完善，卫生、社会保障和社会福利业将获得较快发展。

4．旅游业将保持平稳增长。由于奥运的举办，北京市的基础设施、市容环境得以大大改观，北京市在世界上的知名度和开放度进一步提升，这对于北京市旅游业以及相关产业的长远发展具有重要的影响，预计 2009 年将是奥运遗产游的高峰期。同时，一些设施农业、生态农业将有进一步的发展，短线京郊游仍是旅游业的主题，2009 年建国 60 周年庆典有望带动北京市旅游业的发展。但是，面对目前的国内外经济环境，商务旅游有可能继续回落。总体来看，2009 年北京市的旅游市场需求有望保持平稳增长。

5．房地产业增加值增速将小幅下滑。政策出台对北京市房地产业产生拉升作用。我国房地产市场低迷，住宅购买观望气氛浓重。政府出台了稳定房地产市场的政策，随着相关部门涉及房地产市场调控的细化措施逐步到位，对房地产市场可能产生一定影响。北京市房价收入比和居民购房预期短期内难以改观，预计北京市房地产业增加值增速可能在 2008 年的基础上小幅下滑。

根据上述分析，初步预计2009年北京市服务业发展将有所回落，但仍保持10.9%的速度，平稳增长，并且在经济总量中的比重将进一步提高，预计达到74.2%的水平。

四、政策建议

1．以服交会为契机，推动服务业发展。加快筹办商务服务交易会，推动北京市商务发展；加大北京市服务业品牌推介力度，逐步形成良好的服务业发展、运营和推介平台；加快构建有利于服务业发展的软硬件环境，加快北京市服务业的发展，提高北京市服务业在全国乃至全球的影响力。

2．推进产业结构升级，发展生产型服务业。加快改造传统产业，促进北京市产业的升级，积极推动现代制造业与服务业的有机融合，发展面向全国的生产性服务业。做大做强现代制造业，依托北京市现在制造业的空间布局，优化生产型服务业的空间结构，优先服务北京市制造业的发展，推动北京市现代制造业和生产型服务业的共生发展。

3．延伸奥运影响力，大力发展体育休闲产业。延伸奥运影响，开展奥运精神展和奥运旅游，提升居民的奥运热情。加大体育休闲宣传力度，健全北京市体育产业功能区和组建大型体育企业集团，提高北京市奥运场馆利用率。规划建设体育产业功能区或集聚区，发挥体育明星经济，保护体育无形资产，协调好体育用品业、体育赞助业以及体育旅游业等诸多领域的竞相发展，营造良好的体育休闲气氛。加大宣传力度，充分发挥旅游集散中心作用。改善京郊旅游的服务环境和通达能力，大力发展京郊设施农业、观光农业。

4．加快发展适合北京市的物流业。加大北京与国内外物流业的交流与合作，推动北京市物流产业的发展；整合北京市物流产业，加快物流产业集聚，加强高端物流服务。利用北京市信息优势，管理团队、区位以及行业优势，加快发展针对中、高端的国际国内速递市场。鼓励物流服务企业由传统运输企业向现代物流企业转型，由单一运输向供应链整合，实现与配送、仓储、包装、加工、金融服务一体化管理，为第三方物流的发展创造机会。

（位志宇）

2008 年北京市高技术产业形势分析及 2009 年展望

2008 年北京市高技术产业发展势头良好，产业结构进一步优化，高技术服务业增长势头强劲，高技术制造业增长有所放缓，产业自主创新能力进一步提升。预计 2009 年高技术产业仍将保持较快增长。

一、2008 年北京市高技术产业发展基本情况与特点

（一）高技术产业总体保持稳步增长

1～9 月，北京市高技术产业实现工业增加值 1651.73 亿元，其中高技术服务业 1260.3 亿元，高技术制造业 391.43 亿元。高技术产业占GDP的比重达到 21.8%，与上年基本持平，接近 2010 年达到 22%的“十一五”规划目标。

1．高技术产业在整体经济中的地位稳步提升。数据显示，高技术产业增加值占地区生产总值的比重由 2005 年的 18.96%上升到目前的 21.8%，提升了近 3 个百分点。同时，高技术产业对GDP增长的贡献率近 3 年来始终保持在 20%以上，在首都经济中的地位稳步提升。

2．高技术服务业持续增长，对GDP贡献率稳步提升。高技术产业内部结构进一步优化。1～9 月高技术服务业占GDP的比重达到 16.6%，比上年的 14.9%提高了 1.3 个百分点。此外，高技术服务业对GDP增长的贡献率持续上升（见图 1），同时服务业在高技术产业中的比重由 2005 年的 70.8%

上升到76.3%，表明北京市高技术产业内部结构进一步优化，高技术服务业已逐渐成为高技术产业的中坚力量。

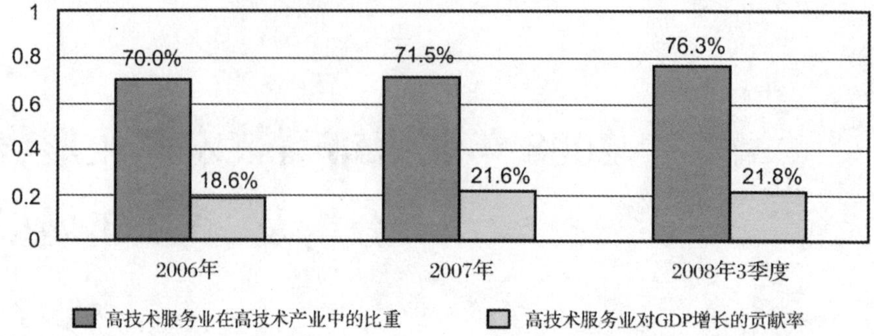

图1 高技术服务业2006年～2008年3季度发展趋势图

信息服务业增长平稳。1～9月，信息服务业实现增加值760.09亿元，同比增长17.6%，增速稳定（见表1）。信息服务业占高技术服务业的比重为60.3%，占高技术产业总量的46%。

表1 2005年～2008年3季度高技术服务业增加值增速表

年 度	2005	2006	2007	2008
信息服务业增速（%）	23.1	14.3	18.6	17.6
科技服务业增速（%）	17.9	15.4	23.1	23.5

科技服务业增长加快。1～9月，科技服务业实现增加值500.21亿元，同比增长23.5%，增速达2005年以来最高水平。高技术服务业整体均衡高速发展，说明北京市高技术产业结构优化进一步加快，服务业地位进一步提升。

3．高技术产业经济效益显著提高。截至8月底，规模以上高技术制造业企业实现利润116.7亿元，同比增长5.1%；信息服务业实现利润301亿元，同比增长194.3%；科技服务业实现利润169亿元，同比增长222.1%。高技术服务业经济效益飞速提高，高技术制造业经济效益保持小幅增长（见表2）。

表 2　　2008 年 1～8 月高科技产业效益增长情况

	实现利润（亿元）	同比增长（%）	收入合计（亿元）	同比增长（%）
高技术制造业	116.7	5.1	2127.5	3.1
信息服务业	301	194.3	1709	19.6
科技服务业	169	222.1	1598	33.5

4．高技术产业创新成果显著，专利技术产出增长加快。1～9 月份成交专利技术 501 项，比上年同期增长 3.39%；成交额 49.43 亿元，比上年增长了 3.92 倍，占技术合同成交总额的比重为 6.33%。其中，发明专利技术 192 项，成交额 13.60 亿元，占专利技术合同成交额的比重为 27.51%；实用新型专利技术 305 项，成交额 35.62 亿元，占 72.06%；外观设计专利技术 4 项，成交额 0.21 亿元，占 0.42%。专利技术产出的快速增长表明北京市高技术产业注重专利成果的保护和专利交易的发展。

5．高技术产业政策引导和创新环境建设得到加强。

一是政策引导实现多角度突破。包括**人才战略突破：**软件外包企业首次引进国际顶级企业高管；产业内资源整合：六大通信公司重组，中国电信收购中国联通CDMA网、中国联通与中国网通合并、卫通部分业务并入电信、中国铁通并入中国移动；**软环境建设加强：**本年度中关村逐步建立起多层次资本市场，服务于高科技创业企业发展。截至 2008 年上半年，百余家企业在中关村园区上市，其中有多家已报批中小板上市。

二是创新环境建设加强。基地建设的新发展：2008 年 2 月，国家发展改革委批准北京建设综合性国家高技术产业基地，重点围绕信息、生物、民用航空航天、新材料、新能源等产业领域发展，这标志着北京的高科技产业发展将迈向新的台阶；**硬环境设施的优化：**北京市多个大型高科技企业进一步建设和优化基础设施建设。诺基亚中国新总部“诺基亚中国园”在亦庄正式投产启用，中国移动北京公司客服呼叫中心也在亦庄投入使用。

（二）需要关注的问题

1．高技术制造业增幅回落，部分企业产量下降。1～9月，高技术制造业实现增加值391.4亿元，同期增长8.6%（上年同期为23.5%），较上年下降14.9个百分点。高技术制造业占工业增加值的比重为24.3%，较上年同期下降了3.4个百分点。数据显示高技术制造业增长进一步放缓，其中以程控交换机、显示器和微型电子计算机为主的高技术制造企业的产量均负增长。程控交换机的同比增长率下降最为明显，降幅达到-45%。

2．中关村部分科技园区企业收入增速放缓，投资额下降。截至2008年8月底，中关村科技园区高新技术企业实现总收入6027.7亿元，比上年同期增长23.5%（上年为27.6%），利润总额达443.8亿元，同比增长32.5%（上年为73.7%），其中丰台园和德胜园等园区收入和利润实现较快增长，亦庄科技园和电子城科技园等园区收入增速下降。至8月底，中关村科技园区项目总投资92亿元，同比增长-62%；注册资本78.2亿元，同比增长-63.8%。受奥运和国际经济形势等多种因素影响，中关村园区在招商引资和项目投资等领域增速下降，部分园区收入和利润增长放缓（见图2）。

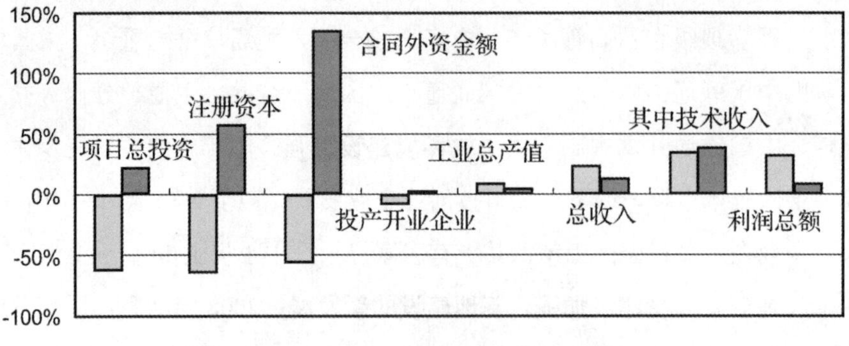

图2 1～8月中关村园区与经济开发区投入和产出性指标增长率

3．北京经济技术开发区投资保持增长，产值和利润增幅回落。1～8月开发区完成工业总产值（现价）1396.1亿元，同比增长4.6%，增幅比上年回落超过20个百分点；实现利润196亿元，增速下降62.5个百分点。从投资来看，北京经济技术开发区招商引资和项目投资额均保持较快增长，其中合同外资金额增速达 134.1%。开发区投资增长率高于园区而产出增长较低，如何增加投资的产出转化比率是关键问题。

4. 高技术产品出口增幅有所回落。高技术产品出口受人民币汇率升值和国际经济下滑的影响，增幅有所回落。1～8 月，北京市高技术产品完成出口 130.14 亿美元，同比增长 14.9%，增幅同比回落 14.9 个百分点。其中，只有生物技术产品的出口额同比下降，降幅为 18.5%。针对目前经济形势，高技术企业应进一步控制成本，加强技术管理，提高高技术产品的国际竞争力。

二、2009 年高科技产业发展环境分析

（一）有利影响

1. 科技奥运提升首都高科技产业发展活力。2008 年北京奥运会的成功主办提升了北京的自主创新能力，促进了科技进步和产业发展，并在奥运场馆建设等多个方面体现了北京市高科技行业的创新能力。2009 年北京市高科技产业发展前景看好，研发活力将进一步增强，部分高精尖技术领域也有望出现突破性进展。

2. 国家科技重大专项带动首都高技术产业自主创新。国家中长期科学与技术发展规划纲要已陆续开始实施，其中科技重大专项“重大新药创新”的启动将大幅拉动生物制药产业发展；“核心电子器件、高端通用芯片及基础软件产品”和“极大规模集成电路制造装备及成套工艺”两个国家科技重大专项，是 21 世纪信息战略高技术的发展重点。近年来陆续推进的国家科技重大专项，将有力带动首都高技术产业自主创新能力的提高。

3. 促进产业发展的政策措施陆续出台。2007 年底至今，国家在促进高技术产业、自主创新方面相继出台了一批政策，如《鼓励数字电视产业发展的若干政策》、《首台（套）重大技术装备试验、示范项目管理办法》等。此外在税收方面国家出台了《财政部、国家税务总局关于企业所得税

若干优惠政策的通知》，2008 年 4 月《高新技术企业认定管理办法》出台。这些措施将完善产业链发展，利于产业持续增长。

4．一批重大项目成功助推航天产业飞速发展。嫦娥探月和神舟七号等一批航空航天领域内的重大项目取得了历史性突破，北京市覆盖了我国航天产业多个关键平台，预计未来北京市航天产业将依托“神七”发展契机，持续快速增长。

（二）不利影响

1．资本市场下滑冲击二板创业市场推进，加剧融资难度。2008 年国内外资本市场形势严峻，美国次贷危机在全球市场迅速蔓延，在这样的背景下，预计 2009 年资本市场发展将持续放缓。受此影响，北京市创业企业二板市场的全面推行将受到不利影响。同时资本市场下滑将加剧高技术企业的融资难度。

2．成本价格等多方面因素挤压高技术产业利润空间。2008 年我国的原材料和能源价格上涨，汇率的变化也给高技术产业带来了一定的成本压力。而多数高技术产品的价格仍呈下降态势，这种“成本上升、价格趋降”态势将直接挤压高技术产业的利润空间。

3．经济危机的蔓延抑制高技术产品和服务的需求量。2008 年世界经济形势的大逆转对金融、制造和服务等领域产生了深远的影响。数据显示，高技术制造业和信息服务业的同比增长均呈下降趋势。在世界性经济危机的冲击下，国际和国内市场对于高技术产品和服务的需求量都有所下降。

4．新劳动政策的实施冲击高技术产业原有人力资源管理体系。2008 年 1 月 1 日我国实施新劳动合同法，劳动者的权益得到更多关注和保护。但是，新劳动政策的实施必然推动劳动力价格上涨，在一定程度上提高了高技术企业的用人成本，增加了劳动仲裁案件的发生几率，同时加大了高技术企业高端人才引进成本。

5．高新技术企业认定对高技术服务业的影响。近期，高新技术企业面临重新认定，相关政策较 1988 年的中关村新技术企业认定政策有较大变化。

部分高技术服务企业在高新技术企业认定办法中可能处于不利地位，这将严重影响高技术服务企业享受各种税收优惠政策，同时对高技术服务企业的企业形象也产生一定程度的影响。

三、2009 年高科技产业发展预测

综合以上北京市高技术产业发展面临的形势，结合多种环境因素的影响，运用时间序列预测法对 2008 年第 4 季度及全年数据进行预测分析，预计第 4 季度高技术服务业增速平稳。其中信息服务业增速在 19%，研发服务业增速为 21%，全年实现高技术服务业增加值约为 1700 亿元（见图 3）。2008 年全年高技术产业有望实现增加值 2100 亿元。预计 2009 年高技术产业仍将保持较快增长，高技术服务业增速保持在 20%左右，高科技制造业占工业增加值的比重大约为 21%，高技术产业整体增加值占GDP的比重有望达到 22%。

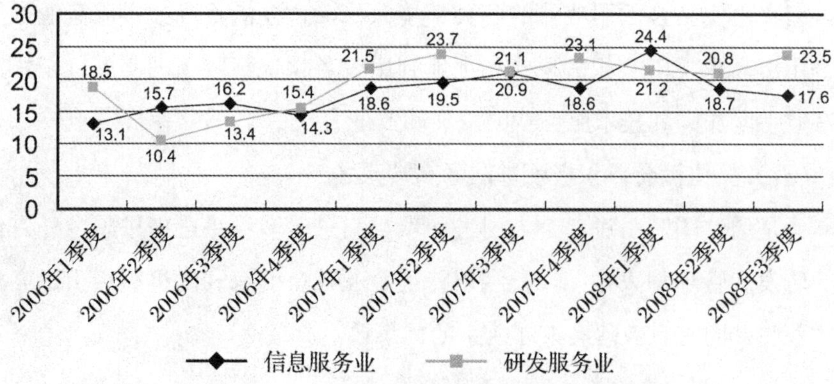

图3 2006年～2008年3季度高技术服务业增速变化

四、相关政策建议

（一）完善相关专项产业政策，推进中关村配套改革

在落实国家相关专项产业政策的基础上，鼓励引进关键技术和技术再创新。同时，积极推进中关村综合配套改革，争取成功申请国家自主创新综合配套改革试验区，促进以中关村为依托的自主创新综合配套改革试验

区的建设和发展。

（二）加强基地建设，积极吸引各类重大科技项目落地北京

加快推进数字娱乐产业基地、软件基地等信息服务产业基地，以及各类设计产业基地、研发中心等科技服务业基地建设。加快科技奥运成果的转化，做好重大项目入驻的各种准备，积极争取"极大规模集成电路制造装备及成套工艺"和"重大新药创制"等一批国家科技重大专项 2009 年课题申报，同时制定有利政策吸引更多国家级研究中心、实验室等在京落地。

（三）通过建立科技银行等一系列手段加大投融资体系建设

加紧开辟面向高技术企业的投融资渠道，通过建立科技银行、完善二板市场等一系列手段建立多层次、多形式的高科技产业投融资体系。其中科技银行是专门为科技型中小企业服务的银行，以企业融资需求为中心，提供借贷与股权相结合的多种融资服务。

（四）大力发展信息和研发服务业，落实相关环境保障体系

切实落实高技术服务业的各类环境保障，优先满足高技术服务业的用地、用房需求，落实相关税收和土地利用等各项优惠政策的实施，积极采用有效手段加强高技术服务业的发展和产业升级。

（五）抓住机会，积极引进国际高端人才

一是通过团队引进、个人引进和项目引进等多种手段引进国内外有经验的研发和管理型人才，二是利用跨国企业减员的有利时机积极引进高端人才入驻，同时有效落实人才入京的优惠政策。

（六）加强自主创新，落实政府采购政策

一是提高企业自主创新能力，这是应对经济危机的有效手段，建议政府加大企业在自主研发上的资金支持力度。二是充分利用各类产业联盟和标准联盟手段，降低高科技企业的研发成本。有效利用知识产权战略，加强知识产权保护，并积极促进知识产权交易。三是落实政府采购政策。政府采购和重点行业采购已经从政策层面向国内企业倾斜，但政策的实施力度有待加强。政府部门和重点行业可以适当加强对民族品牌的扶持，提高国产品牌的竞争力。尤其要抓住国家 4 万亿元拉动内需资金的分配时机，将自主创新和信息基础设施建设作为拉动内需重要的一部分，通过完善政府采购标准和扶持政策，切实扶持本土企业。

（陈双　隆学文 宋丽思）

2008年北京市金融形势分析及2009年展望

2008年以来，美国次贷危机深化引发全球性的金融动荡，世界各国股市均出现大跌，我国股市也大幅度向下调整，受这些因素影响，2008年北京市金融业增加值增速出现较大回落。2009年尽管全球金融危机影响仍将持续，但我国灵活宽松的宏观调控政策以及北京市持续优化的金融市场环境，将促使北京市金融业增加值保持较快的发展速度，预计2009年金融业增长将稳步回升。

一、2008年北京金融领域运行基本情况

（一）金融业增加值增速大幅下降

2008年1～9月，北京市金融业实现增加值1602.07亿元，占第三产业比重为19%，依然是第三产业中占比最大的产业；金融业同比增长6.8%，增速比上年同期下降5.2个百分点，也低于同期的GDP增速（9.1%）和第三产业增速（11.1%）。金融业增加值增速下降的原因：一是股市大幅向下调整，导致证券业收入锐减，保险业投资收益负增长[①]，从而对金融业增加值产生负面影响；二是次贷危机造成部分金融机构资产受损；三是房地产领域量价齐跌，不仅导致部分贷款回收困难，也导致放贷量急剧下降，银

[①] 2008年1～8月，金融业收入同比增长7.9%，在第三产业13个行业中中仅高于房地产业（4.2%）、居民服务和其他服务业（7.2%），居行业排名的第11位。

行息差收入减少。

（二）信贷市场运行平稳,金融机构存贷款余额增幅明显

1．人民币存款增长趋稳。截至9月末，北京市金融机构本外币存款余额突破4万亿元。其中，人民币存款余额40340.75亿元，比年初增加5693.7亿元，同比多增1741亿元。存款呈现以下几个明显的特征：**一是居民储蓄意愿持续增强。**2007年以来，居民储蓄很明显地表现出和股市反向波动的特征，随着2008年股市不断向下调整，居民储蓄意愿持续增强（见图1）。**二是存款定期化趋势增强。**股市、房市的向下调整预期，投资者对银行利率认可度提高，存款定期化趋势增强。2008年以来，北京市中资金融机构人民币存款中定期占比连续6个月持续上升，9月份达到56.61%，为近5年来的最高值。**三是企事业单位存款增幅创8年来新低。**9月份，企事业单位存款23369.63亿元，同比增长8.4%，比上年同期下降11.95个百分点，自2001年以来首次突破个位数，可部分反映出企业资金链较为紧张。

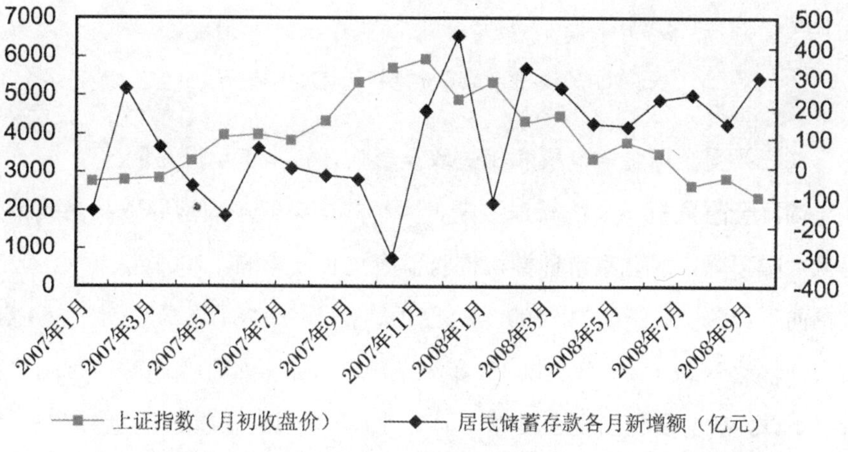

图1 2007年以来北京市居民储蓄存款各月新增额与上证指数走势图

2．贷款余额稳步增长。9月末，本外币贷款22821.59亿元，贷款新增2956亿元，同比多增1130亿元。贷款呈现以下几个明显的特征：**一是贷款**

结构趋于长期化。2008 年以来，北京市长期贷款增速明显持续高于短期贷款（见图 2），这主要是受国家宏观调控政策的影响。**二是工商业贷款稳步增长，建筑业贷款出现收缩。**9 月末，工商业贷款余额比年初新增 384.64 亿元；建筑业贷款余额比年初减少 57.30 亿元。这一方面是由于银行自主调整贷款结构，另一方面是房地产投资回落所导致，均能反映出房地产市场的低迷。**三是个人消费性贷款停滞不前。**9 月末，辖内金融机构个人消费性贷款余额 2575.64 亿元，同比少增 228.7 亿元，这主要是受房价向下调整的影响，同时也反映出居民消费意愿不强。

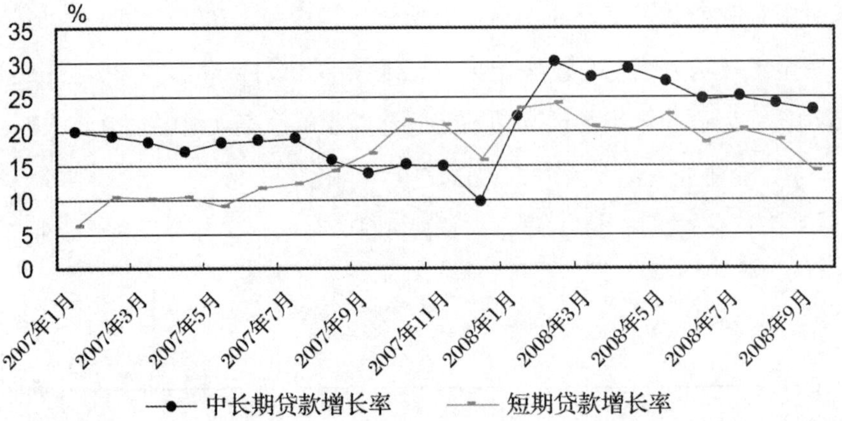

图2 2007年以来北京市金融机构贷款增速折线图

（三）受全球金融危机和相关政策影响，资本市场交易回落

国际金融危机、经济减速预期、大小非解禁等多因素导致我国股市交易额大幅下降，对北京市证券机构收益产生负面影响。2008 年以来，股市大幅向下调整，从年初的 5300 点一度下跌到 10 月 28 日的最低点 1664 点，最大跌幅达到 68.6%，成为 2008 年来全球跌幅最大的股票市场。伴随着股价的下跌，成交量也出现了萎缩。至 9 月末，京内股票成交额为 38876.8 亿元，同比下降 35.3%。**受股市低迷影响，基金交易规模较上年同期明显下滑。**截至 9 月份，北京市基金市场累计交易额为 984.91 亿元，同比下降 14.45 个百分点。**债务融资稳步推进，交易规模同比扩大一倍。**至 9 月末，北京市债券交易累计为2940.17亿元，比上年同期增长102.06%，交易规模扩大了一倍，呈现出良好的发展势头。**募集资金上涨乏力，交易规模较上年同期大幅回落。**9月份数据显示，北京市募集资金累计达1308.73亿元，较上年同期下降69.95%，呈现大幅回落态势，反映出市场对新增投资项目的热情不高，投资者预期普遍不乐观。**权证交易成交量较上年同期有所下滑。**9月份数据显示，北京市权证交易累计成交6648.96亿元，同比下降15.15个百分点。

（四）保险市场继续稳健发展

保费收入稳定增长。2008年1～3季度，保费总收入461.41亿元，同比增长28.89%，其中人身险收入同比增长31.95%，财产险收入同比增长18.64%。**保险深度[①]加深。**保费总收入占北京市GDP的比重由上年年底的5.58%上升为6.08%。**保险涵盖范围进一步扩大，品种愈加丰富。**目前，北京市保险品种涉及寿险、健康险、意外险、财产险、责任保险、出口保险等。**风险保障和补偿作用进一步体现。**2008年1～3季度，北京保险业共支付赔款143.16亿元，同比增长58.54%。**中资保险机构优势明显。**2008年1～3季度，中资保险机构保费收入同比上升35.3%，外资保险机构保费收入同比下降2.5%，且中资保险机构保费收入占总保费收入的比重达到了87.14%。**保险密度[②]比年初有所下降。**9月底北京市人均保费收入2826元，低于2007年底的3050元/人[③]，这可能是由于保险公司投资收益受股市下跌影响大幅下降，客户发生退保比较严重。在保费收入中，寿险收入占到近80%，在寿险业保费收入中，与投资收益有关的分红保险（包括投资保障两全保险、万能保险、投资连接保险）占保费收入的95%以上。

二、金融运行中值得关注的一些问题

（一）贷款增速持续远高于存款增速，需要关注金融机构资金流动状况

---

① 指保费收入占国内生产总值(GDP)的比例，它是反映保险业在国民经济中的地位的一个重要指标。

② 保险密度是指人均保费收入，它反映了保险的普及程度和保险业的发展水平。

③ 2007年北京市保险密度居四个直辖市首位，是全国保险密度的近6倍。2007年全国保险密度为532.5元/人，上海市为2598元/人，天津市为1353元/人，重庆市为443元/人。

2008 年以来，虽然银行存款增速受到股市资金回流等因素影响呈现趋稳态势，但同期贷款需求强劲，贷款增速持续远高于存款增速（见图 3），这必然造成部分银行出现流动性不足的现象。据了解，有一些小银行存贷比超过了 80%，已经达到警戒线[①]，基本在靠市场负债在经营，风险很大。9 月中旬央行出台下调中小金融机构存款准备金率政策，有利于缓解中小金融机构流动性压力，但面对市场强劲的贷款需求，仍需要密切关注金融机构资金流动状况，防止出现流动性风险。

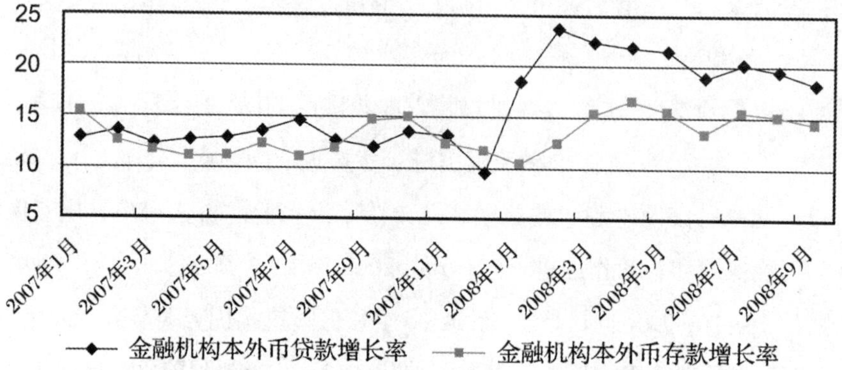

图3 2007年以来北京市金融机构存贷款增速折线图

（二）中小企业贷款形势依然严峻

2008 年以来，受宏观货币紧缩政策影响，前两年略显缓解的小企业融资难现象再次凸显。北京银监局的调查数据显示，2008 年小企业贷款需求的平均满足率仅为 33.6%，认为获取银行贷款难度提高的小企业占比 56%，其中商贸类企业比例高达 70.6%。尽管 4 季度以来货币政策正在逐步放松，9 月初央行就曾明确各银行业金融机构信贷规模在年初规模的基础上可以增加 10%，新增贷款主要投向之一就是中小企业，但从目前来看，这项政策调整并没有取得预期效果。同时，在国际金融危机恐慌情绪的笼罩下，金融机构贷款投放将更为谨慎，处于产业链低端，盈利能力、生存能力较弱的中小企业贷款难度仍然较大。

① 据有关机构测算，银行业可以承受的准备金率上限水平约为 20%。

（三）房地产交易量价齐跌的格局正在形成，需高度关注银行房贷风险

2008 年以来，北京市房地产交易量价齐跌，9 月、10 月连续两个月出现环比负增长，交易量同期也出现了大幅度下降。9 月北京市住宅销售套数和销售面积同比均下降一半以上。房价的下跌，不仅导致部分开发商无力偿还贷款，也可能导致部分购房者出现负资产而断供。在北京市银行贷款结构中，与房地产有关的贷款占比较大，居各行业之首，而在非银行金融机构中，资金流向房地产企业的现象也非常普遍。仅 2008 年上半年，北京辖内 3 家信托公司设立房地产集合资金信托计划金额合计 24.7 亿元。在这种情况下，需要高度关注房地产市场变化对金融机构的影响。

（四）金融危机影响还未结束，需要继续关注其对北京市金融机构的影响

迄今为止，次贷危机、金融危机对北京市金融机构的影响主要表现在：造成北京市持有美国次贷资产的金融机构的损失。在辖内金融机构中，中国银行、工商银行、建设银行、中信银行和民生银行 5 家中资银行共持有与美国次贷有关的金融资产总计逾 500 亿美元。目前金融危机还在持续，辖内金融机构的股份构成中有一些受危机影响的外国战略投资者，其股份解禁期已不远（见下表），鉴于国际金融危机影响国家资金流动性紧张的局面，很可能一旦解禁期一到，外国投资者就会大量抛售所持有的辖内金融机构和企业的股权、债权类资产，会对金融机构的稳定性造成一定程度的冲击。

银行	外资战略投资者	持股数(亿股）	解禁日期
工商银行	高盛	164.7	2009.10
	安联集团(通过子公司)	64.32	2009.10
	美国运通	12.76	2009.10
建设银行	美国银行	191.32	2008.10.27
	富登金融	132.07	2008.8.29

续表

银行	外资战略投资者	持股数(亿股)	解禁日期
中国银行	苏格兰皇家银行	209.4	2008.12.30
	亚洲金融	117.86	2008.12.30
	瑞士银行	33.78	2008.12.30
	亚洲开发银行	5.07	2008.12.30

三、2009 年北京金融运行环境及总体走势预测

（一）国际信用危机空前严重，金融市场短期内难以恢复元气

始于 2007 年的美国次贷风暴，现已引起全球的金融动荡，各国股市大跌、期货市场大幅震荡、金融机构破产倒闭。这个由于金融衍生品过度创新、膨胀带来的金融危机，最大的影响是导致市场出现信心危机、信用危机，对政府宏观调控能力也产生了怀疑，动摇了整个经济的基础。2009 年，世界经济仍将处于调整期，面临衰退的风险加大①，金融危机仍将持续，信贷市场将出现空前审慎，信用紧缩和经济下滑的共同作用将加快信用紧缩周期的到来，新兴市场国家的借款人和金融机构将面临的经济环境要比以前严峻得多。随着人民币升值的放缓和全球联合降息，游资重新规模性流动的可能性增加。

（二）国内经济将处于下行调整期，宽松灵活的货币政策和积极的财政政策是 2009 年宏观调控的主调

在国际经济形势恶化、我国经济自身周期性调整要求的共同作用下，2009 年我国经济增速下行趋势明显。国家的宏观调控政策主基调也日益明显，即实行宽松灵活的货币政策和积极的财政政策，扩大内需，全力保增长。央行将根据流动性情况，灵活、针对性地调整存贷款利率、存款准备金率，贷款额度等，增强金融对经济增长的支持力度。在全球进入降息周期的背景下，摩根士丹利大中华区首席经济学家王庆预期，中国央行将在

①国际货币基金组织预测，2009 年全球经济增长仅为 3.0%。

2009 年年底前减息 5 次，每次降息 27 个基点；利率市场化改革继续推进，存贷息差可能缩小[①]。

（三）北京市推出金融业纲领性文件，金融发展环境更为优化

2008 年 4 月 30 日，中共北京市委、北京市人民政府正式发布《关于促进首都金融业发展的意见》（京发[2008]8 号），对今后一个时期内首都金融产业如何发展作了详尽的部署，涵盖了环境优化、布局规划、要素聚集、市场建设四个方面，是北京未来金融发展的纲领性文件。文件明确了北京金融发展的定位是国家的金融决策中心、金融管理中心、金融信息中心和金融服务中心；金融发展的目标是把北京建设成为具有国际影响力的金融中心城市；提出了“一主一副三新四后台”的金融产业空间布局规划；重点支持北京产权交易所、全国知识产权市场、国际版权交易中心、北京艺术品交易中心、北京技术交易中心、全国棉花电子交易市场、北京石油交易所等 7 个交易市场的发展。这是自 2005 年发布《北京市促进首都金融产业发展意见》、2007 年发布《关于促进金融服务后台支持体系的建设》后出台的一个统括首都金融业发展全局的系统性文件，将对北京市金融产业的发展起到很大的促进作用。

综上，国际金融形势严峻，国内宏观政策喜忧参半，但北京市金融发展环境趋于优化，预计 2009 年北京市金融业增长速度将高于 2008 年。

四、政策建议

（一）吸取次贷教训，督促辖内金融机构谨慎经营

美国次贷危机的爆发与许多机构违背“谨慎经营”的原则、利用创新、滥用金融杠杆密切相关。对于北京市辖内金融机构来说，如何有效地处理好创新与谨慎经营二者之间的关系，也是一个现实问题。在当前国内外经济金融动荡的大环境下，信用风险更是银行风险管理的重中之重，而信用风

[①] 中国人民银行公布，从 2008 年 10 月 27 日起，商业性个人住房贷款利率的下限将调整为贷款基准利率的 0.7 倍。

险管理的重心仍然是贷款领域。北京市要支持和鼓励商业银行按照“成本可算，风险可控，提高透明度”的原则，在自身发展战略的框架内进行金融创新，始终坚持审慎经营，做到“尽职”和“程序正当”。金融机构应树立强烈的危机管理意识，建立与金融创新相配套的风险保障机制，做到金融创新和全面风险管理并行不悖。

（二）提高金融机构风险监控能力，防范金融危机向实体经济蔓延

一是在充分掌握金融信息的前提下，对频繁进出北京市金融市场的热钱保持高度的警惕，建立高效能的预警机制，密切监控热钱流入，防范国际短期资本对北京市经济金融安全可能带来的冲击。二是密切关注美国次贷危机和全球金融形势的发展，着手化解市内房贷市场风险，从政策上统筹规划好促进内需、维护金融稳定等几大课题,防止金融危机向实体经济蔓延。三是关注住房金融健康发展，加强抵押贷款业务的管理，积极推动贷款证券化，严格资产业务评估标准和程序。

（三）进一步拓宽融资渠道，加大力度发展直接融资市场，如中期票据、短期融资券、中小企业板、私募股权投资基金等

一是推动辖内更多企业特别是创新型企业上市融资，并通过资本市场做大做强。二是大力推动金融产品创新，要在继续完善现有股票、债券等直接融资产品的基础上，进一步加强基础产品创新。扩大信贷资产证券化和住房抵押贷款证券化试点，积极研究其他具有稳定现金流的资产支持证券品种，不断扩大结构化融资市场规模。三是促进私募股权基金和风险投资的发展，积极培育合格机构投资者，促进投资主体多元化。

（四）积极研究出台有针对性支持措施，进一步加大对中小企业的信贷支持

针对中小企业发展面临的实际问题，灵活运用货币信贷政策工具，加大金融产品研究和创新力度，着力解决中小企业贷款难、融资难问题，促进中小企业平稳较快发展。具体措施如：进一步改进和加强对中小企业的金融服务工作，积极研究出台有针对性支持措施；加快培育和发展完善中小企业金融服务体系，大力发展村镇银行、小额贷款公司、贷款公司和农村资金互助社等新型金融机构；要充分发挥政府的协调管理作用，完善中小企业贷款担保机制，加大对企业技术创新的财政支持力度。

（王小娥）

2008年北京市房地产市场形势分析及2009年展望

自1998年取消福利分房制度以来，北京市房地产业进入了大规模的市场化开发阶段。10年来，北京市房地产开发投资规模扩大了5倍多，城镇居民人均住宅使用面积从14.96平方米增至20.3平方米。2004年以来，在国家出台了一系列以房地产领域为主要调控目标的政策措施的影响下，北京市房地产开发投资增速持续低于全国平均水平15个百分点左右；房地产投资占全社会固定资产投资的比重持续下降（见图1），预计到2008年底，将降至50%以下。

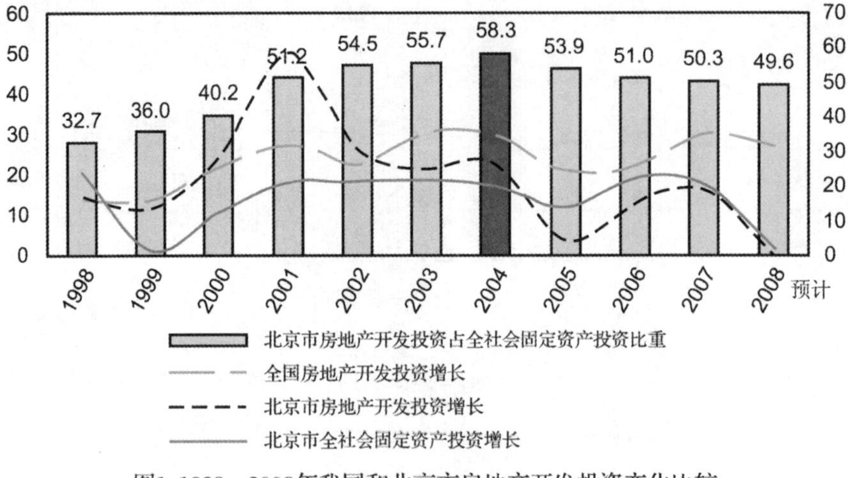

图1 1998～2008年我国和北京市房地产开发投资变化比较

一、2008 年北京市房地产市场运行情况

2008年北京市房地产市场处于深度调整期，各项主要指标全面下行；2004年以来国家对房地产业各项调控政策累积效应的集中释放和居高不下的房价，使得购房者产生了浓厚的观望情绪；经济处于下行期，行业景气下降导致写字楼和经营性住房需求的下降，房地产市场整体疲软。预计全年房地产开发投资总量与上年基本持平。

（一）房地产开发投资增长大幅下滑

2008年前3季度，北京市房地产开发投资增长呈现了明显的二阶段特征：上半年，重点工程和奥运工程等商业配套建设项目拉动商业及服务业等经营性用房建设投资，保障性住房用地集中推出拉动住宅投资建设，虽然涨幅逐月回落，但仍保持了11.9%的增长；3季度，受奥运相关限制措施和销售低迷影响，出现了加速下滑态势，1～9月，北京市完成房地产开发投资1136.93亿元，同比下降8.12%，是1998年住房体制改革以来出现的最大跌幅；其占全社会固定资产投资的比重两度跌至50%以下，是2004年以来的最低水平(见图2)；其中住宅投资增长为-15.65%，在房地产开发投资中占比跌至一半以下（46.77%），比上年同期下降4.17个百分点。虽然8、9两个月的大幅跳水主要受奥运相关限制措施影响[①]，但房地产自身周期调整和施竣工面积等先行指标的回落，早已明确了房地产开发投资走弱的态势。

（二）土地充裕，资金紧张

截至 10 月底，北京市已交易的土地面积达到 96.5 公顷，超过上年全年的 89.8 公顷，其中工业用地 43 宗，占北京市土地交易面积的 21.7%，土地储备中心还有 46.4 公顷土地计划年底前入市，土地供给十分充足。受年初信贷紧缩、楼市不景气等因素的影响，开发商投资拿地的积极性和能力均有所下降，北京市出现多宗土地流拍现象，土地的相对供给更加充足。北京

[①] 8、9 月份大量工程停止土方施工，当月建安工程投资完成量分别为 32.7 亿元和 34.5 亿元，同比下降 63.5%和 67.5%。1～3 季度，北京市累计完成建安工程投资 561 亿元，由上半年同比增长 11.7%转为下降 15.4%。

市房地产开发资金来源仍然以金融贷款和定金及预收款为主，但在全球金融危机的背景下，在我国2004年以来宏观调控政策累积效应的影响下，北京市本年到位资金全面下降，资金来源紧张。1～9月份，累计到位资金2157.49亿元，同比下降14.29%，其中金融贷款648.15亿元，下降14.77%，定金及预收款647.78亿元，下降20.28%。近期央行连续降息、放开信贷规模控制，国家将在两年内启动4万亿投资规模，将会在一定程度上缓解资金紧张的局面。

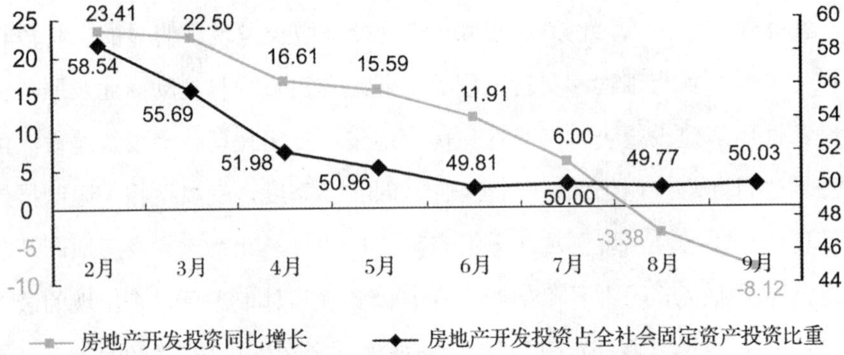

图2 2008年2～9月份北京市房地产开发投资增长和占全社会固定资产投资比重（%）

（三）房地产建设面积全部负增长

在年初保障性住房用地集中推出和开工、奥运工程等商业配套建设项目集中开发、奥运期间相关限制措施的影响下，上半年新开工面积保持了20%以上的增速。3季度起出现大幅下滑，由年初近50%的涨幅下降至9月末1.45%的负增长；其中受需求下降影响较大的写字楼新开面积出现了全年负增长，在新开面积中占比也由上年年初的21.78%下降到8.65%（见图3）。主要受奥运期间相关限制措施的影响，施工面积自5月份起，出现负增长，全年降幅呈现逐月扩大态势，涨幅由年初的8.95%下降至9月末的-3.85%；其中普通住房施工面积受上年新开工面积大幅下滑、2008年销售低迷、资金紧张等因素影响，全年保持了20%左右的降幅。受2006年北京市房地产新开工面积增幅较大影响，虽然2008年竣工面积持续负增长，但同比降幅

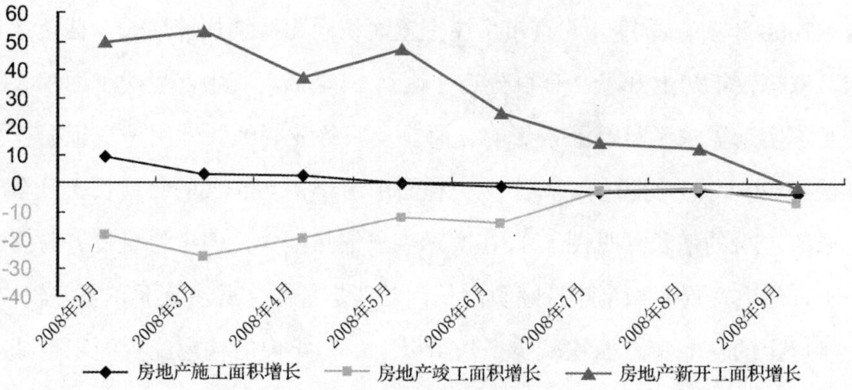

图3 2008年2～9月份北京市房地产开发建设面积增长（%）

在逐渐缩小，由年初20%的降幅缩小至9月末的7%左右；其中住宅类竣工面积出现30%的下降，在竣工面积中占比也由上年年初的81.77%下降至55.16%，而写字楼和经营性用房竣工面积呈现了上涨态势，在竣工面积中占比分别由上年年初的1.33%和7.22%上升至11.73%和12.86%（见图4）。

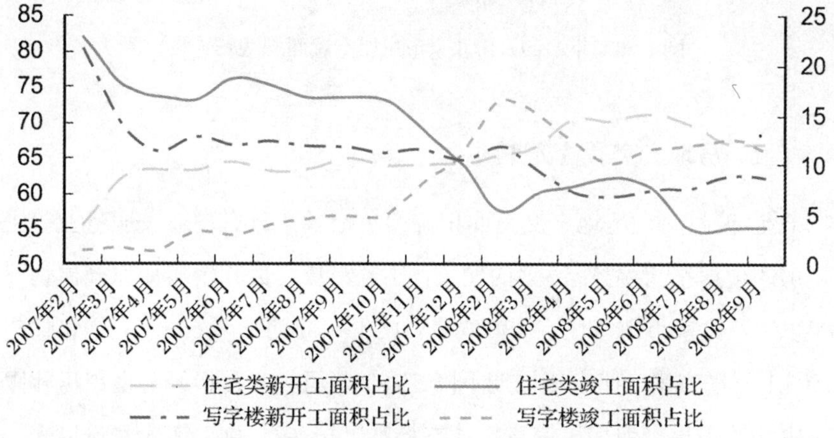

图4 2007～2008年住宅和写字楼新开工和竣工面积

（四）房屋空置面积涨跌互现，住宅空置面积大幅下降

2008 年前 3 季度，北京市房屋空置面积同比持续加速增长，截至九月末，涨幅较年初上升了 9 个百分点（达到 14.4%）。其中，受竣工面积大幅增长、实际需求不足等因素影响，商业及服务业等经营性用房空置面积全年保持 20%以上的增长；写字楼空置面积由年初 6.56%的负增长上升至 9 月末的 15%的增长（见图 5）。在实际需求依然巨大，但销售量价齐跌的影响下，住宅空置面积全年持续负增长，尤其是普通住房空置面积下降较快；三年以上的住宅空置面积减少了一半以上，一年内的住宅空置面积也减少了四成多。

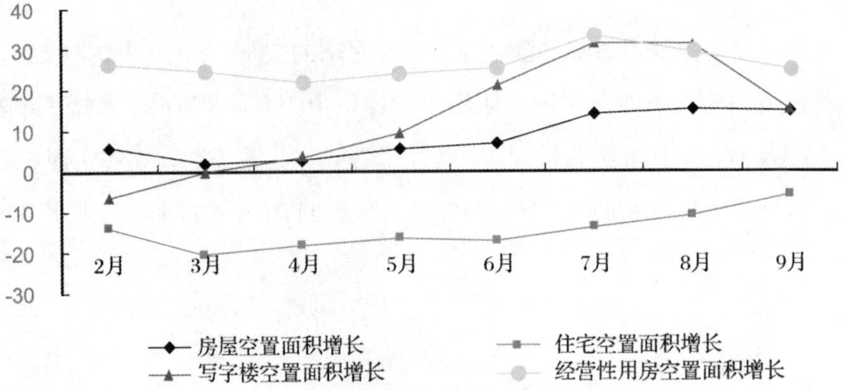

图5 2008年2～9月份北京市房屋空置面积增长（%）

（五）房地产交易量价齐跌

截至 9 月底，房地产交易面积持续负增长，只有商业及服务业等经营性用房的现房销售保持了 9%的增长。住宅销售套数和销售面积同比均下降一半以上：北京市销售住宅 43073 套，比上年同期下降 52.6%；销售住宅面积 505.1 万平方米，比上年同期下降 55.8%。虽然 9 月份经济适用房和限价房集中签约销售，但房屋销售疲软态势难以扭转。2008 年 4 月份以来，北京市房价涨幅开始逐月回落，截至 9 月份，价格涨幅为 11.6%，较年初下降

了2.7个百分点；环比价格首次出现了下降，9月份北京市房屋销售价格环比下降0.2%，为2005年以来的首次下降；销售住宅期房均价也出现小幅下降。房价不落的神话被终结，房地产交易量价齐跌的格局正在形成。

（六）二手房市场较为坚挺，房屋租赁市场量价齐升

相对于存在浓重观望气氛的商品房交易市场，北京市二手房交易相对坚挺。截至3季度末，一手楼市成交52590套，同比萎缩50%左右，二手房市场成交54329套，同比仅下降16.59%；二手房交易总量首次超过一手市场，一、二手房成交比例由上年同期的1.58:1下降为0.97:1。住房有效需求在房屋销售市场不能得到有效释放，相当一部分转移到了租赁市场，导致2008年前三季度北京市房屋租赁市场量价齐升，交易量上涨25%左右，价格上涨15%左右。尤其是占总量70%以上的月租金3500元以下的普通住房，租金上涨较为迅猛。

二、房地产领域需要关注的问题

（一）住宅市场供需双向疲软

2008年北京市住宅市场出现了房屋销售量价齐跌、开发投资大幅下滑的供需双向疲软态势。截至三季度末，开发投资出现2003年以来的首度负增长（-8.12%），并且施工面积、新开工面积和竣工面积均出现负增长。7月份以来，多块土地甚至限价房土地的流拍，反映出开发商对北京市住宅市场未来的预期不够乐观，投资意愿大幅下降。住宅空置面积的下降，证实了实际需求的存在，但主要受心理预期的影响，北京市住宅市场有效需求受到了严重抑制，多年来少有的婚育双高峰都没能带来有效需求的释放，一、二手房销售均出现负增长。10月底刚结束的北京秋季房展会上，北京本地项目仅占30%左右，成交房源中北京房源仅占20%左右，在传统的“金九银十”期间，住宅市场的颓势依旧。

（二）商业地产明显供过于求

北京奥运会的举办，刺激了北京市商业地产开发，部分开发商将未来

三年甚至更长计划的项目都集中在奥运前开发，使商业项目在近两年出现了井喷，造成北京市商业地产供给明显过剩。1～9 月份，写字楼和商业及服务业等经营性用房竣工面积在房地产竣工面积下降 7%的情况下，仍分别实现了 119.73%和 14.5%的增长；与此同时，空置面积分别增长了 14.92%和 24.65%。非理性的集中开发和世界经济下行的影响，给奥运会后部分商业项目，尤其是高端商业项目带来了巨大的生存压力。

（三）改善性住房需求受到明显抑制

2007 年 9 月 27 日，央行出台了二套房贷政策，此政策带来了极强的波及效应，2004 年以来宏观调控的综合效应被集中释放，不仅扭转了之前火爆的房地产走势，打击了房地产投机行为，同时也严重抑制了改善性住房需求。由于对购买第二套房认定制度过于“一刀切”，这种不合理性极大地抑制了北京市最具消费潜力的中等收入群体的改善性需求。受到首付不低于 40%、利率上浮等政策性抑制后，释放需求锐减，导致北京市 100 平方米以上的大户型楼盘严重滞销；自年初以来，公寓别墅的空置面积逐月增加。

（四）北京市两限房或将成为“鸡肋”

受开发利润低、销售回款周期过长等因素影响，2008 年 7 月份以来，北京市陆续推出的两限房[①]连遭冷遇，截至 10 月底，已有近 10 块两限房地块未能顺利成交。为此政府不得不将独立限价房地块改变为与商品房配建,并延长挂牌交易的时间。2008 年在建和已经建成的限价房，售价已限定，而成本因建材上涨大幅提升，为了保证一定的利润空间，房屋质量必然会打折扣。与此同时，受预期房价持续走低的影响，已经定价的限价房价格优势不再明显，而位置、质量、面积、相关配套的不足被放大，使得在已取得限价房摇号资格的申购人群中，放弃购买限价房的不在少数，甚至出现规模退房现象。房地产市场的不景气，开发商和消费者对两限房的冷淡，

---

① 《北京市“十一五”保障性住房及“两限”商品住房用地布局规划（2006 年－2010 年）》（以下简称住房用地规划）明确指出，2008-2010 年 “两限”商品住房规划总建设规模约 1200 万平方米，占保障性住房规模的 66.7%。

使得政府投资效果大打折扣，两限房或将成为“鸡肋”。

三、2009 年房地产市场运行走势判断

（一）外部环境

1．世界经济衰退几成定局，发达经济体房地产市场暂难恢复。2009 年，世界经济仍将处于调整期，面临衰退的风险加大，美国等发达经济体房地产市场仍将呈现疲软态势。全球金融危机仍将持续，全球信贷市场将空前审慎，随着人民币升值的放缓和全球联合降息，游资重新规模性流动的可能性增加。

2．我国房地产运行的政策环境将有所放松，但市场信心的恢复仍需时日。进入 11 月份，国家明确将实施积极的财政政策和适度宽松的货币政策；无论是预期 2009 年连续降息，还是未来两年高达 4 万亿的投资需求，10 多年来首次提出的双松的政策组合拳都将为房地产业带来相对宽松的政策性信贷环境。未来 3 年国家将筹集 9 千亿元人民币主要投向保障性住房建设，这会成为房地产市场回暖的基本保障；虽然央行对房地产信贷“松口”，但由于对后市的不乐观预期，银行仍将对房地产业惜贷，融资问题仍然严峻。中共十七届三中全会提出的土地流转问题，能够增加建设用地规模，但目前北京市房地产市场土地供给充裕，只能为后续土地储备形成保障。日前银监会下发“265 号文”开始严查房地产信托融资，进一步规范市场，加强风险管理，这也进一步增加了房地产业融资的难度。

（二）2009 年北京市房地产市场走势判断

1．土地供给依然充足，信贷形势依然严峻，房地产开发投资增长稳步回升。虽然 2008 年房地产开发投资增长大幅下降，但用于一级土地开发投资保持了 30%以上的增长，2009 年土地供给仍将十分充足。虽然国家整体贷款规模增加，但由于基础设施建设和重大项目需求的挤出效应，和银行对房地产业不景气的预期，房地产业贷款形势依然严峻。房地产开发投资增长将在 2008 年第 3 季度达到阶段性底部后逐步攀升，预计

2009 年全年达到 14.6%的增长。

2．房地产供给出现结构性差异：住宅供给不乐观，商业地产出现过剩，保障性住房供给力度不断加大。2008 年北京市住宅施工面积和新开工面积出现负增长，由于传统房地产开发周期为 2～3 年，所以 2009 年竣工面积很不乐观；2008 年第 3 季度，北京市预售许可取证项目个数和预售面积均出现大幅下降，开发商信心明显不足，2009 年上市项目套数预期下降。与住宅形成鲜明对比的是 2008 年商业地产竣工面积的大幅增长和不断上升的空置面积，在经济景气下滑的 2009 年，将使北京市商业地产出现过剩。在保障完成《住房用地规划》要求的情况下，保障性住房的供给规模仍将逐年扩大。

3．市场需求依然低迷。虽然国家出台了多项刺激购房的政策，但在北京市居民增收放缓，对未来宏观经济的悲观预期情况下，实际购房需求短时间难以被激发释放；其中，首次购房需求将部分得到释放，但改善性需求难有改观，投资性需求仍将被极大抑制，住宅购买观望气氛仍将浓重；在经济下行期，企业投资谨慎，再加上预期外资回流，北京市商业地产实际需求仍然相对不足。

4．房地产价格持续调整。受销售不景气、信心恢复困难、大规模保障性住房价格偏低的影响，整体房价仍将有小幅调整空间，但不同区位和不同档次的房价将呈现差异化发展，预计个别地区最大降幅将达到 20%左右，黄金地段、新开地铁沿线房价仍将保持稳健。

5．房地产市场体系逐步完善。在各种交易税费下调和预期进一步下调或减免的刺激下，二手房交易或将企稳，租赁市场仍将延续 2008 年的繁荣态势，房地产二手市场日趋成熟，北京市房地产市场体系将逐步完善。随着租房价格的不断上涨，商品房的租售比在 2008 年 10 月的 1∶341（2007 年同期为 1∶396）的基础上继续上升，向 1∶200 至 1∶300 的合理区间靠拢。

四、政策建议

（一）调整财政支出结构，政府要让利于房地产供需双方

在经济不景气的背景下，只有改善居民收入预期，才有释放购房需求的可能。因此政府要调整原有的财政支出结构，加大对教育、社会保障和就业、医疗卫生等领域的支出比例，建议将每年财政盈余按比例直接转入社保支出项目，增加居民购房消费支出的信心和能力。适当降低购买商业用房的税费比例，尤其是对创业型购房、高端产业购房给予一定的税收优惠。在开发商信心不足，预期供给下降的形势下，政府应适度让利，以刺激房地产开发的积极性。可以采取减免相关拿地手续费用，进行土地增值收益分成，鼓励一、二级土地开发联动等措施。由于目前经济适用房的建设主要由国有和市属房地产企业承担，利润极低，很多处于亏损边缘，极大地影响了这些企业的经营和盈利能力。建议财政设立经济适用房建设专项支出，政府和国有企业一起承担这项民生责任。

（二）完善第二套房政策，释放改善性需求

在国家出台刺激首次购买小面积住房需求政策的同时，适度满足中等收入人群存在的巨大的改善性购房需求。从制度设计上，对购买第二套住房的认定进行补充说明，将在购买较大面积住房 1 至 2 年内同时出售原有住房的住户排除在购买第二套住房限制之外，将已经征收的上浮利息在出售原有住房后于总还款额中进行冲销，超额首付在重新计算后可以部分退还。

（三）个税和房贷联动，挖掘公积金贷款潜力

在国家即将提高个税起征点的预期下，针对北京市购房群体进行一定微调：可以采取在纳税前提前扣除房贷月供，对剩余月收入征收个人所得税；可以从购房者购房后开始还贷日起，按比例返还个人所得税；或在支付首付时进行一次性退税。进一步降低购房相关税费，尤其是二手房交易中间环节的收费；还可以采取取消 2 年以上二手房交易营业税等方法。进一步下调公积金贷款利率，提高公积金贷款额度和还款年限，尤其是对

夫妻双方都缴存公积金的家庭，在原有基础上进一步实行贷款优惠，并监督银行积极实行。

（四）加大经济适用房和廉租房建设力度，从制度设计上对限价房进行改造

进一步加大经济适用房和廉租房的建设力度，并将保障性住房建设选址与北京市轨道交通建设紧密结合，既解决住房需求，也可缓解城市地面交通压力；将保障性住房建设和北京市南城发展战略相结合，降低政府和企业的成本，加快南城建设步伐。着手对已经成为“鸡肋”的限价房进行改造：要保证限价房供给，政府就要给开发商适度让利，可以采取土地出让金分成、减免税费等措施；要保障购房者利益，就要根据市场变化适度调整销售价格，并进一步明确产权归属；或者直接让限价房淡出市场。

（齐 心）

2008年北京市能源形势分析及2009年展望

2008 年，北京市遵循奥运能源保障机制，克服了外部能源供应紧张的困难，确保了首都能源运行安全，为奥运会的成功举办做出了有力保障。2009 年，随着国际国内经济增长趋缓，能源价格走势回落，北京市能源需求增速将略有下降，能源供需形势总体上较为宽松。

一、2008年北京市能源运行形势分析

2008 年，我国能源领域呈现前紧后松的运行态势。上半年，国际原油、煤炭价格高涨，国内发生雪灾、震灾以及经济较快增长拉动能源需求，加之能源价格受到严格管制，导致能源领域矛盾突出，全国能源供应形势总体偏紧，出现大范围的煤荒、电荒、油荒。下半年，随着国际金融危机的爆发，国际能源价格大幅回落，国内经济出现下行调整，缓解了能源领域的紧张局面，国内能源供应形势有所好转。2008 年北京市能源供需基本平衡，能源消费结构继续优化，清洁能源比例进一步提高。预计全年能源消费量约为 6400 万吨标煤，增速有所下降。

（一）能源供需总体平稳

2008 年，北京市能源供需总体处于紧平衡态势，呈现“煤缓、电稳、油紧、气平”的特点。

1．煤炭供应充足，消费有所下降。受全国电煤供应紧张影响，北京市

二季度库存水平较低，但奥运期间在能源保障机制的作用下，电煤供应基本平稳。1～9 月份，北京市累计购进电煤 717.7 万吨，同比下降 1.33%。来源于内蒙古和山西的电煤比重分别为 53.3%、43.7%，同比分别增长 19.5%、-14.6%。煤源多元化可降低对晋煤的过度依赖，有利于首都煤炭供应的安全稳定。从需求方面看，由于受京丰热电厂停产等因素影响，1～9 月份五大电厂累计消耗电煤同比下降 2.5%，增速略有下降。另外，首钢减产力度加大以及奥运期间部分工业企业减产停产使北京市工业用煤继续下降，1～9 月份同比下降 11.5%，连续 3 年降速保持在 10%以上。

2．火力发电下降、电力负荷再创新高。从发电方面看，1～9 月份，北京市五大电厂累计发电 122.8 亿千瓦时，同比下降 4.5%。同时随着太阳宫、郑常庄燃气发电厂的投入运行以及京丰热电厂调整为燃气发电，北京市气电比例大幅提高，发电燃料结构进一步优化。从需求方面看，2008 年北京地区电力最大负荷再创新高，为 1256.6 万千瓦，比上年增长 5.6%。但奥运期间建筑工程停工、部分工业企业停产限产以及电力需求侧管理等措施，均对电力消费起到了抑制作用。1～9 月份，北京地区全社会用电量 469 亿千瓦时，同比增长 4.4%，为近几年来的最低水平。预计全年用电量约为 620 万千瓦时，同比增长 3.9%。

3．成品油需求形势呈现时段性变化。为保证“绿色奥运”，适应环保要求，北京市在 2 月底前成品油质量全部达到京标Ⅳ油品标准。从油品消费看，由于交通运输、建筑工程行业恢复以及外地油品供应紧张、过境加油增多等原因，2008 年第一季度成品油销售量同比增长 17.7%，达到近年来同期最高水平。进入第二季度，全国油品供应紧张形势加剧，外省车辆过境加油状况激增，北京市部分加油站限供，单季度销量与 2007 年同期持平。下半年受成品油价大幅调价、奥运期间交通限行和经济增速放缓等因素影响，油品需求大幅下降，导致 2008 年 1～9 月份成品油销售总量不升反降，同比下降 2%。其中汽油下降 3.2%，柴油下降 0.8%，汽柴油销售比为 1.01∶1，预计全年成品油销售总量约为 585 万吨，同比下降 5%。

4．天然气消费高速增长。2008年，京丰、郑常庄、太阳宫三大燃气电厂正式投入运营，北京市居民采暖用气也进一步提高，带来北京市天然气用气量大幅增加。1～9月份，累计用气32亿立方米，同比增长30.6%；累计供气34.5亿立方米，同比增长32.8%，天然气供需基本平衡。

（二） 能源消费结构继续优化

1．优质能源比例提高。2008年，随着北京市经济增长方式的转变、产业结构不断优化调整，节能减排、环境综合整治力度不断加大，北京市能源消费结构进一步优化，优质能源比例将达到65%，煤炭和焦炭消费量占终端能源消费量的比重下降至20%左右。在传统能源继续集约利用的同时，新能源、新技术广泛利用：奥运场馆和奥运村采用了先进的再生水热泵冷热源技术和光伏发电技术，延庆县利用地热供暖和太阳能热发电技术，官厅风电厂实现北京市风能利用零的突破。能源消费结构的持续优化为北京市构建安全、清洁、高效、可持续的能源体系奠定了坚实的基础。

2．三大产业用电结构变化明显。1～9月北京市三大产业和居民用电量分别占总用电量的22.2%、36.4%、42.9%和18.5%，比上年同期增长3.5%、-10%、10.4%、7%。第三产业用电量增长迅速，占总用电量的比重不断提高，其中交通运输、仓储、邮政业用电量同比增长24.9%，信息传输、计算机服务和软件业增长21.1%。第二产业在进一步优化调整的同时，受奥运期间部分工业停产、建筑停工的影响，用电量比上年同期下降4.7%，占总用电量的比重已连续5个月下降。

（三）能源利用效率进一步提高

2007年，北京市万元GDP能耗为0.67吨标准煤，同比下降6.04%，在全国各省级行政区中排名第一，三大产业能耗分别为0.95吨、1.11吨和0.35吨标准煤。2008年，随着产业结构持续优化，北京市第三产业所占比重将提高至73.3%，较上年提高1.2个百分点。根据测算，服务业比重每增加1%，将促进万元GDP能耗下降1个百分点以上。同时，循环经济理念的深入、节能减排技术的广泛利用以及居民生活节能意识的增强均对能源利用效率的提高起到促进作用。预计 2008 年，北京市万元 GDP 能耗将加速下降至 0.62 吨标准煤左右，下降幅度超过 7%。

二、2008 年能源领域的突出问题

（一）“市场煤、计划电”是引发煤电矛盾的深层次原因

2008 年以来，国际煤炭价格随着原油价格的一路飙升而持续上扬，7 月份比年初上涨 98%，激发了煤企强大的出口欲望。在国内电煤需求旺盛的情况下，国内煤炭价格呈现强劲涨势，秦皇岛港 5500 大卡动力煤价格由年初的 520 元最高时涨至 1080 元，涨幅过倍。在发电环节，一方面电价受政府严格管制未能同步上涨，导致价格传导不畅；另一方面合同煤与市场煤间价差不断扩大使得履约率一降再降，迫使火电企业以市场价买煤，生产积极性受挫，导致发电量下降，最终引发电荒。今夏全国共有十余个省份拉闸限电，总缺口达 3600 万千瓦。对此，国家采取了冻结煤炭价格、控制煤炭出口、整顿流通环节等措施抑制煤价上涨，同时分两次提高火电企业上网电价共计约 0.037 元，取得了一定效果，电煤上涨势头被有效遏制。随着 8 月中下旬“迎峰度夏”期结束，电煤需求下降，供应紧张形势得以缓解。同时，需求下降带来大量劣质煤炭因电厂拒收滞留主要港口的“副作用”，有关部门不得不出台“疏港令”解决压港问题。

分析本次煤电矛盾，表面上看是煤炭生产难以支撑快速发展的火电能力导致供需失衡，实质上却是“市场煤、计划电”的机制冲突使得价格传导不顺，矛盾不断积累最终激化为严重电荒。

（二）国际油价大起大落，考验成品油定价机制

2008 年上半年，受需求加大、美元贬值、投机做多影响，国际原油价格持续走高，于 7 月 11 日创下每桶 147.27 美元的历史高位。国内外价格、批零价格倒挂严重。6 月份每吨柴油产销环节分别亏损 3000 元和 2000 元左右，多产多亏的局面使得生产企业只开动部分产能，平滑供应市场。同时，销售环节部分利益集团囤油惜售，豪赌油价上涨，出现库存高筑但加

油难的奇怪现象，最终引发京、沪、粤在内的大规模“油荒”。价格倒挂滋生的走私、囤积居奇等违法行为严重扰乱了市场秩序。为此，国家发改委于6月20日将汽、柴油零售基准价上调1000元，涨幅分别为16.7%和18.1%，航空煤油出厂价上调1500元，涨幅为25.2%，有效缓解了成品油供应紧张的局面。下半年以来，随着全球金融危机的爆发，国际油价急转直下，10月下旬一度跌破60美元，较高点跌去60%。但与6月20日涨价相比，降价过程却出现了明显滞后，截至11月中旬有关部门仍未下调油价，成品油降价呼声渐高。同时，销售环节为规避风险采取零库存供应，加大了短期断供风险。

在现行定价机制下，面对“过山车”式的国际油价波动，国内油价只能被动地接受半年内千元幅度的反复调整，使得企业经营情况、油品供应形势不断发生变化，凸现出现行定价机制在维护企业经营环境、油品供应安全、经济健康发展等方面越来越不适应，亟须深化改革。

三、2009年能源领域面临环境分析

（一）世界经济进入衰退，能源需求下降带来价格回落

国际能源价格走势回落。受需求趋缓、美元升值、投机做空影响，预计2008年底国际原油价格将跌破50美元的成本价位，国际煤价持续下挫至90美元以下。2009年，世界经济衰退形势仍将长期持续，全球能源需求将大幅下降，预计主要能源价格将总体保持低位。**能源价格存在短期波动频繁的可能。**经济进入下行周期使得能源价格愈发敏感，各国刺激经济的措施、欧佩克减产、投机行为以及美元货币地位和价值变动均会引发能源价格短期波动，同时，近年来持续不断且日益严重的地缘政治冲突、海上航运安全问题将使这种波动变得频繁。

（二）我国经济处于下行周期，能源供需矛盾趋缓

1．能源需求增长速度总体放缓。在外需增长趋缓和经济周期下行因素叠加的作用下，国内经济增长将趋于回落。据统计，2008年10月全国用电

量仅为 2698.5 亿千瓦时，环比下降 8.3%，同比下降 3.7%，自 1999 年以来首次出现同比下降，说明我国经济增长趋缓的势头已较为明显。据国际货币基金组织预测，2009 年我国 GDP 增长速度为 8.5%，经济下行在一定程度上会减少能源消费，预计全国能源需求增速将呈总体下降趋势。同时，为保经济稳定增长，国家最近频繁推出扩大内需的调控政策，其中，铁路、港口等重大基础设施建设、南水北调工程、安居工程、灾后重建等政策的实施均会拉动能源需求，柴油、电力等主要能源消费有望局部回暖，而西气东输二期工程、数家核电站工程的开工建设将拉动天然气、核电等能源的长远需求。

2．主要能源供给形势相对较为乐观。预计 2009 年全国电煤供应紧张形势总体趋缓，煤炭大省山西 2009 年实行省内优先和省内省外价格一致的政策，并加大煤矿安全监管力度，此举将缩减晋煤外运量，使得电煤市场价格仍具备上涨条件，时段性区域性供应紧张仍将存在。成品油方面，国际油价走低使我国原油进口环境较为宽松，国家可能利用当前低价时机增加战略储备，保障油品的长期供应。天然气方面，随着中土、中哈输气管线相继开工以及西气东输二期工程启动，我国天然气供应渠道进一步拓宽，接收、输配能力加强，天然气消费将保持高速增长。

（三）国际能源价格回落为理顺资源价格形成机制创造条件

长久以来，我国能源资源领域价格扭曲，偏低的能源价格不能准确反映能源供需关系，导致需求增长迅速，资源浪费现象严重。“十一五”规划仅剩最后两年，要完成我国单位 GDP 能耗降低 20%、主要污染物排放总量减少 10%的目标，任务十分艰巨。目前，国际能源价格回落为我国价格机制改革创造了有利条件，预计 2008 年底至 2009 年，主要能源价格形成机制有望进一步理顺。成品油方面，年底油价有望回调 800～1000 元，同时酝酿十余年的燃油税有望同步开征；煤炭方面，市场煤和合同煤间价差将大幅缩小，针对煤炭的资源税也有望调整，以鼓励煤炭开采行业提高资源利用率；电力方面，销售电价上调呼声渐高，但不排除在保增长的目标下，国家以补贴电力企业的形式弥补其亏损；热力方面，全国范围供热改革将继续推进。

四、2009年北京市能源领域趋势判断

（一）能源消费总量保持平稳

北京市消费推动和服务业主导的经济结构在确保2009年北京市经济平稳运行的同时，对能源的需求基本保持平稳。预计2009年北京市GDP增长9%～9.5%，而近年来能源消费对经济总量的影响持续降低，预计能源消费弹性系数将稳定下降至0.42左右。综合考虑各能源品种的需求形势，初步预计2009年北京市能源消费总量将以略低于4%的速度增长，达到6650万吨标准煤。

（二）煤电油气消费平稳增长

1．煤炭资源需求下降。2009年，北京市电力消费增速趋缓以及燃气发电比例增加均会减少用煤，预计电煤需求量将出现较大幅度下降。工业用煤方面，出于经济增速放缓和产业结构进一步调整的考虑（如钢铁企业减产、部分水泥企业关停），2009年北京市工业用煤仍将以两位数的速度下降。

2．电力消费平稳增长。受经济趋缓及上调电价预期的影响，2009年电力消费增速下降的总体趋势仍将持续，考虑到2008年三季度奥运期间一些限产限行项目使电力需求减弱的因素，初步预计2009年北京市全社会用电总量仍将保持平稳增长，全年用电量约为640亿千瓦时，增长3.5%，增幅略有回落。

3．成品油消费量恢复性增长。随着国家及北京市推出的一系列扩大内需政策的实施，特别是加大轨道交通等基础设施和保障性住房项目的建设，将对油品消费起到拉动作用，预计成品油消费有望出现回暖，但4月1日交通限行结束后可能出台的相关政策，将是影响成品油消费的不确定因素。另外，油价逐步理顺将会引导理性消费，成为影响需求变化的长期因素。考虑到2008年油品消费量因奥运限行等因素影响基数较小，预计2009年

北京市成品油表观销售量将达到600万吨左右，同比略有增长。

4．天然气消费量保持快速增长。2009年，随着基础设施的不断完善，天然气接收和输配能力将继续提高，而北京市京丰、郑常庄、太阳宫三大电厂的同时运行，将使北京市气电比例进一步提高，燃气供热量逐步增加，预计全年天然气消费继续保持较高增长。

五、相关建议

（一）完善能源保障长效机制

奥运期间能源保障机制的实施为首都能源运行安全平稳提供了有力保障，总结推广奥运能源保障经验，使之长效化、制度化，有利于应对复杂多变的能源运行环境。能源保障长效机制主要包括以下几点：一是坚持将落实资源放在首位，构建多元化能源供应渠道，以超正常库存保障供应；二是坚持超前设施能力建设，构建坚强的能源设施保障体系；三是密切关注国内国际宏观经济形势对能源的影响，加强形势分析、监测预警和信息报送,及时掌控能源运行综合情况；四是提高应急处置能力，加强应急预案的修订和实习演练，确保城市运行平稳安全。

（二）抓紧解决北京市能源瓶颈，增强能源运行保障能力建设

北京市作为资源严重依赖外部的特大型城市，奥运会后的能源保障将面临新的挑战。目前，北京市能源供需矛盾主要集中在优质能源供应能力短缺上，具体包括热源短缺、电网建设滞后、天然气输气能力欠缺、郊区农村能源设施严重不足等方面。北京市应借助加大基础设施建设投资的有利时机，抓紧解决制约长远发展的能源瓶颈问题。在推进新城、重点镇和新农村建设时，要同步加强集中供热、燃气输配管网、电网扩容等基础设施的建设与完善，并积极拓宽新能源利用，缓解能源供应设施的瓶颈制约，提高城市运行承载和保障能力，促进区域统筹发展。

（三）把握能源价格回落时机，加强战略资源储备

国际能源价格下跌对我国能源紧张局势的缓解和企业经营状况的改善

起到了促进作用，也为能源价格机制改革创造了有利条件。在择机理顺能源资源市场定价机制的同时，我们应该充分利用当前世界经济普遍出现困难的机会，大力支持和鼓励有实力的企业跨国并购获取能源资源，同时加快兴建能源储备基地以提高战略能源储备，减少国际能源价格大幅波动对我国造成的不利影响，保证国家能源安全。

（程跃华 贾秋淼）

专题研究

BEIJING ECONOMIC SITUATION ANALYSIS & FORECAST

规律探析

北京市经济周期的测定研究

经济周期的研究日益受到重视，经济增长的周期性波动不仅会影响到经济增长速度，而且会导致相关经济要素的波动，如贸易及产业的波动。确定某一阶段或某一时期经济周期的长度，是分析经济周期波动和预测经济发展趋势的重要依据。

一、关于经济周期的认识

根据David W.Pearce的定义，经济周期是指经济活动水平的波动，表现为经济扩张和收缩交替出现的现象，一般是指以实际国民生产总值衡量的经济活动总水平在多种作用力和不同持续力因素共同推动下，经济活动总水平变化不是沿着一条固定斜率的直线平稳上升，而是在波动中以曲线的形式不断向上，每一次从高到低，再从低到高波动，就形成一个经济周期。本研究将按照这一概念来讨论北京市的经济周期问题。

从经济运行角度看，供求总量从平衡到不平衡，再到新的平衡，就构成了经济增长的周期运动，这种经济周期运动具有稳定性，尽管引起经济增长波动幅度加大的因素还有体制的、经济机制的、人为的等其他原因，但这些原因只能影响波动幅度的大小，不能根本改变经济周期性波动的特征，不能改变供求总量由不平衡到平衡，再到不平衡运动的一般规律（见图 1 ）。

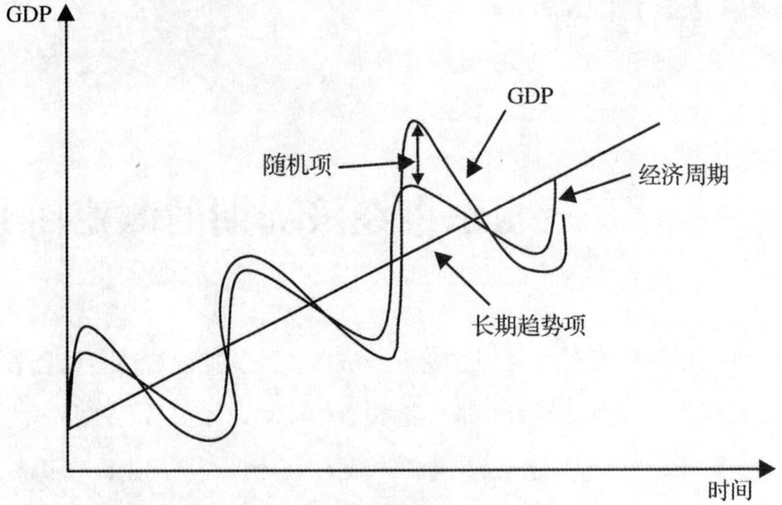

图1 经济总量绝对额分解示意图

二、北京市经济周期测定

（一）测定方法

测定经济周期波动的方法很多，鉴于北京市经济的特殊性质和波动规律，在此采用剩余测定法。通常时间序列可分解为长期趋势、季节变动、周期性波动和随机因素。所谓剩余测定法就是首先从时间序列中逐次消除长期趋势、季节变动，剩下周期性波动和随机因素，然后进一步消除随机因素，得到周期性波动值。这种方法实质是把对经济周期波动的测定转化为对长期趋势和季节变动的剔除，如果模型选择恰当的话，剩余值就能很好地反映周期波动的影响。

此处采用以1978年为基数年的地区生产总值指数GDP_t反映经济发展趋势，设定长期趋势为T_t，季节变动为S_t，周期性波动为C_t，随机因素为I_t。我们所要分析的经济周期波动是剔除了T_t、S_t、I_t的影响后的C_t，本文采用乘法模型$GDP_t=T_t \times S_t \times C_t \times I_t$来对该序列进行分解。

剩余测定法运用的步骤是：

1．本文采用年度数据，故不存在季节因素S_t的影响。

2．长期趋势意味着经济随时间的推移而逐渐变动，它反映一定时期经济活动持续存在的稳定性。此处长期趋势T_t采用H-P滤波模型得到。

3．用GDP_t除以长期趋势T_t，消除长期趋势影响。

4．用 5 年移动平均消除时间序列中的随机影响因素I_t，即可得到经济的周期波动值C_t。其经济周期波动如图2所示。

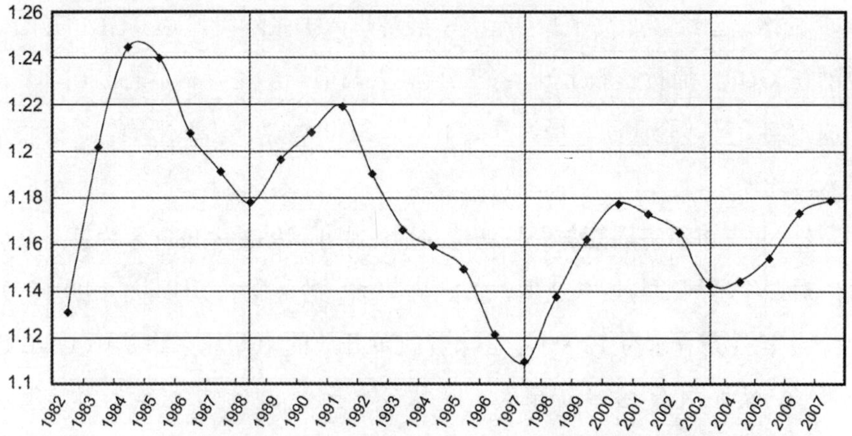

图2 地区生产总值（不变价）的周期性波动

（二）北京市经济周期波动的特征

根据上图可以看出，在研究时间区间内，剔除其他因素影响,仅仅受周期性波动影响的北京市经济发展速度，大约经历了三个完整周期和一个半周期（以波谷为界）。其中2003年至今为半个周期，1982～1987、1988～1996和1997～2002为三个完整周期。总体来看，北京市经济的扩张期与收缩期过程、时间相当，而且收缩期下降程度相对要比扩张期上升程度平缓,表现为缓升缓降型非对称性周期。总之，从周期图明显看出,剔除趋势成份后的实际GDP的周期特征是：周期长度变长；周期振幅减少；总体表现为缓升缓降型非对称周期；经济上升期约为4年左右，下降期约为3年左右。

（三）北京市经济周期、经济增速与物价的关系

1. 经济周期的一般特征。一般情况下，**在减速阶段，**经济运行的主要特点是实际 GDP 高于潜在 GDP，但是经济增速已经低于长期趋势，该阶段经济表现的最大特点就是：经济增速开始下降，但通货膨胀还在上升，通常被称为"滞胀"；进入衰退期后，实际 GDP 已经低于潜在 GDP，企业盈利明显恶化，通货膨胀也开始下降；**在复苏阶段，**企业的盈利状况开始改善，经济开始复苏，实际 GDP 依然低于潜在 GDP，通货膨胀还在下降，但是 GDP 的增速已经开始高于长期趋势；**经济进入扩张阶段，**实际 GDP 开始超过潜在 GDP，通货膨胀上升，企业盈利大幅增长，随着利率的上升、劳动力成本的上升，企业盈利增速开始下降，GDP 增速开始低于趋势，经济又进入减速期。

2. 北京市经济周期与经济增速对照。由于 1982～1987 年为第一个周期，对照经济周期与增长速度，其走势基本一致。第二周期从 1988 年开始，当年经济增速为 12.8%，意味着改革开放的中期北京市实际 GDP 迅速增长，然而由于 1989 年事件，使得正处于经济增速扩张期的经济增速降到本轮周期的低谷 4.4%，之后继续进入本轮经济周期的上升通道并进行"补涨"。尽管 1991 年已经进入了经济的下滑阶段，增速在 1994 年达到了 13.7%的最高点后才步入本轮周期的减速期；第三周期起始于 1997 年，市场由供不应求向相对过剩转变，买方市场初步形成，由于受到了 1997 年东南亚金融危机的冲击，北京市在 1998 年经济出现一定下滑，之后进入了扩张阶段，从 2000 年开始，经济增速也随着经济周期进入减速阶段而开始回落。第四周期开始于 2003 年，一直至 2007 年始终处于本轮周期的上升阶段，经济增速也持续维持在两位数的增长速度。尽管受 2003 年非典型性肺炎疫情的影响，经济增速有所下滑，但是也维持在 11%的水平，尤其是在本轮经济周期的第二年，经济增速就达到了 14.1%（见图 3）。

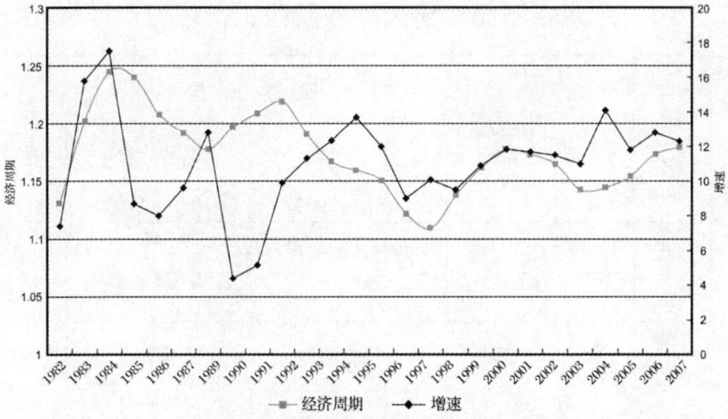

图3 1982年以来经济周期与经济增速对比图

3．北京市经济周期与物价对照。对比北京市 1985 年以来的 2 个半周期与 CPI 的变动，可以发现北京市周期与物价之间的联动特征比较明显（见图 4）。1985～1987 年位于第一轮周期的经济减速期，北京市的物价上涨较快， 1985 年物价涨幅达到了 17.6%；第二轮周期受 1989 年事件的影响，由于经济的补涨，使得本轮周期的减速期较 0 长，从 1991 年一直持续到 1994 年，其间北京市物价涨幅持续攀升，在 1994 年达到最大值 24.9%；第三轮周期的价格变动同样符合这种规律，在 2000～2001 年的减速期，价格也一直位于本轮周期的相对高位；第四轮周期在 2006 年由复苏阶段进入到扩张阶段，物价涨幅也开始持续上升，由 2006 年的 0.9%进入到 2007 年的 2.4%（见下表）。

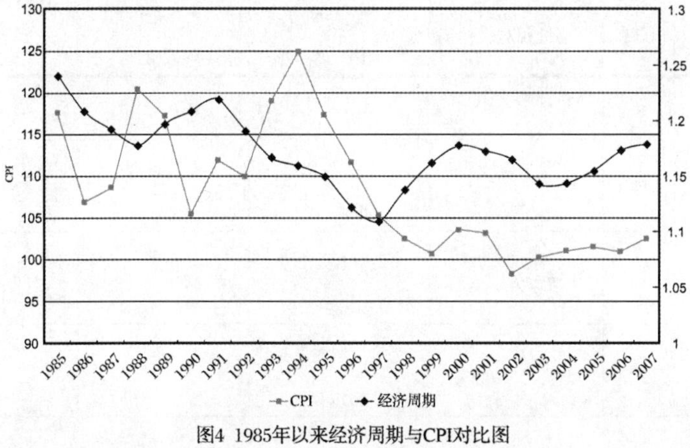

图4 1985年以来经济周期与CPI对比图

北京市不同经济周期各阶段物价增速对照表

周期	指标	经济阶段			
第一周期（1982~1987）	指标	复苏阶段（1982）	扩张阶段（1983～1984）	减速阶段（1985～1986）	衰退阶段（1986～1987）
	增速	增速为7.4%	增速持续增加15.8%～17.5%	速度减缓至8.7%	在1986年为低点8%
	CPI	价格低位波动101.8%	物价上升至102.2%	1985年为高点117.6%	在1986年为低点106.8%
第二周期（1988~1996）	指标	复苏阶段（1988～1989）	扩张阶段（1990～1991）	减速阶段（1992～1994）	衰退阶段（1995～1996）
	增速	增速上升由1989年4.4%至5.2%	增速上升在1991年为9.9%		1996年减至9%
	CPI		物价上升，1991年为111.9%	在1994年为124.9%	物价回落至111.6%
第三周期（1997~2002）	指标	复苏阶段（1997～1998）	扩张阶段（1999～2000）	减速阶段（2001）	衰退阶段（2002）
	增速	增速开始上升	增速上升至11.8%	增速为11.7%	增速减缓为11.5%
	CPI	物价相对平稳	物价在2000年为103.5%	物价在2001年为相对高位103.1%	物价下落至98.2%
第四周期（2003至今）	指标	复苏阶段（2003～2005）	扩张阶段（2006～2007）	减速阶段（2008～）	衰退阶段
	增速	增速为11%	增速高位运行在12%以上		
	CPI	物价为100.2%	物价持续攀升至102.4%		

三、北京市经济周期特征的产生原因

（一）从三次产业的结构分析

从图 5 可以看出，第一产业与经济的波动周期差异性较大，表明农业对北京市的经济周期影响不大，主要是由于第一产业在GDP中的占比较低，其周期性波动对北京市整个经济的发展影响甚微。

第二产业和经济的波动周期几乎完全同步。当经济周期剧烈波动时,第二产业的增长率也几乎同时以略大的幅度波动，其周期振幅略大于经济周期的振幅，这说明第二产业的波动是导致经济周期波动的主要因素。而1995年后，这两者间振幅的差异逐渐减少，而且各自波动的振幅相对于前期也有所减缓。这不仅表明第二产业发展逐步趋于稳定，而且随着产业结构优化升级，第二产业对经济的影响作用也相对有所下降。

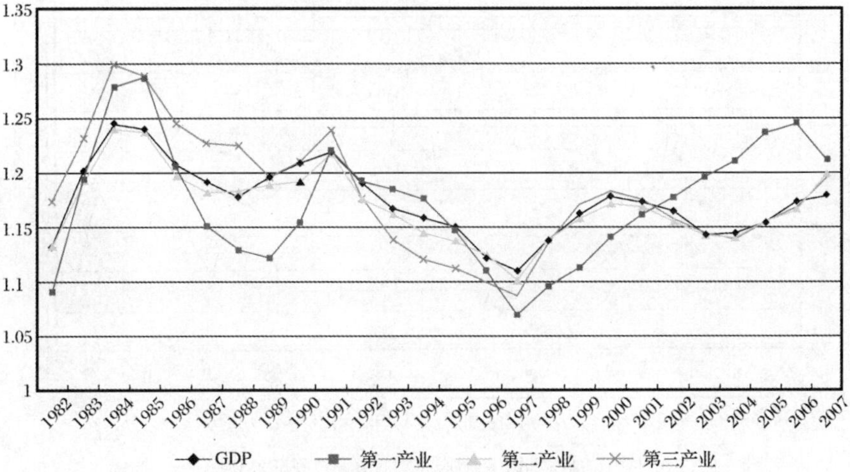

图5 1982年以来各产业周期对比

就第三产业与经济周期波动的对比来看，1990年以来,第三产业平均增长率远远高于经济增长率，同时其周期振幅也比经济周期的振幅大，这说明第三产业的发展对经济周期的规律性变化有较强的带动作用。因此大力发展第三产业将是保证经济稳定、健康发展的重要前提。

（二）从财政支出分析

1990年与1995年这一段时间，北京市财政支出与经济增长周期走势基本相反，结合北京市的经济增速来看，这表明北京市政府在运用财政支出进行反周期操作方面，效果较好。尤其是在1991年北京市经济进入下滑周期以后，北京市的财政支出逐年上升，使得北京市的经济增速逐年上升，并在1994年到达了14.1%增速高峰，之后财政支出才有所回落（见图6）。因此，财政支出对经济周期波动有一定程度的影响，尤其是在北京市场经济发展的特定环境下，财政支出的变化对经济增长的调节作用更加强化，因此加强对财政职能的研究，完善财政政策也是整个经济稳定发展的必要条件。

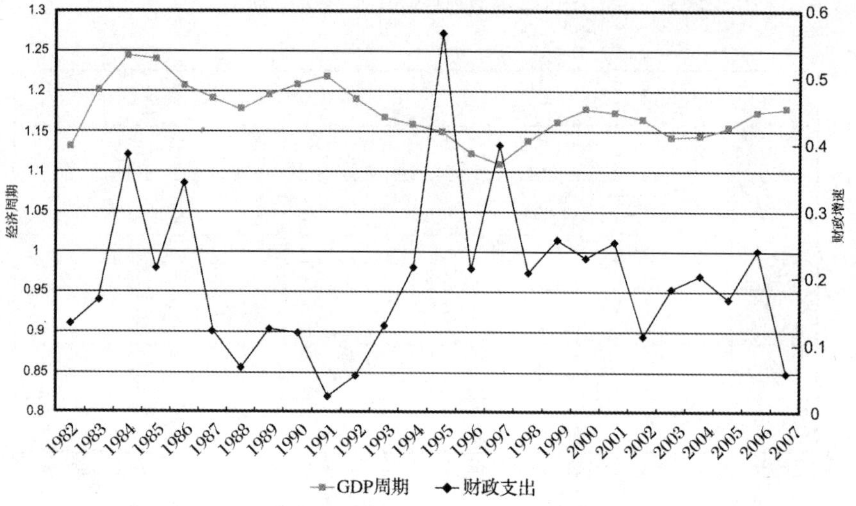

图6 1982年以来财政支出与经济周期波动

（三）从固定资产投资分析

从实际统计结果看，北京市固定资产投资的周期波动比经济周期波动更为频繁。在1996年以前，投资的周期波动幅度较大，远远大于经济的周期波动。经济的启动和发展与固定资产投资关系十分密切，但是随着买方市场的初步形成和投资结构的调整，当年投资的增加对未来几年的经济增速的影响弱于经济周期的影响。如处于经济上升周期的1999年，尽管当年投资下降，但是经济增速仍达到了10.9%；再如2000～2003年经济处于下降周期，尽管2000至2003年已经连续几年投资增加，但是经济增速仍从2000年的11.8%下降到了2003年的11%。这表明北京市投资的增加对未来的经济发展起到了一定的支撑作用，但是不能够完全靠投资来拉动经济增长（见图7）。

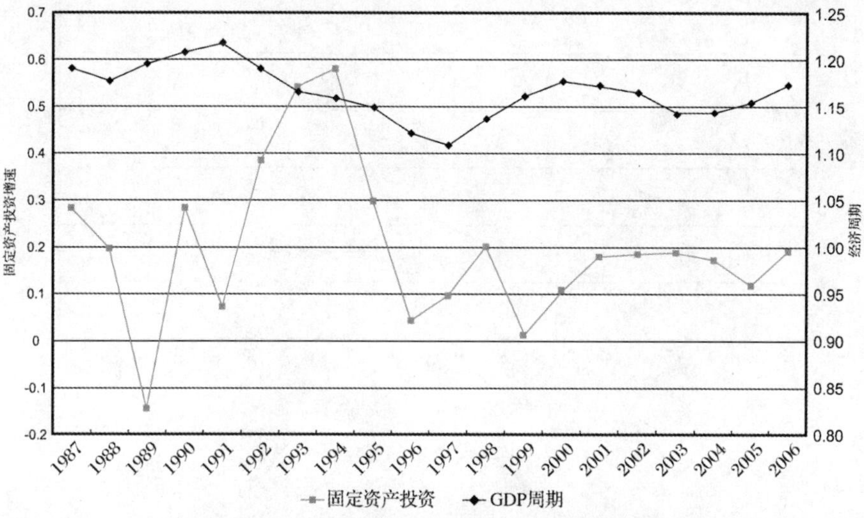

图7 1987年以来固定资产投资与经济周期波动

（四）从消费状况分析

由图8可见，北京市地方社会消费品零售总额增长率的升降幅度与经济周期波动基本呈反方向变动，经济处于下滑阶段，社会消费品零售总额增长率快速提高；而经济处于平稳上升阶段，社会消费品零售总额增长率快速下降。这说明消费的变化有利于缓冲经济周期对经济增速波动的影响，随着居民收入的提高和社会保障制度的日趋完善，居民的边际消费倾向也将有所提高，其对稳定经济周期的波动有一定的作用。

（五）从外贸状况分析

由图9可见，北京市地方进出口总额增长率的升降幅度与经济周期波动基本呈反方向变动，经济处于下滑阶段，进出口总额增长率快速提高，而经济处于平稳上升阶段，进出口总额增长率快速下降。这说明进出口有利于熨平经济波动，同消费一样属于经济增长的稳定器。随着我国经济的进一步开放和加入世界贸易组织的成功，北京市在更广的范围内和更深的层次上参与国际经济合作，对外贸易成为稳定北京市经济增长的重要力量。

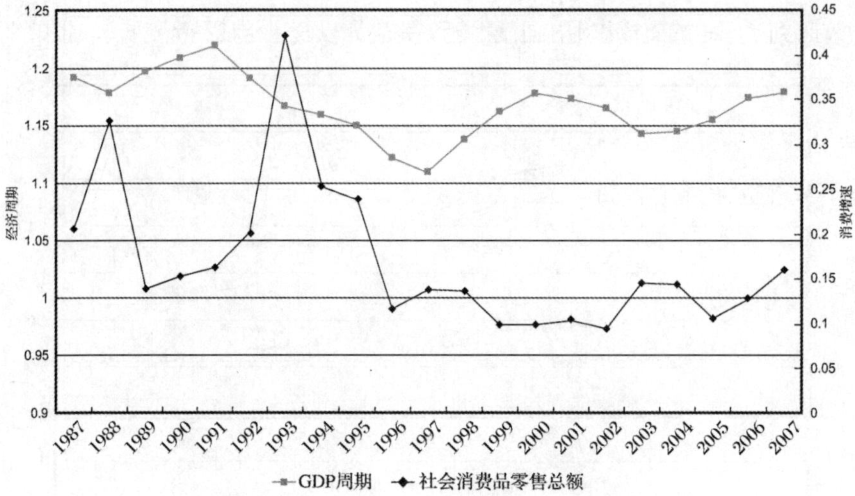

图8 1987年以来消费与经济周期波动

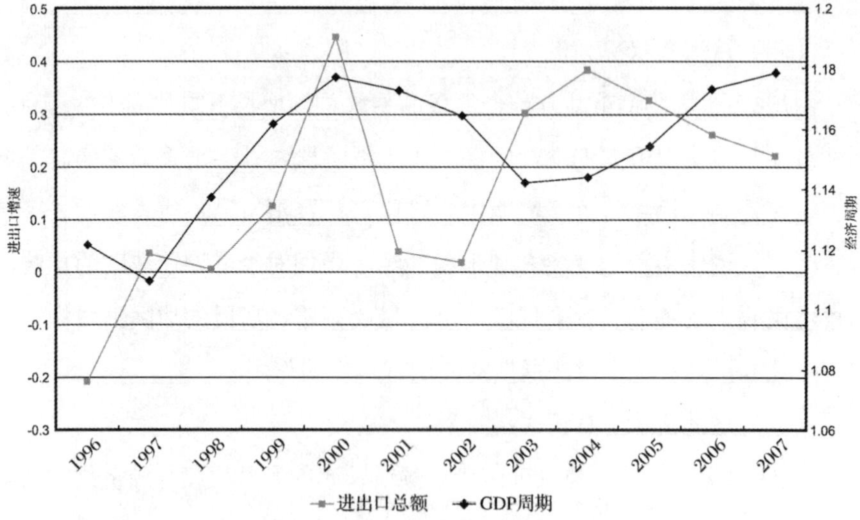

图9 1996年以来进出口总额与经济周期

（六）主要结论

1．对北京市经济周期性的波动，可以认为：三次产业的结构尤其是第二产业的周期波动决定着北京市经济的周期性。

2．北京市经济周期的振幅减少主要是由于：经历了几次比较大的经济波动，政府在反周期方面的经验和手段日益趋于完善，我国和北京市政策效应的逐步强化，减弱了外部冲击的强度。

3．北京市实际GDP的缓升缓降型非对称周期的原因：由于财政主导型的投资方式和资金预算等软约束的存在，银行资金和企业投资需求在经济的扩张期和收缩期出现了显著的非对称性，使得北京市三次产业尤其是第二产业具有缓升缓降型非对称性周期，这决定着北京市经济周期也具有非对称性周期的特点。

4．消费、进出口以及财政政策为熨平经济周期对经济增速的大幅波动影响起一定的缓冲作用，而投资为缓解经济周期对经济增速波动的影响相对较弱。

四、2008年北京市经济的发展

（一）2008年北京市经济将处于从扩张期向减速期过渡的阶段

首先，从周期走势上看，2007 年北京市经济处于经济周期的扩张阶段，然而至 2007 年北京市已经处于经济扩张期的第 4 年，根据北京市经济周期非对称性的特征，2008 年有可能进入经济周期的减速阶段。**其次，根据北京市经济的实际数据分析，**至 2007 年北京市已经连续 9 年保持 10%以上的增长速度，且 2007 年经济增速相对于 2006 年下降了 0.5 个百分点，同时，物价上涨压力很大，2007 年 CPI 同比增长 2.4%，经济的高位趋缓与物价的快速增长也属于经济处于扩张阶段后期的典型特点。因此，结合理论依据与实际数据分析，2008 年北京市经济将处于从扩张期向减速期进行过渡的阶段。

（二）2008 年北京市经济仍能保持较快速度增长

由于 2008 年北京市经济周期处于从扩张期向减速期过渡的阶段，根据经济周期与经济增速的关系，2008 年经济增速将低于 2003 年以来本轮周期的平均水平。但经济增长除受到周期性影响外，还会受到长期趋势和随机因素的影响。2008 年是奥运会的举办之年，将对北京市经济发展有较强的带动作用，会在一定程度上缓解周期性的下滑趋势，预计北京市经济在 2008 年仍然能够保持较快速度发展。

（三）2008 年北京市物价保持高位波动

根据价格与经济周期的关系，2008 年北京市物价仍存在上涨的压力；同时考虑到全球通货膨胀加剧的国际化背景以及国内粮价生产的周期性影响，预计 2008 年北京市的物价仍将在高位波动。

（位志宇　刘岚芳）

GDP 增长对工业增长波动的敏感性分析

改革开放以来，工业增加值以年均 9.5%的速度增长，推动北京市 GDP 较快增长。具体来看，以 1991 年为界，工业与经济增速的关系表现出不同的特点。1979～1991 年期间，北京市工业与经济同步增长特征明显；1991 年之后，随着服务业对经济增长贡献度的快速提升，工业与 GDP 的同步特征逐步弱化，工业与服务业对经济的影响出现了新的特点：服务业主要影响着经济长期走势，而工业影响着经济的短期波动，并且这种短期影响也在随着服务业贡献的提高而逐步减弱。

一、改革开放以来工业增长与GDP增长的关系分析

（一）工业增速与GDP增速同步波动的特征呈现减弱趋势

1979～2007 年，工业增加值增速与 GDP 增速的相关系数为 0.812，总体来看两者之间波动几乎完全同步。进一步，依据经济波动的剧烈程度[①]，将改革开放以来的整个时期以 1991 年为界划分为前后两个区间进行分析。计算得出，1979～1991 年和 1992～2007 年期间，工业增加值与 GDP 增长的相关系数分别为 0.86 和 0.69，反映出 1991 年之后两者之间波动的相似性明显减弱。具体分析，1991 年之前尤其是 20 世纪 80 年代中期，北京市工业在经济总量中的比重一直维持在 45%以上，工业经济的发展形势影响着

[①] 在 1991 年之前，经济发展波动较大，之后经济波动趋缓。

总体经济的走势。80 年代中后期，随着北京市大力发展服务业这一发展定位的确立，服务业得到较快发展，1991 年服务业实现的增加值首次超过工业，并于 1994 年超过第二产业。服务业发展速度的加快和服务业比重的提高，一定程度上弱化了工业对 GDP 的影响（见图 1）。

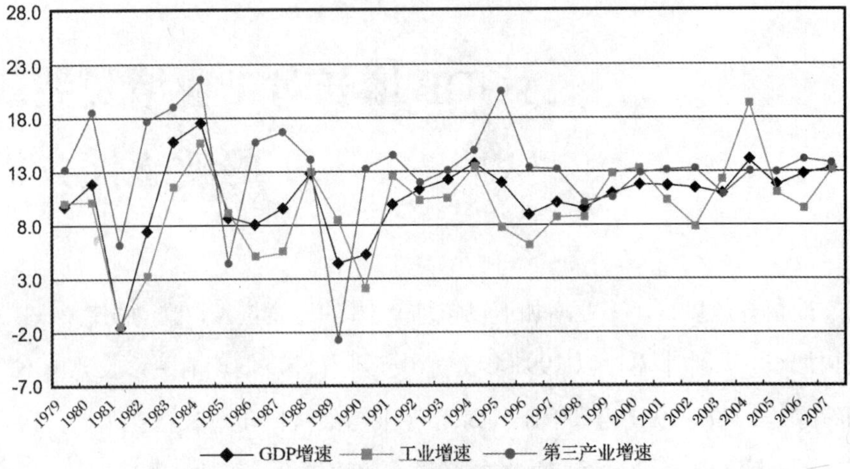

图1 工业、服务业增速与GDP增速对比

（二）工业增长对经济增长的贡献在波动中趋于下降

计算改革开放以来[①]工业和服务业对经济增长的贡献[②]（见下表），可以看到，工业对 GDP 的贡献由 1991 年之前的 37%下降到 1992～2007 年期间的 20%，下降幅度明显，而第三产业的贡献则上升明显。考虑到市场环境的变化特别是 1997 年之后买方市场的初步形成，工业品出厂价格涨幅较低，而服务业价格涨幅相对较高，二者对经济增长的实际贡献比名义贡献的差距要小，但工业贡献呈现下降的趋势不会改变。

进一步分析服务业和工业对经济增长的现价贡献与 GDP 增长的走势（见图 2），可以看出，1991 年之前工业和服务业对 GDP 的贡献大体相当；1991 年之后，排除非典型性肺炎疫情因素的影响，2003 年前后之外，工业

① 由于 1980 年的贡献率数据为奇异数据，图 2 的名义贡献率图形由 1982 年至今。

② 由于数据原因，此处暂根据现价增加值计算贡献率。考虑到工业和服务业缩减价格指数的不同，名义贡献和实际贡献有一定差距。

对经济的贡献一直在 20%上下波动，而服务业对经济的贡献基本呈线性稳定增长趋势。

北京市 1991 年前后工业与服务业对经济的平均贡献率

	1991 年之前	1991 年之后
工业	37.3%	20.9%
服务业	43.3%	74.0%

（三）工业波动对经济增长波动的影响逐步减弱

由图 2 还可以看出，除个别年份外，工业对经济增长贡献的变动轨迹与 GDP 增长的运行轨迹基本一致，从一个侧面说明工业对经济增长的贡献直接带来同期 GDP 增长的波动。但是，随着服务业贡献的不断增大，工业贡献对 GDP 产生的波动逐步弱化。

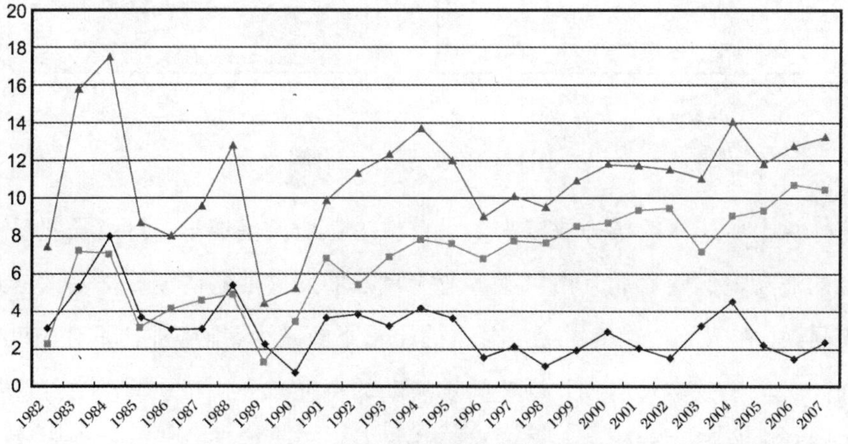

图2 工业、三产贡献与GDP增速的关系（现价结果）

运用脉冲响应[①]进一步分析 1991 年前后两个时期工业和服务业对经济波动的影响，可以得到，1979～1991 年期间两者对 GDP 的冲击反应在正负区间波动,且工业上扬较快；而 1991～2007 年期间两者对 GDP 的冲击反应，

[①] 脉冲响应就是要识别出自变量的随机冲击对因变量的动态反应过程。

服务业为正向拉动，反映出 1991 年之前北京市工业对 GDP 的增长起着拉动作用,而 1991 年以后服务业对北京市 GDP 增长的带动作用增强。继续利用方差分解方法[①]分析 1991 年前后两个时期工业、服务业对 GDP 增长波动的影响（见图 3），可以得出，1979～1991 年期间工业能解释 GDP 增长波动方差的 42.5%，而服务业仅能解释 12.5%，即 GDP 将近一半的波动是由工业波动引起的；而 1989～2007 年的情况恰好相反，GDP 波动中只有 3.7% 是由于工业波动引起，服务业能解释 GDP 增长波动方差的 36.7%。

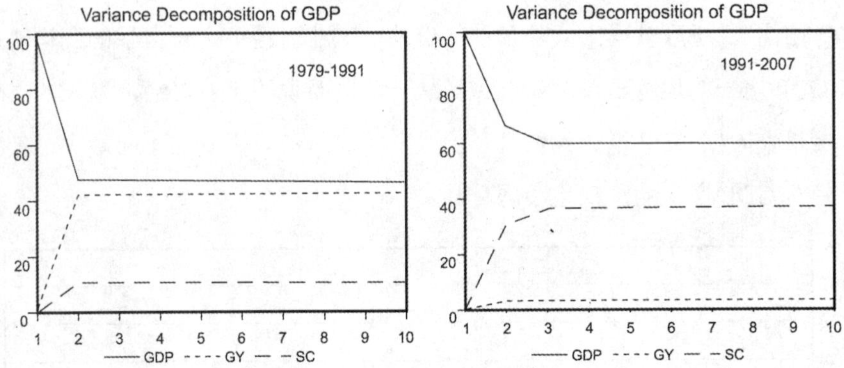

图3 GDP波动的方差分解

综上所述，改革开放以来，北京市工业增长呈现与经济增长几乎同步的波动，但随着北京市以服务业为重点的发展战略的调整，其效应逐步显现，在工业增加值占经济总量的比重不断减少、服务业比重突破60%的同时，工业增长与GDP增速同步波动的特征减弱，工业波动对经济增长波动的作用在弱化，服务业对经济具有了更大的影响力。在北京市服务业稳定增长的影响下，北京市经济保持了年均12.6%的速度增长。

二、当前工业波动对经济增长的影响力持续减弱

2002年以来，北京市经济增长内生动力不断增强，消费结构加速升级，

① 它描述了模型的动态特征，将内生变量的波动按其成因分解为系统内各变量冲击所做出的贡献，从而了解各种信息对模型内生变量的相对重要性。估算系统中各变量的随机信息所做出的贡献在总贡献中随时间变化而变动的特征。

产业发展的高端化趋势明显，北京市经济增长轨迹呈现出与服务业增长趋近的发展特点（见图4），其稳定性明显增强。利用2002年以来的季度数据进行测算得出，北京市经济增速对工业和服务业的弹性分别为0.22和0.77，即**服务业增速每变动1%会带动经济增长0.77%，而工业增速每变动1%仅带动经济增长0.22%**，进一步反映出服务业对经济增长的影响更大。

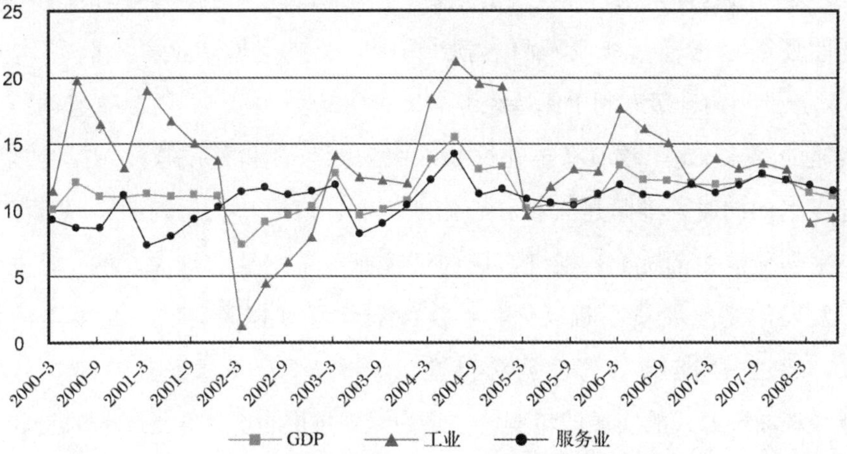

图4 2000年以来各季度工业、服务业与GDP增速对比

进入2008年以来，受国内外经济环境恶化、北京市经济周期下行以及奥运筹备等因素的影响，在世界经济下滑带来外需持续疲软、MPI与PPI剪刀差持续扩大，进一步挤压企业利润空间等因素作用下，工业增速呈明显回落态势，上半年工业增加值增长9.5%，增幅同比下降3.6个百分点，增速为2003年以来各季的最低水平。与此同时，GDP并未出现类似2002年那样的明显回落，上半年实现增长11%，占比70%以上的服务业对经济的贡献达到79%，拉动经济增长8.7个百分点，成为稳定经济增长的重要支撑点。

三、当前所处发展阶段决定了未来一段时期北京市GDP增长的稳定性依然很强

当前北京市正处于城市化、市场化、国际化和现代化的加速期。产业

结构调整方向、产业集群发展以及创新驱动等因素将是这一时期保持经济持续稳定增长的重要推动力。

具体来讲，一方面，2007 年北京市人均 GDP 已超过 7000 美元，预计 2010 年有望突破 1 万美元。按照国际经验，这一时期三次产业之间的比例关系将趋于稳定，产业结构调整主要体现在各次产业内部的产业能级提升上。这符合首都未来产业发展的主要方向，高科技产业、金融和商务等生产性服务业、社会服务业、文化创意产业“四极”带动的产业发展格局有望形成。产业结构升级有利于保持经济增长的稳定性。另一方面，随着创新型战略的深入推进，政府有望在继续加大公共教育和科技等投入提升技术进步率的同时，不断建立和完善创新机制，营造和优化创新环境，促进自主创新能力的提升；推进市场经济体制改革继续向纵深发展，促进经济发展的制度环境不断优化。经济发展将继续摆脱对资源型要素的依赖，通过技术创新、管理创新和体制创新，优化资源配置,实现向效率型经济增长方式的实质性转变。注重内涵式发展也会使工业增长轨迹趋于稳定，工业本身的波动有望减弱。同时，随着六大高端产业功能区的深入发展，产业布局由散点式发展向空间集聚式发展转变，由此带来的规模效益和产业集群效应，不仅可加速产业发展，也会对周边地区经济发展形成辐射带动作用。

（刘岚芳　位志宇）

技术进步对经济增长的贡献分析

经济的增长一般可以通过两种途径来实现，一是增加生产要素的投入数量，一是提高投入要素的产出效率。由于资源的稀缺性，要素的投入不可能是无限的。同时，根据要素边际报酬递减的规律，如果其他因素不变，产出随着要素投入的增加而增加；然而到达一定极限后，产出将随着要素投入的增多而减少。因此，经济的可持续增长只能靠技术进步[①]的提高来维持。北京市资源有限，需要经济实现集约式发展，通过计算分析发现：北京市经济增长处于投入型增长向效率型增长转化的初期阶段，要素投入对经济增长的贡献依然较大，但是递减趋势明显。

一、技术进步的测定

（一）测定方法介绍

本文主要采用索洛残差法计算测定，该方法最早由索洛(Solow,1957)提出，基本思路：首先根据C-D生产函数$Y = AK^{\alpha}L^{\beta}$ 估算出总量生产函数，其中α为平均资本产出弹性，β为平均劳动力产出弹性；通过产出增长率扣除各投入要素增长率后的残差来测算全要素生产率增长。

数据的选择区间为北京市1990～2006年的年度数据，L用当年从业人

[①] 技术进步是指去除要素投入以外的其他因素引起的经济增长的技术进步总和，包括了组织管理、规模经营、资源配置技术等因素，属于广义的科技进步。

员数量衡量，K用当年固定资产投资净值[①]来衡量。

（二）北京市全要素生产率的测定过程

1．规模报酬不变检验。根据经济学原理，在规模收益不变和希克斯中性技术假设下，全要素生产率增长就等于技术进步率，因此首先需要检验C-D生产函数为规模收益不变。首先，对C-D生产函数$Y=AK^{\alpha}L^{\beta}$两边取对数可得$\ln Y=\ln A+\alpha\ln K+\beta\ln L$，然后利用Wald检验方法对无约束回归方程$\ln Y=\ln A+\alpha\ln K+\beta\ln L+\varepsilon$的OLS回归结果进行α+β=1假设检验。结果如下：

原假设	F-统计量	P值
α+β=1	0.231944	0.637528

根据上边的显著性水平，不能拒绝原假设,即认为北京市经济在1990～2006年间经历了规模收益不变。显然，依据1990～2006年间的数据计算出北京市的全要数生产率也即为技术进步率。

2．技术进步率的估算。通过计算求得北京市资本的产出弹性和劳动力的产出弹性分别为0.358946和0.641054。然后按照公式$\varphi=\dot{Y}-\alpha\dot{K}-\beta\dot{L}$求出北京市1991～2006年间的广义技术进步率。其中$\dot{Y}$、$\dot{K}$、$\dot{L}$分别表示产出增长率、资本投入增长率、劳动投入增长率。

二、北京市技术进步率的增长分析

技术进步增速是宏观经济学中的重要概念，同时也是分析经济增长源泉的重要工具，尤其是政府制定长期可持续增长政策的重要依据。依据图1可以看出，北京市技术进步率平均增速在保持上涨趋势的同时，存在着低频率高幅度的波动。

——随着我国经济体制和市场条件变化，必然导致技术进步增速的变化。改革开放深入，国有企业放权让利等制度变迁，使生产力得到极大解

[①] 当年固定资产投资净值等于上年固定资产净值经过折旧后的余值加上当年的固定资产投资。在计算时，以1990年为基年，运用北京市固定资产投资价格指数对固定资产投资数据进行换算，以消除价格影响。通过对比国家以及相关省市的折旧率的选择，北京的折旧率选为10%。

放，从而促进技术进步增速快速增长。1991年以来，北京市科技进步年平均增速总体呈现出上涨趋势。

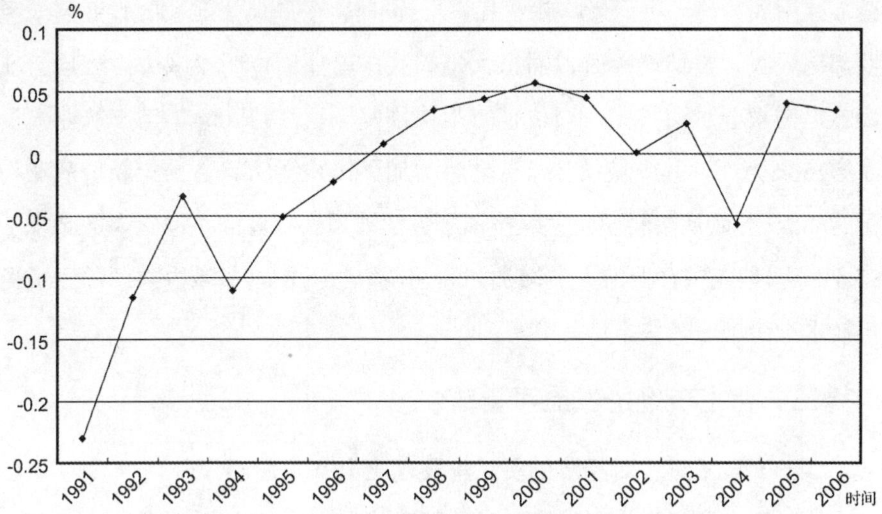

图1 1991年以来科技进步的增长速度

——在科技进步上升的同时，其间有低频率高幅度涨跌互现的波动情形。出现较大波动的时间为1994年、2002年和2004年，随着改革开放步伐加快，一些制度上的深层次矛盾逐渐显现，从而制约了技术进步增速增长。1990～1993年以来，科技进步率大幅上升，北京市投资增速也逐年上升，1993年北京市投资实际增长达到了历年来的最大值26.6%，资本过度深化进一步加剧了劳动力的低水平利用，再加上长期低效率的公共教育支出与科学研究支出，不可避免地导致1994年技术进步平均增速快速下降。第二次下降大概有两个原因，一是2001年奥运申办成功，一些大型投资项目启动，出现了新的投资热潮；二是由于1997年北京户口新政[①]的滞后影响，截至2002年，在京郊小城镇落户的外埠人员达16336人，仅2001年就有5000人被批准落户，导致2002年北京市从业人员大幅增加，技术进步平均增速出现下降。第三次的大幅下降发生在2004年，由于2003年受非典型性肺炎疫情

[①] 外地人员在京郊指定的小城镇投资并购房，可获北京市城镇户口。

（非典）冲击较大的行业主要是旅游业、社会服务业等劳动密集型产业，这些企业就业比重较高，短期内受影响的企业因经济活动的减少或停止，会裁减用人数量，进而影响就业存量[①]。同时，受非典影响大的行业需求弹性都比较大，疫情严重时，需求大幅缩减，就业岗位明显减少；一旦情况好转，需求会迅速扩张，岗位也将很快恢复。这使得2004年当年从业人员净增150.8万人，其中城镇私营劳动者增加了103.3万人，占当年新增从业人员的68.5%，而从事科学研究、技术服务和地质勘探业的在岗工人数减少了17.6%，一些低端行业的人员增加和高端研究行业的人员减少共同导致了当年技术进步增速较快下滑。

三、北京市经济发展可持续性

（一）技术进步对经济的贡献率震荡上升（见图2）

——资本贡献率水平较高，但呈下降趋势。1991～1996年6年中，资本贡献率略有起伏，但下降趋势明显，1996～2006年，资本贡献率逐年下降，至2006年北京市与发展中国家的平均资本贡献率相当[②]，为48.4%，这表明2006年之前北京市资本存量对经济增长的拉动作用明显。

——劳动贡献率相对比较稳定。2006年的从业人员总数相对于1991年提高了45.1%，从业人员数量大幅增加，然而1991～2006年劳动对经济增长的平均贡献率为12.1%，且相对比较稳定，表明北京市劳动力素质总体来看并没有较大提高，人力资本的质量也并未有明显提升。

——技术进步贡献率总体呈上升趋势。技术进步的贡献率在1991～1994年间出现一次大的波动，之后开始趋于稳定，并逐渐上升。技术进步贡献率在1996年之前一直为负值，这段时间由于北京市处于买方市场，企业对产品的垄断能力较强，产业技术更新换代较慢，致使生产能力利用水

① 有关部门在2003年4月15日～5月7日期间，对北京市18个区县210万名从业人员的从业状况进行了监测，发现有19%的人员陆续放假轮休，其中社会服务业放假人员比例更高达23%。在商贸业中，一些大型零售企业已开始裁减临时工；不少以个体私营经济为主的小型零售业则直接关闭，并在关闭时辞退了一批农民工。

② Chenery在对全世界发展中国家1971年到1992年的估计中发现，发展中国家的资本贡献平均为48%。

平和技术效率低下。1997年之后，北京市由卖方市场转向买方市场，企业提高技术的内在动力增强，北京市的技术进步才开始对经济增长有正的促进作用，技术进步贡献率也从1992年的7.9%上升到2006年的27.9%，技术进步对经济增长的贡献进一步加强。

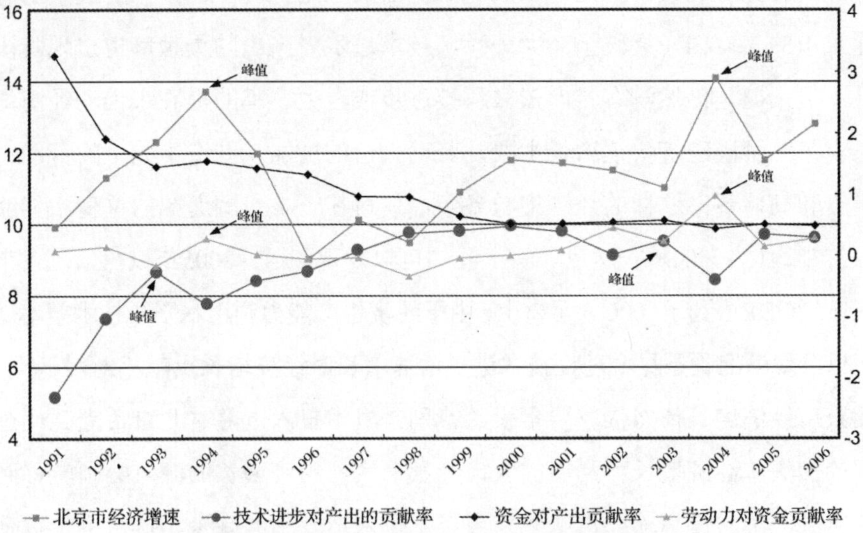

图2 技术、劳动力与资本的贡献与经济增速的对比

（二）效率型增长初见端倪

1. 投入型增长向效率型增长转变的阶段性特征明显。技术进步贡献率是指在产出增长速度中，技术进步因素所占的比重，综合反映了技术进步对经济增长作用的大小。依据技术进步对北京市经济增长的贡献率可以分为三个阶段，如下表：

时间区间	技术进步对产出的贡献率（%）	资金对产出贡献率（%）	劳动力对资金贡献率（%）
1991～1996	-85.3	180.9	4.36
1997～2002	28.9	69.2	1.91
2003～2006	11.2	49.5	39.3

第一阶段，北京市的资金对产出的贡献率较高，但是有一部分被技术进步的降低所消耗。第二阶段相对第一阶段来说，资本和劳动力贡献率均保持下降，受北京市创新政策[①]的影响，技术进步获得较快的提高，技术进步对北京市产出的贡献率由-85.3%上升到了28.9%，这表明北京市技术创新办法的实施对北京市的经济增长起到巨大的推动作用。在第三阶段，尽管北京市的人均GDP突破了5000美元，技术进步对产出的贡献率也出现阶段性下滑，但是仍然没有转向依靠科技进步或者生产率的提高来推动经济增长。第三阶段经济快速增长主要是劳动人口的增加，创造了充足的劳动力供给和高储蓄率这样的经济增长条件，使得在资本报酬递减的过程中能够保持年均12.9%的增长速度。综上我们可以发现，尽管2005年以后，北京市的人均GDP达到了5000美元以上，**由于经济生产能力利用水平与技术效率低下以及资源配置不尽合理，技术进步增速增长对经济增长贡献相对较低[②]，**北京市经济增长依然依赖要素投入特别是资本投入；随着北京市老龄化过程的加深，经济增长可利用的人口红利消失，经济增长的源泉必须转移到依靠生产率的提高上；再看北京市资本投入贡献率的减少、技术进步贡献率提升以及各种投入要素对经济增长的贡献对比，**北京市目前处于投入型增长向效率型增长转变的初期阶段。**

2．北京市技术进步转化为生产力的节奏加快。依据科技进步的变动趋势，可以将科技进步与劳动生产率之间的关系分为三个阶段，在这三个阶段内，北京市的资本平均增速逐步减少，而劳动力的平均增速在逐步上升（见图3）。第一阶段，由于北京市的科技进步率为负，对社会劳动生产率

[①] 1999年12月2日，北京市委颁布了《关于加强技术创新，发展高科技，实现产业化的意见》。之后2000～2003年，北京市着力制定了促进首都区域创新体系建设以及高新技术产业发展的科技政策法规，调整和新制定的科技法规、政策性措施共计30项，其中地方性法规2项，市政府行政规章1项，市政府政策性措施4项，市政府及主管部门联合发布的政策性措施、制度性规范23项。

[②] 一般欧美发达国家以科技促进经济增长大体经历三个阶段。第一个阶段为科技对经济增长作用的自发阶段。在人均GDP突破5000美元以前，虽然人们早已认识到了科学技术对经济的增长作用，但国家没有明确的科技产业政策，科技自发推动经济增长。第二个阶段为自觉的技术引进阶段，在人均GDP突破5000美元以后，以引进的技术带动经济发展，同时，科技创新促进经济发展的经验日渐丰富，科技产业政策也逐步完善。第三阶段为自主研发阶段。在人均GDP达到9266美元跨入高收入行列之后，完整的产学研体系已逐步形成，促进经济发展的国家创新体系也已经建立。

的提高没有太多贡献，社会劳动生产率的提高主要靠资本投入和抑制从业人员数量的过快扩张(见下表)。

	第一阶段（1991～1996）	第二阶段（1997～2002）	第三阶段（2003～2006）
资本平均增速	55.4	18.9	16.9
劳动力平均增速	0.86	1.2	3.8

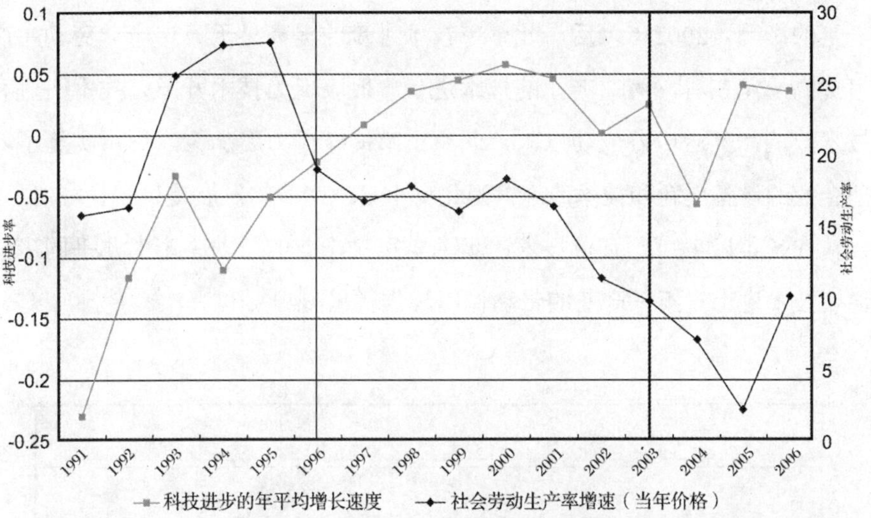

图3 科技进步与社会劳动生产率的关系

第二阶段，北京市的科技进步率为正，对社会劳动生产率提高起到了一定的积极作用，但是由于从业人员数量的过快增长以及资本投入的减速，使得技术进步的提高未能在劳动生产率中充分显现。

第三阶段是北京市科技进步率在劳动生产率中得以显现的阶段，北京市经济增长的内生动力日益增强，但是由于受北京市企业对技术成果的承接和转化能力落后的影响[①]，北京市技术进步率提高与劳动生产率提高仍不

[①] 通过计算技术进步率与劳动生产效率之间的相关系数，同期的相关系数显著为负，技术进步率与滞后一期的劳动生产效率为正。这种滞后效益表明研究部门与产业部门之间在技术衔接上有待于提高，企业对技术成果的承接和转化能力有待进一步提高。

能同步，存在一年左右的滞后期，相应的，科技进步对北京市经济增长的带动力也滞后一年左右。

综上说明，北京市的科技进步率向生产力转化的速度在逐步提高，随着北京市企业人才储备的增加，企业承接科技成果转化的能力将进一步增强，北京市的技术进步率提高与劳动生产率以及经济增长的提高也将逐步实现同步。

（三）技术进步促进了北京市产业结构的优化

由于北京市第一产业的比重较低，集约化经营的发展潜力有限，科技进步对第一产业的劳动生产率的影响很小；技术进步对北京市第二产业有一定的影响，2002年以后，北京市技术进步的提高早于第二产业劳动生产率提高一年左右，第二产业的技术进步一般表现为技术开发、技术引进和技术改造，奥运申办成功以来，北京市节能减排力度加大，逐步实施了一些企业的设备更新和技术改造，为北京市第二产业的发展提供了良好时机。自从1999年以来，北京市技术进步率与第三产业的劳动生产率几乎同步，说明技术进步对第三产业的带动作用较强（见图4）。

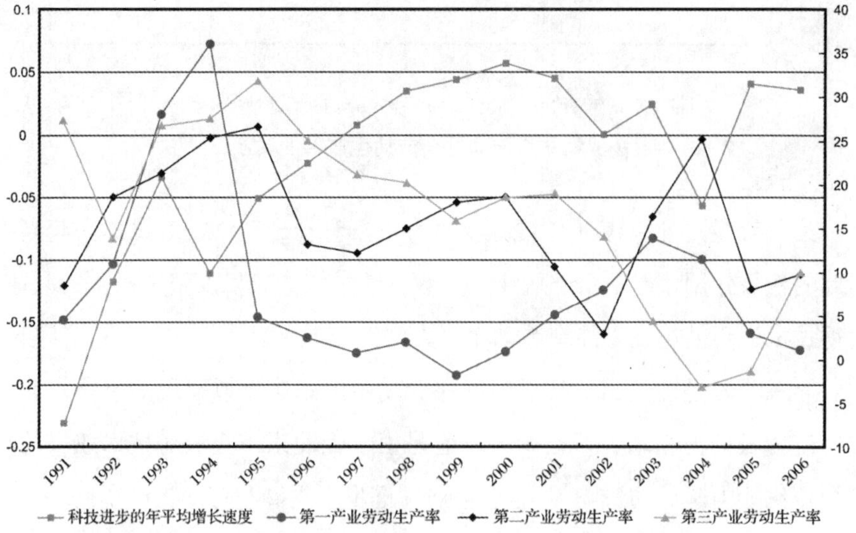

图4　科技进步与三次产业之间的关系

四、须关注的问题

（一）推行促进技术进步为主的经济政策

通过比较技术进步增长对经济增长贡献率与要素投入对经济增长贡献率，北京市应实行增加总需求和调整产业结构并行，但以调整经济结构、促进技术进步为主的经济政策，逐步向发达国家的产业结构型转换，实行以技术改革为中心的产业政策，促进技术和知识密集型的高附加值产业的发展。

（二）努力实现研究部门与产业部门的顺利承接

加强信息服务，及时报道科技动态和提供技术资料，使创新部门能及时获得必要的资料和科学技术进展。同时，大力支持公共图书馆和信息服务机构的工作，调动北京市居民的创新热情。加大对劳动者的技能培训等公共教育投入，提高劳动者的素质，增强科技成果的转化能力，彻底解决研究部门与产业部门承接不协调的问题。

（三）关注要素投入的带动作用

北京市经济增长的这些特点与北京市当前经济发展阶段较为适应，比较符合经济增长方式转变的阶段性规律。北京市人均GDP在2006年突破7000美元以后，产业结构、经济增长方式也面临着调整，应认识到提高技术进步增速增长对北京市经济长期持续增长的重要性，还应通过各种政策，优化资源配置，提升技术效率，从而促进经济增长方式转变，实现效率型经济增长。然而，由于北京市所处的经济发展阶段，在今后几年内，投资对北京市经济增长的影响较大，意味着政府仍不能忽视要素投入的重要性。

（四）积极拓宽创新扶持领域

积极将技术寻求型对外投资纳入北京市重点扶持的范围，把更多的资源和优惠政策倾斜于此类投资项目。同时，也要将政府扶持范围扩展到除国有企业之外的其他所有制投资主体，特别是发展潜力巨大的民营企业上来，集中力量支持北京市各种所有制投资主体的技术获取型对外投资，从战略上统筹考虑技术获取方式的转变，加强北京市自主创新能力，加快技术进步进程。

（位志宇）

利率调整对投资的影响分析

自进入2007年以后，物价上涨加速，我国宏观形势面临着经济增长由偏快转为过热、物价由结构性上涨演变为明显通货膨胀的势头。我国的宏观调控措施密集出台，央行先后7次提高利率，旨在引导公众通胀预期，发挥价格杠杆的调控作用。受政策和信贷管理体制等方面的影响，利率上升对北京市投资影响程度较弱，但使投资资金来源自有化现象明显；利率上升对房地产投资影响较少，但使房地产投资结构高端化现象明显。

一、利率变动对北京市投资资金流向的影响

（一）现阶段利率变动对北京市投资规模影响较弱

从理论角度来看，利率对投资行为的影响主要表现为投资规模和结构。在投资收益不变的情况下，因利率上升导致的投资成本增加，必然使投资收益比较低的退出投资领域，从而减少投资需求。同步表现为利率上升，投资需求和消费减少，储蓄增加；利率下降，投资需求上升，消费增加，储蓄减少。

虽然银行利率不断提高，但是，现阶段利率变动对北京市投资规模的影响不大。选择一年期贷款利率作为贷款利率的一般水平①进行计算得出，

①在我国的利率体系当中，受央行调控的基准利率有存贷款利率、再贷款利率、再贴现利率、准备金利率等；央行调整利率的程序是先定出一年期的存款利率，再推算各期限档次的存款利率，最后定出各档次贷款利率。由于所有官方利率都由一年期存款利率推算出来，利率体系是计划性和封闭性的，具体表现为利率变化的同向性以及不同期限利率的高度相关性，所以此处选用一年期贷款利率做为贷款利率的一般水平。

利率与北京市投资额之间的相关系数为-0.50037，二者之间存在中度的负相关，回归分析表明，**利率提高 1 个百分点，第二年固定资产投资相对于潜在投资[①]将下降 2.5 个百分点，表明利率提高影响投资规模增加，但是影响程度有限。分析原因，主要是由于现行信贷资金管理体制弱化了利率政策的传导**。目前各家商业银行信贷权限上收，基层分支机构自主经营能力较弱，信贷资金完全是供方市场，且各金融机构信贷投放偏好于优势、垄断行业以及大型骨干、龙头企业，集中化趋势明显，这部分企业长期以来普遍享受优惠利率，利率政策调整对优势特色经济影响不大。**同时，奥运经济与新农村建设的刚性投资需求弱化了利率效应**。由于北京市固定资产投资存在着一定刚性，2004～2007 年北京市基础设施投资年均增长 36.4%，远高于固定资产投资年均增长16.2%的水平。**近年来北京市企业资产收益快速增长，自有资金充足，也弱化了利率影响力**。从固定资产投资的资金来源情况分析，1994 年以来自筹资金比例一直在 50%以上，而国内贷款所占比重大部分维持在 20%左右，比重最高的 2006 年也仅达到 31%。自筹资金占绝对优势，投资者对货币政策反应迟钝，使货币政策的作用力度减弱，利率暂未成为影响投资规模变化的主要因素（见图 1）。

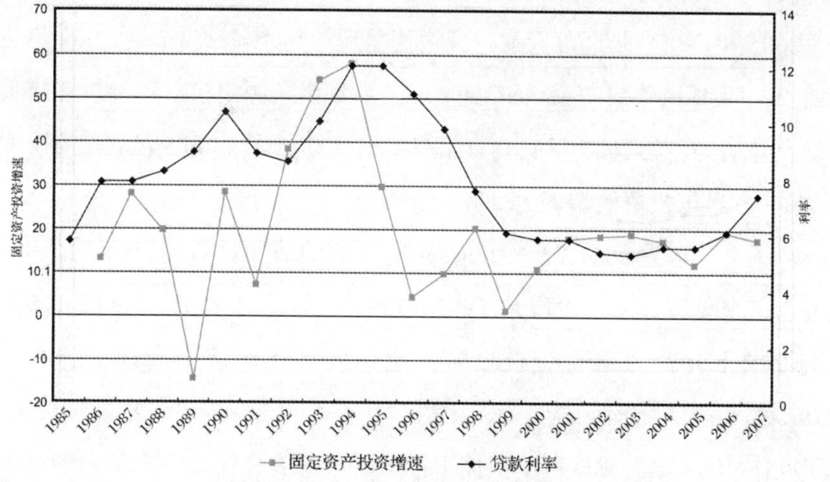

图1 固定资产投资增速与贷款利率对照

[①]潜在投资是假设利率水平不变时的预期投资规模。

（二）利率提高有利于北京市产业结构的优化

利率作为调节投资活动的杠杆，利率水平与利率结构都会影响投资结构，利率提高会引起资金向收益高的项目集中。由于工业和服务业具有集聚资金和发挥产业优势的功能，且北京市第二、三产业尤其是现代服务业初具规模，溢出效应优势突出，在社会平均利润率的变动与社会资本状况的影响下，利率提高加速了北京市投资资金向高端产业的聚集。分析三次产业的投资，2003～2007年，北京市第一产业投资在总投资中的比重由0.97%下降至0.42%，第二产业投资和第三产业投资在总投资中的比重分别由12.1%和86.9%提高到了12.2%和87.4%。2003年以来利率与北京市第一、二、三产业投资的相关系数分别为-0.0234、0.749和0.933，除第一产业为负的弱相关外，第二产业与第三产业的投资与利率均呈强度正相关。在第三产业内部，投资聚集效应也比较明显，2005～2007年北京市第三产业投资年均增长28.7%，而同期金融业和物流行业投资年均增速分别达到125.9%和49.8%。

二、利率提高对北京市投资资金来源结构的影响

（一）贷款利率提高加速了自有资金的投资倾向

2005 年以来，北京市贷款投资增速呈现逐年下降之势，至 2007 年达到负增长，同比下降 11.7%；而 2004 年以来资金来源中自有资金投资增长呈波动上升趋势，至 2007 年底北京市自筹资金达到了 1106.5 亿元，同比增长 45.1%，占当年投资资金的 62.8%。

从图 2 可以发现，1985～2006 年 22 年间北京市投资资金来源结构可以划分为三个阶段。第一阶段是 1985～1995 年间。在 1995 年以前，随着贷款利率的上升，自筹资金在投资资金中的占比逐步提高，在利率达到 12.06%的高峰之后，自筹资金占比也达到了阶段性顶峰 55.78%。第二阶段为 1995～2003 年。贷款利率快速下滑，而自筹资金在投资资金中的占比缓步提高，且当利率水平降到 1985 年来的低谷时，自筹资金在投资资金中的

占比创历史最高点63.78%。第三阶段为2003～2006年。自筹资金先降后升，2004年以来的自有资金平均增幅超过12%，由于受到其他资金来源绝对额增加过快的冲击，自筹资金占比有所下降，但是自筹资金占比仍高于50%。这主要是由于近年来**北京市企业的资本投资收益增长较快**，企业积累了大量闲置资本。**通胀形势以及实际存款利率过低加速闲置资本贬值**，2004年以来，受物价上涨的影响，实际存款利率为负，加快了企业运用自有资金投资的进程。**贷款利率过高促使投资资金自有化**，1995年之前，贷款利率高位波动，加大了企业融资成本，致使企业逐步提高自筹资金比例。

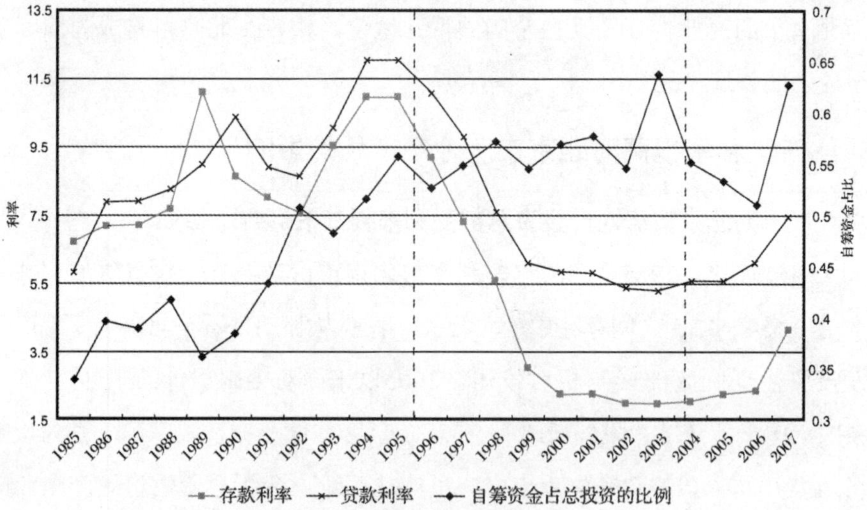

图2 1985年以来利率与自筹资金占比的关系

（二）利率提高强化了外商投资力度

从2003年至今，我国存款利率提高了1.1倍，北京市投资资金来源中实际利用外资也提高了2.05倍，年均增长19.7%，至2007年底达到39.9亿元。进入2008年以来，北京市利用外资速度快速提高，1～2月累计增速高达560.3%，在资金来源中的比重提高至6.7%。通过计算，利用外资来源与贷款利率和存款利率的相关系数分别为0.908和0.789，这说明随着利率的提高，利用外资额度逐步提高。这主要是由于**贷款利率提高使国内贷款**

筹资的渠道弱化，贷款利率的提高，增加了企业成本，由于产品市场短期内存在价格粘性，进一步压缩企业的利润空间，抑制了企业贷款投资的倾向。另外，**利率提高强化了对外资的吸引力**。首先，为抑制经济过热和货币信贷过快增长，央行出台了一系列紧缩性货币政策，人民币市场利率呈现不断上升的态势，本外币利差水平趋于下降。其次，目前全球资产价格居高，投资风险加大，预期回报也有所下调，此时，中美利差以及人民币升值的预期，对国际稳健资金颇具吸引力。如果2008年人民币升值幅度达到8%～10%，再考虑到1.5%的中美利差，国际游资的套利收益至少可达10%。再次，稳定的经济发展环境使我国成为国际资金的重要流入区域，而北京市的产业特征及其在全国的特殊地位，决定了北京市将成为国际资金流入的首选之地。

三、利率提高对北京市房地产市场的影响

（一）北京市房地产投资总额受利率提高的影响不明显

通过计算，1985～2007年，利率与北京市房地产开发投资额的相关系数为-0.654，二者之间存在中度负相关，表明从长期来看，北京市房地产开发投资额受利率的影响相对较弱。2005以来面对全国房价的飙升，“国六条”、“国十五条”、“限外新政”、提高二套房首付及贷款利率等一系列影响房地产开发资金的政策先后出台，虽然从理论上分析会影响房地产企业的资金成本，制约房地产开发投资的较快增长，但从北京市房地产投资额的增长趋势上看，仅2005年当年房地产投资下滑至3.5%，之后各年份均保持快速增长，2005～2007年北京市房地产开发投资年均增长14.4%，增速高于1997～2004年平均水平3.1个百分点（见图3）。

（二）利率提高使北京市商品房投资向高档商品房集中

受利率提高的影响，北京市房地产行业的投资结构发生了变化，投资资金流向了利润率相对较高的商业以及服务业等经营性用房以及公寓别墅，在2006年二者投资分别增长100.1%和10.5%的基础上，2007年又分别增

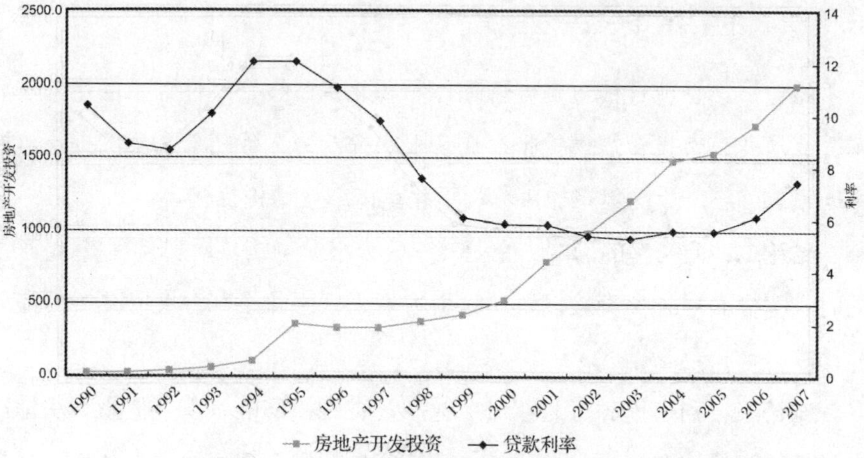

图3 1990年以来房地产开发投资与利率的关系

长18.3%和11.8%，远高于北京市普通住宅增速3.7%的水平。进入2008年以来，商业以及服务业等经营性用房、公寓别墅投资加速，仅1～2月份同比分别累计提高了66.5%和30.1%，而北京市普通住宅同比下降了3.9%。究其原因，主要是由于北京市房地产业的资金来源中金融贷款比重较高。2007年，其占当年资金来源总额的比重为25.6%，而自有资金占比为13.3%，较高的贷款比例抬高了房地产企业的成本，会使**房地产开发投资具有向利润率较高的房源转移的动力**；同时，受举办奥运的影响，预期商业以及服务业等经营性用房收益率将稳步提高，为房地产开发投资向利润率较高的房源转移创造了条件；另外国家出台的一系列政策，减弱了开发商持续对普通住宅扩大投资的积极性，出于融资成本较高的考虑，开发商将投资向收益率较高的房地产领域偏聚，缩减收益相对较低的普通住宅供应。

（三）房地产资金来源逐步倾向于定金及预收款

由于国家紧缩银根，不断提高的贷款利率，抑制了房地产企业的贷款投资冲动，越来越多的房地产企业把定金及预收款作为投资资金来源的重要途径，定金及预收款在房地产投资资金来源的比例由 2006 年的 35.3%提高到 2007 年的 36.6%，达到了 1518.6 亿元，增速为 36.1%，高于房地产资金来源增速 4.8 个百分点。

四、主要结论及关注问题

结论一：受现行信贷资金管理体制和北京市投资刚性需求的影响，利率提高对北京市投资规模扩张存在有限的抑制力。伴随着利率的提高，资本向第二、三产业的集聚加快，利于北京市产业结构优化。

结论二：受利率的影响，企业转变资金来源结构，增加自有资金投资。同时利率提高对外商直接投资的吸引力增强，强化了部分套利热钱的流入冲动。

结论三：利率提高对北京市房地产投资规模影响不大，但影响房地产市场的投资结构和资金来源结构，房地产投资向高档房源集中加速，投资资金以定金和预收款为主。

依据上述结论，有如下几个方面需要关注：

关注一：利率对投资总体规模影响不大，很大部分原因是由于奥运投资的刚性需求引起的，随着奥运项目的陆续竣工，利率提高对投资规模的冲击可能会逐步显现。需结合北京的产业规划，加大第二、三产业尤其是高端产业的项目储备，逐步提高农村基础设施投资比例，以应对利率调整的影响，保持投资的稳定增长。

关注二：尽快完善外商投资资金的管理办法，加强外商投资资金是否到位和投资资金流向的监督，强化外商投资管理措施，减小热钱退出后对北京市经济可能产生的不利影响。

关注三：房地产投资向高档房源集聚，不利于稳定房价、改善民生，不利于集约型用地，并可能导致土地供给趋于紧张、高档房源空置、普通住宅紧缺的局面。需大幅提高保障性住房的建设，加快审批进程，增加保障性住房的市场供应。同时，密切关注房地产企业的资金链，以防市场销售形势出现问题，关注定金和预收款来源减少对房地产市场的影响，以及对经济平稳运行的影响。

（位志宇）

北京市生产性服务业产业关联分析

2007年，北京市第三产业总量占北京市经济比重突破了71%，对北京市经济增长的贡献率连续6年保持在60%以上，其中，生产性服务业发展更为迅猛，2006年实现增加值2894.2亿元，占第三产业的53.5%，对第三产业的贡献率高达59.1%①。为了能够详细解析北京市生产性服务业②实际发展情况，下文将对1995～2005年投入产出表进行比较分析，以2005年北京市投入产出延长表为重点，从其与三次产业间相互消耗、产业关联特性、投入和产品销路结构、产业波及等共四个方面对其进行产业关联分析。

一、生产性服务业和三次产业间的相互消耗分析

产业间相互消耗比例的关系是用以衡量产业间以各种投入品和产出品为联结纽带的技术经济联系。通常用直接消耗系数③和完全消耗系数④进行分析，一般说来，系数越大，相互依赖性就越强，影响就越大。

① 以上数据均为北京市统计局公布的数据。

② 由于北京市统计局没有公布其生产性服务业所包含的具体产业门类，所以在下文分析中，采用国家《"十一五"规划纲要》中对生产性服务业的分类，共包括：交通运输业，现代物流业，金融服务业，信息服务业，商务服务业五种。对应《2005年北京市投入产出延长表》中42部门的分类：交通运输及仓储业，邮政业，信息传输，计算机服务和软件业，金融保险业，房地产业，租赁和商务服务业，科学研究事业，其他社会服务业。由于1995年投入产出表为33部门，1997、2000年投入产出表为40部门，2002、2005年投入产出表为42部门，其中对第三产业的划分有区别。因此，在对三个表进行比较分析时将生产性服务业合并为：邮电交通仓储、商务服务业、金融保险业和科学研究等技术服务业共四类。由于统计口径的不同，1995年的数据仅作参考，在趋势分析时有时可以忽略。

③ 直接消耗系数反映的是各产业间存在的相互直接提供产品的依赖关系。

④ 完全消耗系数是指某产业生产单位产品对各产业的直接消耗量和间接消耗量的总和，它比直接消耗系数更全面和深入地反映产业间的经济技术关系。

（一）北京市国民经济对生产性服务业的消耗

从2005年的数据可以看出：**交通运输及仓储业、综合技术服务业、信息传输业、计算机服务和软件业、租赁和商务服务业、金融保险业**五大行业对北京市国民经济各行业的生产综合影响较大。从历年数据来看：**生产性服务业**总体对国民经济的影响走势呈现出以2000年为分界点，先弱后强的走势；**金融保险业和商务服务业**对国民经济的影响呈现分阶段下降趋势[①] **科学研究等技术服务业**对国民经济的影响逐年增强；**邮电交通仓储业**对国民经济的影响自2000年起呈现上升趋势。

（二）生产性服务业与第一产业间的相互消耗

2000年以来，第一产业对生产性服务业的依赖呈逐年增加趋势，生产性服务业对第一产业的直接消耗在下降。综合技术服务业和交通运输及仓储业成为第一产业主要依赖的生产性服务业。

（三）生产性服务业与第二产业间的相互消耗

第二产业对生产性服务业的依赖呈逐年上升趋势。第二产业对生产性服务业完全消耗较大的行业已由纺织等传统行业转变为科技含量较高的通信设备、计算机及其他电子设备制造业等。综合技术服务业和交通运输及仓储业是第二产业对生产性服务业依赖较大的行业。房地产业和邮政业与第二产业间的相互依赖较小，第二产业发展对科学研究事业的依赖较小。

（四）生产性服务业与第三产业间的相互消耗

第三产业对生产性服务业的依赖呈逐年上升趋势。生产性服务业与服务业间的相互依赖程度大于与第二产业的依赖程度。自2002年起，房地产业和金融保险业与服务业间的相互带动作用出现减小趋势。

二、生产性服务业的产业关联特性分析

生产性服务业的产业关联特性显示的是各产业间相互联系、相互依存

[①] 金融保险业和商务服务业对国民经济的影响1995至2000年呈下降趋势，2002年至2005年呈下降趋势，其中2002年有一次反弹，但有可能是统计口径不同造成的，因此总体判断应是下降的。

的不同程度，可以揭示出各产业部门协调发展的有序性。通过中间需求率[①]的分析来反映产业提供产品的生产资料性质和生活资料性质，通过中间投入率[②]来反映产业在国民经济生产中所处的上、下游位置，并可以按不同的中间需求率和中间投入率划分不同产业群在国民经济中的不同地位。

（一）生产性服务业的中间需求率

从历年数据可以看出：邮政业、综合技术服务业、金融保险业、交通运输及仓储业、计算机服务和软件业更具有生产性服务业的性质；房地产业的中间需求率逐年下降，金融保险业和综合技术服务业的中间需求率呈现上升趋势。

（二）生产性服务业的中间投入率

从历年数据分析可以看出：综合技术服务业、租赁和商务服务业、交通运输及仓储业的中间投入率较高；房地产业和金融保险业的附加值率[③]较高，而且呈现出逐渐走高的态势。

（三）生产性服务业业群划分分析

以2005年数据为基础，按中间需求率和中间投入率大小将生产型服务业进行服务业群划分，分为四类[④]（见表1），可以看出：综合技术服务业和交通运输及仓储业已经成为北京重要的生产性服务业；邮政业和金融保险业不仅是重要的生产性服务业，同时对促进北京市经济增长有较高的贡献率；房地产业虽然附加价值率较高，对GDP增长具有较大的促进作用，但最终消费性明显强于中间投入性，不应再被归为生产性服务业；租赁和商务服务业、科学研究事业和信息传输、计算机服务和软件业具有较强的最

[①] 中间需求的率是指国民经济对某行业的中间需求量与对该行业的总需求量（中间需求量加上最终需求量）之比，比率越高，说明该行业的中间需求特征越明显。对于生产性服务业来说，由于中间需求率实际上反映了各行业的产品作为生产资料和消费资料的比例，比率越高，说明该行业更具有生产性服务业特点，由于任何产品不是作为中间产品，就是作为最终产品，即中间需求率+最终需求率=1。

[②] 中间投入率反映的是该产业的总产值中外购产品所占的比重，也就是该产业对其上游产业总体的、直接的带动能力的反映。中间投入率高，说明该产业属于国民经济生产中的下游产业，对上游产业的带动力较强。

[③] 附加值率+中间投入率=1，所以，中间投入率越低的产业附加值率就越高。

[④] A类产业属于最终需求型产业，带有明显的最终消费倾向；B类产业属于中间产品型产业，具有较强的中间投入性，是重要的生产性服务业；C类产业属于最终需求基础产业，具有较高的附加价值率；D类产业属于中间产品型基础产业，具有较高的附加价值率和中间需求率，是重要的生产性服务业。

终消费特征。

表1　　按中间需求率和中间投入率的大小进行的业群划分

	中间需求率小	中间需求率大
中间投入率大	A类：租赁和商务服务业，信息传输、计算机服务和软件业，科学研究事业	B类：综合技术服务业，交通运输及仓储业
中间投入率小	C类：房地产业	D类：邮政业，金融保险业

注：大小按均值划分，中间需求率均值为0.528，中间投入率均值为0.559

三、生产性服务业的最初投入和产品销路结构分析

最初投入结构是指某产业的各项[①]最初投入的结构关系，由于最初投入综合就是该产业的增加值，所以最初投入结构实际上反映的是某一产业增加值的构成情况。产品销路结构指的是各行业向某行业购买的产品占该行业作为中间需求部门的比率，通常用分配系数来反映[②]。

（一）生产性服务业产业增加值构成分析

从2005年的数据可以看出：劳动者报酬占生产性服务业增加值比重最大，说明北京市生产性服务业中部分行业是知识性密集的高工资行业，部分行业仍具有劳动密集型特征；营业盈余占增加值比重较高，说明生产性服务业整体利润水平较高；租赁和商务服务业的工资总额较高，房地产业和信息传输、计算机服务和软件业的投资密集程度较高。

（三）生产性服务业的产品销路结构分析

2005年，向北京市生产性服务业购买产品力度较大的行业分别为：**建筑业，通信设备、计算机及其他电子设备制造业，信息传输、计算机服务和软件业**。生产性服务业的中间需求大多被这些产业购买，生产性服务业的中间需求对这些行业的依赖度比较高。

---

① 最初投入各项包括：固定资产折旧、劳动者报酬、生产税净额和营业盈余。

② 直接分配系数即第 i 个部门产品分配给 j 部门作为中间产品使用的数量占 i 部门产品总产量的比例。分配系数越高，说明某行业向该行业购买力度越大，说明了两部门经济效益之间的传递越紧密。

四、生产性服务业产业波及的效果分析

产业波及是指国民经济产业体系中，某一产业部门的变化按照不同的产业关联方式，引起与其直接相关的产业部门的变化，然后导致与后者直接和间接相关的其他产业部门的变化。产业波及包括前向和后向两方面：一是某一行业的某一个因素[①]发生变化后，对国民经济产业体系产生的影响；二是国民经济产业体系某一因素的总量发生变化后，对某一产业产生的影响。下面将通过对影响力[②]和感应度[③]、生产诱发系数和最终依赖度[④]的测算，对生产性服务业与国民经济各行业、生产性服务业与各项最终需求项目间的波及效果进行分析。

（一）影响力和感应度分析

从影响力系数可以看出： 2005年，综合技术服务业、租赁和商务服务业、信息传输、计算机服务和软件业、交通运输及仓储业的影响力系数大于1，对经济发展有较大的影响或带动作用；房地产业和金融保险业对其他行业生产的需求推动作用较小，且呈现出逐年减少的态势[⑤]。

从感应度系数可以看出：生产性服务业历年感应度系数都小于1，对北京市经济发展的瓶颈作用整体较小；除房地产业外，其他生产性服务业的基础产业特征呈现明显上升趋势。

按2005年各生产性服务业的影响力系数和感应度系数，可以将其划分

① 这里的因素包括：产量、价格、消费、投资和出口等。

② 影响力是指某一行业的最终产品变动，对国民经济总产出变动的影响，通常用影响力系数来反映该行业对国民经济发展影响程度大小的相对水平。影响力系数是某产业的影响力与国民经济各产业影响力的平均水平之比。影响力系数较大的部门，是国民经济发展的支柱产业，对整个国民经济发展具有重要的前向牵引作用，影响力系数越大，这种牵引作用越大。

③ 感应度是指国民经济各部门变动后，使某一产业受到的感应能力，通常用感应度系数来反映该行业受到国民经济发展的拉动程度大小的相对水平。感应度系数是某产业的感应度与国民经济各产业感应度的平均水平之比。感应度系数越高的部门，对国民经济发展不可或缺的程度越高，即越具有基础产业和瓶颈产业的属性，应该优先得到发展。

④ 生产诱发系数是指各种最终需求项目对各部门生产的诱导程度，系数越大，诱发程度越大；最终依赖度是指各种最终需求项目对各部门生产的影响，系数越大，依赖度越大。最终需求项目包括：消费、投资、进出口等。

⑤ 由于最新投入产出表为2005年的延长表，所以，不能代表近两年的实际走势。由于2006年以来股票市场整体走强，并延续了近两年的牛市格局，再加之北京市金融保险业近年来的快速发展，所以预计2007年的投入产出表中金融保险类的结构将会发生较大变化。

为四类[①]（见表2）：综合技术服务业和交通运输及仓储业对北京市经济发展影响较大；租赁和商务服务业，信息传输、计算机服务和软件业发展相对比较成熟；如果不加快改革发展，邮政业和金融保险业将成为北京市经济发展的瓶颈；科学研究事业和房地产业发展还很不成熟。

表2　　按影响力系数和感应度系数进行行业分类

	感应度系数大于0.428	感应度系数小于0.428
影响力系数大于1	A类：综合技术服务业，交通运输及仓储业	B类：租赁和商务服务业，信息传输、计算机服务和软件业
影响力系数小于1	C类：邮政业，金融保险业	D类：科学研究事业，房地产业

注：由于北京市生产性服务业的感应度系数都小于1，所以在表中用各生产性服务业的感应度系数的均值（0.428）代替1

（二）生产诱发系数和最终依存度分析

从生产诱发系数可以看出：消费需求对金融保险业、科学研究事业的诱发程度较高；投资需求对房地产业、信息传输、计算机服务和软件业的诱发程度较高；净流出[②]对租赁和商务服务业，信息传输、计算机服务和软件业的诱发程度较高。

从最终依赖度可以看出：科学研究事业对消费需求的依赖程度较高，超过了60%；房地产业对投资需求的依赖程度最高，超过了60%；生产性服务业整体对净流出的依存度较低，只有租赁和商务服务业超过了30%。

五、结论与启示

（一）北京市生产性服务业发展态势良好

从投入结构可以看出，北京市生产性服务业在2000年前后曾出现过剧烈波动，经历了一次低潮，之后呈现出快速发展的态势，并延续至今。随

[①] A类产业同时具有强辐射性和强制约性，对国民经济的影响较大；B类产业辐射性强、制约性弱，发展较为成熟；C类产业辐射性弱、制约性强，是需要加快发展的产业部门；D类产业辐射性弱、制约性也弱，是参与社会再生产过程不够的产业。

[②] 净流出=调出+出口-调入-进口

着北京市生产性服务业的发展，其对第二产业的依赖程度较低；与北京市服务业的相互依赖程度较高，尤其是对其自身的依赖程度很高。交通运输及仓储业，综合技术服务业，租赁和商务服务业，信息传输、计算机服务和软件业是目前北京市生产性服务业的中坚力量，这些行业对北京市经济发展的影响力较大。在经济过热时，抑制这些部门的需求，效果将会较好；反之，在经济萧条时，刺激这些部门的需求，效果将会更加有效。

（二）北京市生产性服务业需求层次较低，结构升级逐步显现

从生产性服务业的感应度系数看[①]，感应度较高的为邮政业和交通运输及仓储业，这就反映出目前北京市对传统的生产性服务业的需求仍较高，对生产性服务需求的层次仍较低。再从历年数据上看，信息传输、计算机服务和软件业、科学研究事业的感应度上升较快，这也说明随着北京市经济的快速发展，对北京市新兴高技术生产性服务业的需求出现了较快的增长。生产性服务业内部的这种结构升级将会加速第三产业内部的结构升级，进而促进北京市三次产业的结构升级。

（三）生产性服务业发展的供给推动大于需求推动

生产性服务业对北京市经济发展的前向推动作用大于北京市经济发展对生产性服务业的后向拉动作用[②]，即生产性服务业的供给推动力大于需求推动力，这说明生产性服务业对经济的带动作用高于经济发展对生产性服务业的影响。北京市生产性服务业的中间投入率较高（北京市普遍在50%以上，而发达国家一般小于40%），从而对上游产业的带动能力也较强。因此，北京市生产性服务业要采取主导发展的战略措施，通过增加供给、提高供给水平来刺激需求的增长，而不能依靠第二产业或北京市经济的发展以增加对其的需求来拉动其发展。

（四）北京市物流业极具潜质，仍有较大发展空间

以物流业为代表的现代交通运输及仓储业现已成为北京市生产性服务

① 以2005年的数据为主。
② 因为生产性服务业的影响力远远大于其感应度。

业的中流砥柱，对三次产业的综合影响排第一位①。交通运输及仓储业的生产性服务业和中间产品型产业特征愈发显著，其较强的辐射性和制约性在继续加强；消费对其的生产诱发能力较强，其对地区间、进出口贸易的依赖程度较大。虽然其附加值率较低，但对上游产业有较强的带动作用。随着北京市临空经济区、天竺保税区等以物流、外贸为主营业务的经济区的快速发展，加上南城物流配送中心的集聚，将会带动北京市现代物流业的发展，进而为推动北京市经济发展作出更大的贡献。

（五）租赁和商务服务业的外向发展趋势明显

租赁和商务服务业对劳动力就业的吸纳程度较高，利税也较高，但附加值率较低，行业整体利润率较低。虽然租赁和商务服务业对北京市经济的整体贡献率仍较高，但呈现出了自2000年以来逐年回落的态势。从最终依赖度可以看出，北京市租赁和商务服务业对外贸的依赖程度最大，对投资、消费的依赖接近于零。由此可以看出北京市租赁和商务服务业近年来在经历一次成功的转型，即由传统服务业向外向型生产性服务业的转变，并由此找到了新的发展战略定位。因此，租赁和商务服务业在发展进程中要与国际接轨，在行业建设方面要力争采取国际准则，着力服务于进驻北京的国际机构，并努力吸引国际著名商务机构入驻，以提升整体行业水平。

（六）加快金融保险业发展成为当前要务

北京市金融保险业对北京市经济发展的推动作用较弱，近几年均低于生产性服务业的平均水平。从理论上讲，金融保险业的影响力应该比较高，特别是服务业发展较好的发达市场经济国家金融保险业的影响力应该是高于全部产业平均水平的。1990年，美国金融业影响力系数为0.92313，第三产业（不含金融业）影响力系数为0.78129；英国金融业影响力系数为1.02508，第三产业（不含金融业）影响力系数为0.80945。而北京市2005年金融保险业的影响力系数仅为0.375。北京市金融保险业影响力较低主要由于以下几方面造成：第一，统计口径、方法未与国际接轨，数据可比性不

① 2006 年，提供城镇就业岗位 37 万个，在生产性服务业中排第二位。

强；第二，我国股票市场长期低迷[①]和我国证券市场不完善，使得我国金融保险业的影响力系数整体偏低，对北京市证券业和保险业影响较大；第三，北京市金融保险业中间投入率较低，也就是总产值中从其他产业购进的中间产品所占的比重较低，本身“上游产业”特征明显，所以对上游产业的带动作用相对较弱；第四，北京市金融保险业是知识密集型产业，对就业的拉动和对投资的消化能力均较弱；第五，北京市金融业服务领域仍较集中于房地产、交通运输及仓储和旅游业等，服务覆盖面仍不足。随着北京市经济的发展，金融保险业在经济活动中所扮演的角色将越来越重要，如果不能加快发展，将会成为制约经济发展的重要“瓶颈”之一。因此，北京市在拥有总部经济特征优势的基础上，要大力发展金融后台服务、扶持中小科技企业上市融资、发展各类债券市场、打造多层次金融市场体系。

（七）房地产业不应再被列为北京市生产性服务业

从历年数据看，北京市房地产业具有明显的最终消费性，作为中间产品服务的特征极不明显，因此建议不再将房地产业列为北京市生产性服务业。投资对房地产业的生产诱发系数和房地产业对投资的最终依赖度均为最高，资金的稳定来源将成为房地产业稳定发展的关键。因此，需要密切关注房地产投资资金来源，防止国际套利游资热钱过多涌入，稳定银行等金融业对房地产业的贷款规模。房地产业的生产税净额占增加值比重最高，也就是说房地产业能否健康稳定发展将会对北京市的税收带来较大影响。房地产业是对北京市金融保险业直接、间接消耗较大的行业，金融保险业的发展受其制约较强，因此要借鉴美国次贷危机的前车之鉴，加强对房地产业的贷款、投保等金融保险业务的审查监管。

（八）产学研一体化进程仍需加快

科学研究事业本应是典型的生产性服务业，但北京市科学研究事业的中间消费特征很不明显。从产业波及效果分析可以看出，北京市科学研究

---

① 我国股票市场自 1997 年到 1999 年经历了一轮长期调整，1999 年到 2001 年经历了网络股泡沫的快速膨胀，然后紧接着就是 2001 年到 2005 年的长期调整，直至 2006 年才结束。股市低迷给北京市证券业和保险业带来较大的影响，2005 年，北京市证券业和保险业的利润总额均为负数。

事业对北京市经济的促进作用和受经济发展的带动作用均较小。从面向行业看，北京市科学研究事业主要面向行业是信息传输、计算机服务和软件业，通讯设备、计算机及其他电子设备制造业对象过于集中于电子通讯相关产业。因而导致北京市科学研究事业中间需求率低的原因主要是科学研究事业发展不充分，对市内充足的高校研究团体的挖掘力度不够，企业和科研团体间缺乏链接中介，产学研一体化进程过慢，服务对象行业过于单一。因此，要加快完善以企业为主体、科研团体为支撑、市场为导向、科技中介为链接的新型产学研模式。

（齐 心）

热点聚焦

南城地区发展差距及成因分析

一、南城地区基本情况

南城（崇文、宣武、丰台）三区土地总面积 341 平方公里，占北京市总面积的 2.1%，占城八区的 25%；2007 年户籍人口 188.8 万，常住人口 254.5 万，占北京市常住人口的 15.6%，占城八区的 25%；GDP 合计 862.1 亿元，占北京市 9.6%，占城八区的 13.8%。在城八区发展过程中，南城地区逐步形成了自身的区域特征：

第一，是北京重要的陆路交通枢纽。南城地处北京旧城南部，北京站、北京西站、北京南站、丰台站、丰台西站等大型火车站位于该区，六里桥、丽泽桥、赵公口等长途汽车站是北京市重要的公交枢纽，104、105、106、107 国道以及京开、京石、京津塘等高速路穿越南城，南城承担了北京市连接市区与郊区、北京与外省市陆路枢纽的城市功能。

第二，是南中轴线上重要的古都风貌保护区。南城地处南中轴线南段，崇文、宣武历史文化底蕴深厚，均拥有众多的文物古迹和历史遗产。其中，崇文拥有文物遗存 159 处，占地面积约为 296.57 公顷，鲜鱼口历史文化保护区面积约为 36.25 公顷。宣武有 4 个古都风貌保护区、102 处各级文保单位和文物普查项目、38 项非物质文化遗产。

第三，是传统市民文化、商业文化集聚地。南城历史悠久，民俗风情浓郁，形成了以琉璃厂为代表的京城士人文化、以湖广会馆为代表的会馆文化、以前门大栅栏地区老字号店铺为代表的传统商业文化以及以天桥为代表的老北京民俗文化等诸多文化的集萃地，是北京传统文化不可分割的组成部分。

第四，是传统产业比较集中的区域。南城地区传统产业比重较高。2006年，崇文、宣武、丰台的传统商业（交通运输、批发与零售业、住宿和餐饮业、居民服务和其他服务业）占本区 GDP 的比重达 19.52%、21.40%、16.35%，比北京市平均水平分别高 5.98、7.86、2.81 个百分点；崇文、丰台两区第二产业比重远高于东城 3%的比重，分别高达 18%、27.5%，其中工业分别占 11.7%、18.2%。

第五，是普通住宅和保障性住房的集中地。南城居住用地比重相对较高，政府保障性住房用地比较集中。崇文区住宅用地比重最大，占全区总面积的 33.73%，剩余可开发的土地（3.56 平方公里）超过 70%被规划为住宅；2005 年至 2007 年，宣武区中央国家机关住房和经济适用房项目 5 个，用地面积约 19.48 公顷，占住宅用地总面积的 69.27%；丰台 2006、2007年经济适用住房用地占全区年度用地供应的 42.61%、28.27%，2007 年经济适用住房新开工面积占北京市经济适用住房新开工面积的 17.5%，两限房新开工面积占北京市两限房新开工面积的 7.33%，廉租住房占北京市廉租住房新开工面积的 10%。

二、南城地区发展差距的主要表现

南城地区的滞后是全面的，从民生条件、经济发展水平、人口素质、城市面貌、基础设施条件、城市功能、财力水平等方面均落后于北城。

（一）基础设施条件严重滞后

1. 交通基础设施表现为“三低一缺”。南城地区交通基础设施历史欠账多，道路设施、地面公交、轨道交通方面与北京市平均水平差距巨大：一**是现有快速路设计明显偏少。**南三环、南四环基本为地面干道，高架路少，立交桥少，严重影响丰台出行，需要加快修建的立交桥达 15 座；同时，本区过境铁路线多，大大降低了区域通达性。**二是主、次干路比重明显偏低。**南城主次干路指标明显落后于北城。如崇文区尚有 5.9%的城市主干道、27.5%的城市次干道、77.3%的城市支路及大部分小区路未完成；丰台区目前快速路，主、次干路及支路比例仅为 1:0.37:0.54:6.11，远低于城八区 1:5.05:3.87:9.83 的平均水平。**三是路网密度明显偏低。**南城路网密度、公交线网密度指标也落后于北城。丰台路网密度（3.5 米及以上道路）仅 2.14 公里/平方公里，人均道路面积 8.6 平方米。**四是轨道交通网络明显缺乏。**目前，北城已经形成快速轨道交通网络，而南城只有地铁 2 号线沿界而过，5 号线末端到达本区，丰台轨道交通现仅 3 个站点、长 3.64 公里，其他规划线路多为南城过境线，在南城未形成内部连通线或环线，难以形成支撑南城发展的快速轨道交通网络。

2. 三类地区市政公用设施比较落后。南城市政条件较差，市政管网不发达，地下管线、水、电、气、热等市政设施严重不足，且严重老化，火灾、汛情隐患较大。崇文、宣武的文化保护区、城中村、丰台区大部分地区尤其是河西地区等三类地区市政设施严重缺失。如文保危改区市政设施基本没有覆盖；丰台区天然气气化率仅为 50%左右，建成区的天然气气化率约为 61%；河西仅有 9.8 公里天然气管线。市政设施落后严重制约南城发展。

（二）民生状况差距巨大

1. 危旧房总量大。目前，宣武区 23.2 万户居民中，仍有约 6.7 万户居住在条件简陋的平房、老旧楼房中，占全区总户数的 29%，平房、老旧楼房总面积 253 万平方米。历史文化保户区内仍有居民 4.2 万户，其中居住在四五类危房中的有 20004 户，占总量的 43.5%。南城人均居住面积也少。崇文区危房改造尽管已经取得较大进展，但目前仍有 3.8 万户、10 万多人住在危旧房中，危房改造区人均居住面积绝大多数不足 8 平方米，四五类危房比例高达 70%以上，居民要求改善居住条件的呼声很高，危房改造任务依然繁重。

2. 生活条件差。崇文、宣武平房区水、电、气等市政基础设施条件差，厕所、澡堂、环卫设施等基本生活设施严重缺乏，洗澡、上厕所难，垃圾收集难，电线老化失修、电力严重不足、自来水水压低、没有燃气管道，安全隐患严重。宣武区现有 20000 平方米以上面积的居民小区 133 个，其中老旧小区占 50%，小区内无停车设施，老旧楼房的房间面积小。居住环境差，居民在楼下自建的违法建筑多，造成防火通道堵塞，道路绿化破损严重，多数小区未实行物业管理等，问题较多。大栅栏地区的下水至今仍使用明清时代的方沟，基本没有绿化条件，是内城热岛效应最为集中的地区。该地区部分胡同不能通行消防车，火灾隐患严重。

3. 特殊、困难群体比例大。在宣武区 53.7 万人中，低保 7090 户、14680 人，占全区人口的 2.7%；残疾人 35600 人，占全区人口的 6.6%；刑事解教 770 人，占全区人口的 1.4‰；60 岁以上老龄 11 万人，占全区人口的 20%。崇文区低保人口 8485 人，占全区户籍人口的 2.5%；城镇登记失业人员 2755 人，城镇登记失业率 2.8%，高于北京市平均水平。

4. 丰台区优质教育资源明显不足。优质教育资源供给不足，难以满足人民群众需求。目前，丰台区中小学专业任职教师共计 9690 人。其中高级教师 1257 人，占中小学专业任职教师的比重约为 13%；特级教师 15 人，占中小学专业任职教师的比重约为 0.15%。由于优质资源不足，丰台区优质生源流失严重，近年来，每年小升初都有 1000 多名小学毕业生到外区择校。

5. 大型公共文化设施短缺。南城缺乏提升本区文化软环境的图书馆、博物馆、影剧院等文化基础设施，使南城的整体软环境明显落后于北城。38 所中央直属高校仅有一所分布在南城（丰台），在京 137 所高校图书馆中，宣武和丰台分别仅占 2 所和 7 所，而东城 5 所，西城 11 所，海淀 48 所，朝阳 33 所。其中，海淀区藏书量是丰台的 80 余倍。15 家中央所属历史人文类博物馆南城仅 1 家，26 家市属的历史人文类博物馆中仅 5 家在南城；20 家市级以上文学艺术类博物馆没有一家分布在南城；8 家市级以上科普类博物馆仅 1 家分布在丰台。丰台区全区没有一家影剧院，仅有 3 家专业剧场、2 家综合剧场。

6. 基本公共服务设施标准化配套不足。作为经济基础薄弱的老旧城区，崇文和宣武公共服务基础设施建设一直相对滞后，目前两区多数基础设施仍然未达到北京市标准，与先进城区相比，在档次、规模和功能配套等方面均有较大差距。如崇文区 91 个社区中，居委会办公用房仅有 14 个达标，服务用房仅有 7 个达标，供需矛盾比较突出。宣武区达标的只有 25 个，占社区居委会总数的 23%。环卫设施规划不足，小区内公厕、密闭式清洁站等环卫设施配置比例较低，给居民生活带来不便。直接为社区居民服务的教科文卫体、公共安全、社会福利、社区服务等各类公共服务基础设施比较薄弱，需要规划建设一批面向基层、面向百姓的公共服务设施，形成功能结构均衡、地区分布均衡、高效便捷可及的公共服务设施网络。

（三）南城经济发展水平明显落后

1. 经济发展水平表现为“三低”。

南城 GDP 总量低。南城各区经济发展总量较小，地区生产总值东城和西城远高于崇文和宣武，2006 年，崇文 GDP 分别为东城和西城的 20%和 12%，宣武 GDP 分别是东城和西城的 41%和 25%；海淀和朝阳 GDP 远高于丰台，丰台 GDP 分别是海淀和朝阳的 27%和 29%。

人均、地均 GDP 产出水平低。南城人均、地均产出水平都明显低于北城。2006 年，崇文、宣武、丰台人均 GDP 仅为西城的 27.1%、30.56%和 17.4%，均不足西城区的 1/3；仅为海淀的 70.3%、79.29%和 45.19%。崇文、宣武、丰台每平方公里 GDP 产出仅为西城的 23.45%、41.67%和 4.37%；丰台每平方公里 GDP 产出仅为海淀的 38.28%。

南城第三产业比重较北城低。从三次产业构成看，南城地区第三产业增加值占 GDP 的比重为 78.93，低于八城区 82.06％的平均水平，较北城三区 85.64％的平均水平低 6.7 个百分点。

2. 产业资源严重缺乏。

南城缺乏具有带动性的产业承载功能区。北京市六大高端产业功能区主要布局于北城，南城除中关村科技园区丰台园外，没有高端产业功能区，聚集高端、优势资源的能力很弱（见下表）。

重要功能区及产业集聚区

	高端功能区	中关村园区	其他重要产业集聚区
东城区	雍和园	雍和园	东二环交通商务区、王府井
西城区	金融街	德胜科技园	西单
朝阳区	CBD、奥林匹克中心区、电子城科技园	电子城科技园	
海淀区	中关村海淀园	海淀园	
丰台区	中关村丰台园	丰台园	
崇文区	无	无	
宣武区	无	无	

南城缺乏吸引总部经济的高端商务集聚区。与北城相比，南城住宅用地较多、功能设施配套不完善，缺少商务办公环境较好的区域空间，难以形成有聚集效应的商务办公区域，难以吸引知名度高、规模大的总部企业特别是中央和外资总部企业入驻。国务院国有资产监督管理委员会（简称国资委）直接监管的150家大型中央企业、市国资委直接监管的54家企业、在京投资的近200家世界500强企业，绝大部分分布在北城，而南城三区拥有的国家大型中央资产和市属大型国有企业资源很少。

3．南北城GDP产出差距持续扩大。1997年，崇文、宣武、丰台每平方公里GDP产出分别为西城区的62.24%、69.01%、11.88%。到2006年，该比重分别下降了38.79、27.34和7.51个百分点。按常住人口计算，1997年，崇文、宣武、丰台人均GDP分别为西城区的60.75%、57.88%、102.41%；到2006年，该比重分别下降了38.79、27.32和84.99个百分点。可见，南北城经济差距进一步扩大。

（四）南城财力薄弱，政府负债率高

1. 财政收入总量很小。南城经济总量和财政收入与北城相比差距明显。如2007年丰台区财政收入仅相当于朝阳区的21%，仅相当于海淀区的26%。朝阳区 2007 年当年财政收入增量就达 35 亿元，超过丰台区当年财政收入总量。南城纳税大户远少于北城。2006 年南城三区共有 119 户企业进入北京市地税系统纳税大户（当年纳税额在 1200 万元以上）前 1000 名，三区合计仍然远少于朝阳（230 家）、海淀（160 家）、西城（133 家）。财政支出结构仍以“吃饭型”财政为主。南城地区财政基本需求占区本级财力的比重很高。2005 年丰台区人员、日常公用的基本需求占区本级财力的比重达到 83%，2006、2007 年亦达 62%、54%。

2. 区县在城市建设中负债很高。三区城市建设和民生改善资金缺口巨大，区县政府负债很高，政府债务主要用于市政道路建设、危房改造、环境整治、“城中村”拆迁以及标准租私房腾退政策的落实等方面。其中，至 2007 年末，崇文区政府债务总规模 65.05 亿元，其中直接债务 12.21 亿元，担保债务 52.84 亿元。至 2007 年末，宣武区政府债务总规模 20.77 亿元，其中直接债务 3.38 亿元，担保债务 17.38 亿元。丰台政府 2007 年末贷款余额达 46.9 亿元，其中，当年新增 25.4 亿元。

此外，南城地区软环境与北城相比差距较大。如南城地区 6 岁以上人口中，高中、中专及以下受教育程度人口占到 84%，大本以上学历人口只占 7.3%，北城同一口径数据分别是 68.1%和 20.2%。

三、南城地区发展滞后的成因分析

南城发展滞后的原因是多方面的，也是长期积累的结果。有历史自然形成的原因，也有后期投入不足的因素；有主观上存在倾向城北的发展偏好，也有客观上存在南城服务功能低端化和基础条件不足的现实；有基础设施等硬件条件的瓶颈限制，也有软实力差距造成的综合竞争力偏弱的制约作用。但归根结底，重视不够是根本，功能落后是核心。

（一）历史传统原因造成了南城发展的先天条件不足

早在封建王朝时期，北京北城不但有皇宫，胡同里也是王府林立，是富商和达官显贵的住所。而南城则是大量平民百姓和小企业主的聚居地，这些人构成了南城的平民主体，这一群体与当时东、西城的达官显贵群体形成了鲜明反差，并由此形成了截然不同的南、北城社会结构特征。由于平民群体在社会财富占有和个人发展能力方面的显著弱势地位，形成了最初的南城社会发育水平远落后于北城的基本事实。

作为古都北京的一部分，南城的崇文、宣武在元代以后有过一段辉煌的历史。作为平民百姓的聚居地，曲艺、戏剧、杂技、手工艺等传统文化曾经相当发达。当时南城作为各省商旅的汇集之地，带动了传统商业的繁荣，形成多个著名的“老字号”、传统商业街和大量的会馆。但由于新中国成立前的多年战乱和新中国成立后的社会变革，南城的衰落十分明显。南北城在城市功能分工、人口职业构成、房屋建筑质量和城市基础设施条件等方面都存在着巨大差距，形成了“东城贵，西城阔，崇文穷，宣武破”的社会共识。

（二）城市功能失衡造成了南城发展的后天条件不良

新中国建立以来，北城始终是北京建设的重点，城市发展轴一直指向北部，城市功能安排上“重北轻南”的偏好十分突出。中央与北京市在北城投入了大量资金，兴建了大量企事业单位和大型公共服务设施。20世纪50年代在北城重点建设国家行政管理中心和科研文教中心，80年代开始在北城重点建设中关村园区，90年代重点建设亚运村和CBD，2001年以来奥运场馆建设重心在北城。绝大部分市级重点工程多集中在北部建设，如1999～2004年，国家和北京市将高达98%的大型公共设施投资投向北部四区，南城只占2%。因此，北城四区集聚了绝大部分国家级和市级大型公共设施项目，大专院校、科研院所、国家机关大多集中在北城。

南城在长时间里始终承担着一般性和低端的城市服务功能，长期处于发展边缘化的境地。一是南城承担了连接郊区和外省市的重要陆路交通枢纽地的服务功能，为整个城市发展提供了大量出入境交通用地，而北城发展强化了行政功能、文化教育功能和国际交往功能。二是南城继承了传统商贸业，承担了接纳传统的污染企业、仓储用地的低端产业功能，接受了城市离不开又没有能力治理的落后、污染的企业，而北城发展强化了高新技术和现代服务业等高端产业。

（三）政府投入和关注不足造成南城发展的历史欠账越积越厚

中央和市级政府在基础设施投资上的地区分布严重失衡是南城基础设施落后的根本原因。有限的政府投资长期过度集中在北城，使南城发展的历史欠账越来越多。如财政用于基本建设的支出（含市级下拨部分），2005年崇文、宣武、丰台分别只相当于西城区的13.07%、52.54%、24.77%，2006年崇文、宣武、丰台分别只相当于西城区的21.92%、36.65%、21.47%。

在投入不足的同时，政府对南城的关注和政策不平衡也十分明显。目前，市级以上享受优惠政策的功能区基本建在北城，中关村、金融街等国家和市级科技园区、功能区均设在北城，享受了国家和北京市在投资、建设、产业、税收等方面的优惠政策，而南部地区除中关村丰台园外，没有更多区域享受到优惠政策，造成了南北城地区经济发展方面的差距逐步加剧。

（四）社会观念落后和软环境差影响了南城地区的发展活力

市民和投资者“上风上水”的生活理念和投资理念，以及城市形象破旧（危旧区各类违法建筑、逾期临时建筑多，绿化率低，各类杂院堆物堆料多）、发展观念落后、人口整体素质偏低等软环境差距，降低了南城对生产要素的吸引力，使社会投资明显不足，全社会固定资产投资和利用外资长期偏低。2001～2003年，崇文、宣武、丰台累计区域固定资产投资占八城区比重分别为5.98%、9.23%、6%，远低于东城（15.31%）、西城（11.81%）、海淀（26.31%）的比重。尽管2004年以来，北京市固定资产投资加大了向南城倾斜的力度，对社会投资有一定的带动作用，但2004～2006年，崇文、宣武、丰台累计区域固定资产投资占八城区比重分别为 4.34%、4.01%、11.72%，仍明显低于东城（7.43%）、西城（11.02%）、海淀（20.60%）的比重。

投资的缺乏进一步抑制区域经济和各项社会事业的发展，区域经济和各项社会事业的落后又进一步增加了对投资的排斥力，如此恶性循环使南城的区域发展水平与发达区域相比差距不断拉大，陷入“基础差、差距大—无法吸引资金—无力改善—基础依然差、差距拉大”的怪圈。

四、对南北城发展差距的总体判断

（一）南北城差距是全方位的，而且是长期形成的

南城地区的滞后是全面的，从经济发展水平到民生条件、从基础设施到环境面貌、从城市功能到产业资源、从公共服务到软环境均落后于北城。南北城的差距逐渐拉开、加大是一个长期的历史过程，既有南城发展先天条件不足的历史原因，又有后天资源配置严重失衡的现实问题，既有社会观念的因素，又有政府重视不够并存在向北发展的偏好问题。

（二）加快发展南城是一项长期艰巨的任务

彻底改善南城基础设施条件、解决民生困难、缩小南北城经济发展水平差距是一项较长期的任务，需要按轻重缓急、难易程度，逐步解决，需要在北京市整体发展中统筹考虑，长远谋划。

（三）南北城差距继续扩大将影响首都整体发展

目前，首都步入发展新阶段，北京市正处在人均地区生产总值加速向 10000 美元迈进的关键时期，这个时期解决好南北城发展不平衡等区域发展问题是当务之急，否则将严重阻碍整体发展，影响首都和谐社会和首善之区的建设，也无法实现北京市又好又快的发展。

（四）改变南城落后面貌主要是政府的职责，需要实施强有力的政府推动和配套政策

如果按照目前制定的各项城市和经济社会发展规划实施，受南北城基础条件和起点的影响，差距很难得到有效缩小。因此，政府需要继续加强

在推动南城发展上的作用，需要突破现有规划，突破现有政策，制定“新北京、新南城”战略，实施重大项目、重点投入、重要政策的多重“驱动”，才能推进南城地区快速发展，缩小南北发展差距。

（发改委合作课题　执笔：林明金 隆学文）

二套房政策下改善性需求释放途径的思考

自2004年以来，国家出台了若干针对房地产市场的调控政策，包括：2004年的“管严土地、看紧信贷”，2005年的“新、旧国八条”，2006年的“国六条”，2007年的“一费二税”上调，但商品住宅价格却仍一路攀升，并于2006年三季度起加速上升。直至2007年9月27日，人民银行、银行业监督管理委员会（简称银监委）发布了《关于加强商业性房地产信贷管理的通知》后，房地产市场的火爆行情才出现了逆转，房地产销售逐渐呈现出“量价齐衰”的态势。虽然多年来的政策调控存在累积效用，但“9·27”新政（亦被称作二套房政策）作为引爆点的特殊地位不能小觑。

一、二套房政策的主要内容

2007年9月27日人民银行、银监会出台的《关于加强商业性房地产信贷管理的通知》规定：对已利用贷款购买住房、又申请购买第二套（含）以上住房的借款人，最低首付款比例不得低于40%，贷款利率不得低于人民银行公布的同期同档次基准利率的1.1倍。同年12月初两机构又下发了《关于加强商业性房地产信贷管理的补充通知》，强调各商业银行应以借款人家庭（包括借款人、配偶及未成年子女）为单位认定房贷次数；已利用住房公积金贷款购房的家庭，向商业银行申请住房贷款时，也应按照此通知的有关规定执行；如借款人家庭人均住房面积低于当地平均水平，再次向商业银行申请住房贷款的，可比照首套自住房贷款政策执行。

二、二套房政策的效果分析

二套房政策的出台，严厉打击了以贷炒房的投机行为，取得了明显的成效；但与此同时也抑制了正常的改善性购房需求，对北京市房地产市场来说是把双刃剑。

（一）投机性需求的资金来源得到有效控制

通常情况下，为了保障资金的流动性，炒房客会贷款购房，然后出租或倒手出售。二套房政策中40%的首付和上浮的贷款利率影响了投机者的现金流，增加了投机成本，提高了投机的风险，从贷款的源头上，截断了投机炒房的需求。受此影响，原本占总需求30%左右的投机需求受到有效抑制，房地产市场转向了买方市场，开始理性回归。

（二）正常改善性需求受到明显抑制

二套房认定制度面向全国，但却标准统一，过于“一刀切”。政策细则实施以来，原本占北京市购房30%左右的改善性需求，下降至不足15%，100平方米以上的大户型楼盘相对滞销，北京市改善性需求明显受到抑制。**北京市改善性需求现状与城市化进程不相匹配。**我国目前的城市化率仅为43%左右，而北京市的城市化率已超过了 80%。也就是说，北京市购房需求中改善性需求比例远高于全国平均水平。受“70/90”政策影响，北京市大面积住宅供给总量已出现下降，而二套房政策的出台又抑制了需求；大面积住宅市场供给的双向疲软与北京市城市化阶段应有的发展水平不相匹配。北京市改善性需求的主体是中等收入阶层，对其需求释放的抑制，不利于目前扩大内需、以消费拉动经济回暖的政策实施。

从打击购房投机行为的效果看，在市场调整到位或房地产新政出台以前，二套房政策的确有其长期存在的必要。所以，近期中央出台了多项刺激购房需求的税费减免政策，但没有触及二套房政策。但如何兼顾释放改善性需求，将成为北京市恢复购房信心、启动内需、保护房地产业健康发展的关键。因此，需要结合北京市发展阶段和需求结构，进一步细化、落实二套房政策。

三、减少二套房政策对北京市改善性需求抑制的相关建议

（一）对改善性需求进行追加认定

由于银行和购房者之间存在着严重的信息不对称，购房者在购房时，银行难以确定其购买意图。建议对于改善性需求进行追加认定，采取事后补偿的方式。将在购买第二套住房两年内，出售原有第一套住房的购房行为认定为改善性需求。在进行认定后（出售原有住房后），将已经征收的上浮利息，在总还款额中进行冲销，超额首付在重新计算后可以部分退还，或抵扣利息。

（二）因地制宜，制定合理的人均应有住房水平

截至2007年末，北京市人均GDP是全国平均水平的3倍多，城镇居民可支配收入是全国平均水平的1.6倍，但城市人均住宅建筑面积（27.07平方米）却低于全国平均水平（28平方米）。为了满足居住舒适度的要求，近年来房屋建筑的紧凑度越来越低[①]，一般能满足同住需求的三居室至少要100平方米以上。因此建议在已统计人均住宅建筑面积的基础上，结合北京市实际情况和居民消费多层次性等因素，出台合理的人均应有住房水平，建议将标准定于40平方米，以保障上有老下有小的中等收入人群正常的改善性需求不被纳入二套房政策调控范围。将人均应有住房水平目标设定纳入五年规划的目标测算，每五年进行一次调整。

（三）对"腾退"保障性住房，二次购房家庭给予优惠

对于仅有一套住房，且是保障性住房的家庭，当二次购房时，如果能够在1年内，将其保障性住房向政府或向社会以届时保障性住房均价（或相关部门定价）售出的，将其追认为改善性住房需求，不纳入二套房政策管理范围，并取消保障性住房5年后才可上市的限制。条件允许的话，可以在贷款环节中，尤其是公积金贷款额度上限、贷款利率浮动等方面给予

---

① 20世纪80年代，60平方米能盖出2居室，70平方米能盖出3居室；而现在70平方米才盖出1居室，100平方米才盖出2居室，3居室动辄要达到120平方米以上。

一定的优惠。这样不仅能够在一定程度上提高公共资源的配置效率，提高北京市保障性住房的使用效率和流动性，也能刺激有效需求的形成。

（齐 心）

煤电领域系列政策对缓解当前煤电矛盾的效果分析

国家发改委于8月20日将全国火力发电企业上网电价平均每千瓦时提高2分钱，销售电价暂不做调整。同时要求各级价格主管部门加强对电煤价格临时干预措施的监督检查，督促煤炭生产企业严格执行国家电煤价格政策，不得借机提高或变相提高煤炭价格；严格履行签订的订货合同，提高合同兑现率。这已是短短两个月来针对煤电矛盾出台的第三项政策，接近5%的提价无疑会使水深火热之中的电力企业松一口气，但同"6·19"、"7·24"的两次措施一样，本次调价在实施过程中可能仍会产生意想不到的负面效应，最终导致政策失灵。因此，针对本次调高上网电价的措施能否有效起到化解当前电煤矛盾、缓解全国电荒的作用，缺乏乐观判断。

一、当前我国煤电领域矛盾加剧的主要原因

入夏以来，全国大部分地区出现严重电荒，合计电力缺口达到3600万千瓦，十多个省市拉闸限电。与2004年由电力装机容量欠缺引发的全面电荒不同，本次电荒的原因在于煤价高企导致电力企业亏损、发电积极性下降、"重点合同煤"兑现率下降，其本质是由于电力价格形成机制的缺陷最终引发的全面电荒。

（一）电煤供不应求是煤电矛盾的根源

1．社会经济较快发展导致能源需求快速增长。近年来，我国用电量以

每年 10%的速度增长，煤炭消费量也由 2003 年的 15.79 亿吨增加到 2007 年的 25.8 亿吨，年平均增长 13%。而煤炭资源的稀缺性决定了其产量不可能保持长期高速增长。据中电联统计：2008 年 1～7 月，全社会用电量同比增长 10.91%；而规模以上电厂发电量同比仅增长 8.1%。受电煤供不应求和电力企业发电积极性下降的双重影响，电煤供应缺口不断加大。

2．供求关系的滞后效应导致煤炭呈现卖方市场。2004 年的严重电荒使各地区加大电力建设，发电机组以每年数千万甚至上亿千瓦的速度增长，致使对电煤的需求迅速增大，数年来电煤过剩的格局于 2008 年彻底扭转，电煤供应出现紧张态势。由于电力设施建设周期较长，延长了供求关系转变的滞后效应。因此，目前煤炭呈现明显的卖方市场，煤电关系的再平衡需要一定时间。

3．资源整合、安全整顿导致煤炭有效供给不足。近年来，在安全生产和节能降耗的政策指引下，相关部门坚决关停了部分产能低、安全措施不到位的小煤矿，而全国小煤矿产能占总产能的近一半，导致煤炭资源有效供给不足。

（二）复杂的中间环节滋生暴利

1．铁路运力“瓶颈”导致运输费用暴涨。和煤炭一样，铁路运力也跟不上电力需求的增长步伐。2008 年受雪灾和震灾的影响，全国新增铁路运力仅 6000 万吨，远低于 2007 年 8500 万吨的水平。车皮作为稀缺资源受到争抢，由此衍生的铁路代办费、包发费进一步抬高了运输价格。而作为替代的公路运输需要支付油耗、过路费、养路费、保险、司机工资等费用，以及不合理的高额罚款，均摊到每吨电煤近 200 元。

2．地方保护主义导致乱收费现象严重。湘、渝、川、豫、皖先后出台“煤炭价格调节基金”，即出省煤炭每吨要支付 35～70 元的额外费用，部分地区虽未公开收费，但名目繁多的“地销票”、“出省票”及过境费用等进一步抬高了流通环节成本。

3．针对煤炭领域的投机行为愈演愈烈。在能源市场上，当某一资源越紧张，投机抄家就越集中。随着国内煤价一路飙升，投机者蜂拥而至，对煤价上升起到了推波助澜的作用。

（三）“市场煤”与“计划电”是煤电矛盾的核心

2008 年以来，由市场定价的煤炭价格涨势强劲，主要原因一是国内电煤供不应求；二是因国际原油价格飙升，作为主要替代品的煤炭价格亦随之上升，纽卡斯尔港动力煤 FOB 价格一度升至 194.79 美元/吨，相比年初上涨 98%，带动国内价格随之上涨并激发了煤企强大的出口欲望。秦皇岛港 5500 大卡 / 千克动力煤的平仓价格由年初的 520 元最高时涨至 1080 元，涨幅超过 100%。而我国电价受到政府部门严格管制，6 月 19 日电价提高 0.25 元，分给电力公司仅为 0.17 元，涨幅仅为 3.4%,对于翻倍的电煤成本无异于杯水车薪。同时，被电力企业视为生命线的“重点合同煤”由于与市场煤存在巨大价差，履约率一降再降，电力企业只能从市场上找煤，使亏损幅度加剧。7 月底五大电力公司亏损幅度已近百亿，反映出电价管制在市场经济发展中越来越不适应，亟须深化改革。

二、政策分析和效果预测

短期内第三次煤电政策的出台基本可以宣告前两次政策的失败。虽然前两次政策的出发点是好的，但所谓“上有政策、下有对策”，与市场经济规律相悖的限价政策会衍生诸多负面效应，最终无法达到预期效果。6 月 19 日，2008 年来全国首次提高销售电价 0.25 元，并对全国发电用煤实施临时价格干预，该措施颁布后一个月内，全国电煤价格涨幅超过 22%，重点合同兑现率快速下降、电荒的范围和程度持续加大。而 7 月 24 日“二次限价令”的颁布旨在扼制流通环节的暴利和变相涨价行为，同时对重点合同兑现率下降等方面作了补充，但该措施由于可操作性低，同时引发了囤煤惜售、以次充好等现象。虽然具有指示意义的秦皇岛煤价最终回落至 6 月下旬水平，但由于限价是对价格形成机制的进一步扭曲，最终未能缓解全国电荒和电企亏损的程度。而本次限制销售电价的措施虽然可极大改善火电企业的经营状况，但仍不可避免地引发以下负面效应：

（一）电网让利无益于从根本上解决煤电矛盾

本次单方面提高上网电价，将成本滞留在电网环节，相当于由电网公司承担电力企业部分损失，是拆东墙补西墙的做法。两家电网公司2008年售电计划为2.5万亿千瓦时，调价0.02元将使电网公司2008年增加购电成本约150亿元，虽然电网公司效益相对较好，但考虑到近年电网建设投资力度较大，且雪灾和震灾使其蒙受了较大损失，国家电网上半年利润仅29亿元，若压力较长时间滞留在电网环节，有可能使其重蹈电力企业亏损、减薪、裁员的覆辙。因此，让电网让利绝非长久之计，国家要出台有效的政策去解决矛盾而非转嫁矛盾。

（二）"小步走、不停步"可能导致煤价螺旋式上升

从本次调价幅度来看，国家极可能采用逐步调价的措施，鉴于"6·19"调价后电煤以每周50元的速度飙升，未来一系列的小步调价可能带动煤价螺旋式上升。同时，随着电、煤连续涨价预期不断加大，在价格扭曲的环境下，将大量滋生针对该领域的投机行为，新一轮的煤企囤煤惜售、甚至火电企业有电不发、电网有电不收均有可能出现。

（三）限制销售电价和煤价难以保护资源、促进节能降耗

近年来我国煤炭开采量和电力消费量以每年10%左右的速度快速增加，在国家节能降耗减排的大方针下，这一数字明显过高。同时，限制煤价不利于我国发电结构的改善，较低的煤、电、油、气价格对于新能源的开发利用具有抑制作用，难以缓解主要能源进口依存度不断增高的不利状况。

三、缓解煤电矛盾的相关建议

（一）提高销售电价是解决煤电矛盾的当务之急

在煤电矛盾如此剧烈的情况下，销售电价仍仅于6月19日提高5%，相关部门主要考虑的是CPI的承受能力。实际上，2008年7月CPI价格同比上涨仅 6.3%，已持续 3 个月回落，给上调电价提供了空间。据北京市相关数据测算，电价每升高 1%，会影响物价指数 0.132%，因此，销售电价提高 5%甚至 10%，CPI 将提高 0.65%至 1.3%，考虑到价格传导的不完全性，如此幅度将不会对 CPI 产生重大影响。而调高电价 10%，可从根本上解决电力公司以及将来电网公司的亏损，故提高销售电价是解决煤电矛盾的当务之急。同时销售电价的提高还有利于高耗能、高污染产业的结构调整，有利于企业节能技术的开发利用，有利于培养居民节电节能的生活习惯，改善能源生产和消费结构，有效地贯彻国家节能减排降耗的政策，最终对稀缺资源起到保护作用。

（二）提高煤炭业集中度，建立现代化煤炭市场交易制度

我国煤炭行业集中程度较低，截至 2007 年底，煤炭企业约有 1.6 万家，最大的煤炭生产企业神华集团产量也仅为全行业的 6.6%。产业集中度低导致开发秩序混乱，小煤矿安全保障能力差，行业内部竞争过度。因此，国家应对煤炭业的股份制重组整合给予政策引导，鼓励发展亿吨级企业。

同时应择机建立全国性的煤炭交易中心，形成相对统一合理的坑口价格，并对煤炭企业建立信用评级制度，督促其提高重点合同兑现率，对以次充好、擅自提价的煤矿加以处罚。

（三）输煤输电并举，加强运输环节管理

应构建科学合理的煤电综合运输体系，从根本上解决运力紧张的问题。在煤炭开发中心就地建设大型煤炭基地，提高煤电就地转化比例，改输煤为输电，减轻电煤运输压力。同时督促铁路及相关部门加快运力建设，全力优先保障能源运输，并打击运输环节乱收费现象。

（四）理顺电力价格形成机制，改进电力交易方式

应考虑改进电力交易机制，由电力企业和用户直接决定价格，电网公司只收取合理固定的电网使用费，把输配电价和销售电价分离开来，最终形成上网电价、输电价、配电价和销售电价。

坚定执行差别电价制度，对高耗能、高污染行业实施差别电价。在全国范围内推广梯级电价、峰谷电价制度，减少电力不合理需求，合理配置资源，全力保障居民生活、农业生产、高科技等优势行业用电。同时实行节能发电调度，根据火电机组煤耗，由低到高依次安排机组上网发电，以减少中间环节、节能降耗。

（五）调整电力结构，发展新能源

目前我国火力发电占总发电量的比例高达 78%，对不可再生资源煤炭的依赖性过大。应着力调整电力生产结构，提高水电、核电、气电的比例并给予相关政策支持，加大风能、太阳能等新能源的研究开发力度，逐步提高清洁能源、新能源对煤炭的替代效应。

（贾秋淼）

刘易斯转折点的到来对北京市的影响

刘易斯转折点描述了经济发展过程中劳动力市场出现的重大变化，即劳动力将不再无限供给。这一变化的发生将对社会经济产生重大影响。近年来，种种迹象表明中国目前已经进入了刘易斯转折点阶段。这一转折将对北京产生怎样的影响？本文对此进行了一些初步的分析。

一、刘易斯转折点的内涵

（一）刘易斯转折点是劳动力从无限供给走向短缺的转折

美国经济学家刘易斯认为，发展中国家普遍存在二元经济格局，由于农业人口众多，农村劳动力持续大规模地向城市非农产业转移，同时劳动力成本保持相对低廉。等到非农产业的发展把农业剩余劳动力吸收殆尽，二元经济就会逐步变成一体化的和均衡的现代经济。劳动力的这种从无限供给到短缺的转变，即二元经济结构转换，被称为“刘易斯转折点”。一个国家的发展可以是几百年甚至上千年，但是刘易斯转折点应该只出现一次。

（二）伴随刘易斯转折点的标志性变化

第一个标志性变化是人口出生率的下降。人口转变从“高出生率、高死亡率、低增长率”阶段转变到“高出生率、低死亡率、高增长率”阶段，是传统经济部门劳动力剩余，从而二元经济发展中劳动力无限供给特征的主要源泉。但是，人口转变的规律表明，随着经济增长和社会发展水平的进一步提高，人们开始改变生育行为，人口转变将进入“低出生率、低死亡率、低增长率”。这时，人口因素不再助长劳动力供给的增长，劳动力的无限供给也失去了一个重要的支撑。

第二个标志性的变化是劳动力市场一体化。在二元经济结构中，传统部门和现代部门的劳动力市场是分割的。劳动力市场从分割到一体化的变化，产生于农业中工资增长率的相对提高。农业作为传统经济的代表性部门，也作为以不变工资率为现代经济部门源源不断提供劳动力的基础部门，在二元经济条件下，工资水平长期处于生存水平。当现代经济部门的扩大把农业中剩余劳动力吸收殆尽时，如果前者继续产生对劳动力的需求，工资则必须上涨，相应地引起农业中工资水平的提高。

二、 中国劳动力市场已经进入刘易斯转折点阶段

目前，已经有很明显的迹象表明中国已经进入了刘易斯转折点的阶段。

（一）中国的人口增长已经进入了“低出生率、低死亡率、低增长率”的阶段

继人口自然增长率从20 世纪60 年代中期开始持续下降之后，中国的人口死亡率和自然增长率也降到了较低水平，进入了“低出生率、低死亡率、低增长率”阶段。劳动年龄人口的增长率从80 年代也开始了下降的过程，并且在21 世纪以来下降速度明显加快，预计在2017年左右停止增长。如果我们把劳动年龄人口看作劳动力供给的基础的话，上述趋势也就意味着在经历了一个中国特色的二元经济增长阶段之后，劳动力无限供给的特征正在消失，刘易斯转折点已经初见端倪。

（二）中国的劳动力市场一体化程度大大加深，近年来劳动力工资出现了较快上涨

随着城乡之间劳动力流动的日益频繁，中国的劳动力市场一体化程度也大大加深。据估计，全国外出就业的农民工已经超过了1亿，这些原来的农业劳动力成为制造业和服务业重要的劳动力来源。此前几年，这种劳动力几乎一直处于一种无限供给状态，工资水平极低。但是近年来，这种状

况已经发生了很大的变化，劳动力工资出现了较快的上涨趋势，这从各地近年来频繁调整最低工资标准可见一斑。

（三）近年来出现在南方的“民工荒”证明了刘易斯转折点的到来

中国刘易斯转折点到来的一个直接证明是前几年出现在南方的“民工荒”现象。2004 年开始出现的以“民工荒”为表现形式的劳动力短缺现象，已经从沿海地区蔓延到中部地区甚至劳动力输出省份。

三、 刘易斯转折点对北京的影响

（一）北京市的劳动力成本将出现快速上升

作为大都市的北京，由于磁极效应的作用，比中小城市的吸引力更大，因此在刘易斯转折点到来的初期，劳动力短缺的现象不会马上显现。但是，由于刘易斯转折点的到来，全国的劳动力从无限供给走向短缺，必将对北京产生影响。北京要吸引足够的劳动力，必然是以提高劳动力工资水平为代价，这必将带动周边市场劳动力价格的上升，而周边劳动力价格的上升，反过来又会抬升北京的劳动用工成本。因此，预计未来几年，北京市的劳动力成本将快速上升。劳动力成本的上升将对北京的经济发展和城市竞争力产生深远的影响。

（二）劳动力短缺将从局部性向全局性发展

近年来，由于产业结构调整和升级，北京市高新技术产业、高端服务业及一些新兴产业得到了较快发展。整个劳动力市场呈现出的劳动力短缺基本上是局部性短缺，即高端人才和职业技术人才短缺，而低端人才基本还处于供过于求的局面。预计随着刘易斯转折点的到来，全局性的劳动力短缺在北京也将逐渐显现，低端人才也将从供过于求走向短缺。

四、 应对刘易斯转折点到来的建议

（一）尽快统一北京市城乡户口登记制度，逐步推进户籍改革

中国长期实施的户籍管理制度，由于附加了众多相关的就业、保障和福利制度，已经异化为阻碍人口合理流动的制度障碍。刘易斯转折点的到来大大增加了户籍改革的紧迫性和必要性。未来改革的方向应在于剥离与户籍制度相联的就业制度、社会保障制度和相关福利制度,使户籍制度成为仅仅表明劳动力出生地或居住地的标志,鼓励劳动力自由流动和自主择业。

北京市目前已经具备了统一城乡户口登记制度的条件：北京的人均GDP已经超过了7000美元，应对户口登记制度改革的能力增强，同时北京本身的农村人口比重较低，吸纳进城农民的压力较小，并且城市功能区的重新规划和新城建设为此提供了很好的契机。北京市应该尽快统一北京市的户口登记制度，消除城乡劳动力流动的障碍，然后根据国家的大政方针和北京市的实际情况，逐步解决外来劳动力的落户问题，实现劳动力的自由流动，为北京市未来的经济发展提供充足的劳动力。

（二）建立城乡一体的社会保障制度

地区分割、城乡分割，社会保障账户资金的可携带性差是中国社会保障体系的主要问题，这些也成为制约劳动力流动的重要因素。为了适应刘易斯转折点到来对劳动力市场一体化的要求，必须尽快提高各级社会保障基金的统筹水平，增加账户资金的可携带性。

北京市近年来在建立城乡一体的社会保障制度方面进行了一些有益的探索，但是城乡之间保障范围、保障水平仍然差距较大。下一步应该加强研究城乡各种社会保障制度的衔接问题，实现社会保障的城乡之间无障碍转移。同时逐步推动社会保障的异地转移无障碍。

（三） 统筹城乡就业，加强农村劳动力就业能力建设，促进农村劳动力转移

1. 创造城乡劳动者、本地和外来劳动者之间公平合理的就业环境。公平就业环境的构建需要从三个方面加以考虑：一是就业机会的平等。这主要体现在自主择业和用工自由。目前，创造平等的就业机会关键是要打破各地区之间、各城市之间、各种所有制之间的各种樊篱，让劳动力自由、有序地进退劳动力市场。二是劳动报酬的平等。劳动者在从事相同工种和处于相同岗位时，应该获得相同的报酬。当前，需要迫切解决的是农民工与城镇职工同工不同酬的问题。三是享受公共资源的平等。外来劳动者及其子女有享受社会公共资源的权利，这包括城市社区服务、购置政策性住房、子女入学等。

2. 加强农村劳动力的就业能力建设。为了适应城乡劳动力转移的需要，在办好农村普通教育的同时，加强农村职业技术教育和培训，有计划、有重点地建设一批农村骨干职业学校和成人文化技术培训基地，建立转移劳动力的就业培训机构，从提高农民工的就业能力入手，调整其就业结构。

（四）从北京的长远发展出发，高瞻远瞩，早布局、早安排

刘易斯转折点到来对北京市的影响更多是中长期的，是逐渐显现的过程。同时，由于各项制度的改革和建设均非一日之功，也需要提前准备，早作安排。因此，在这一问题上需要更长远的眼光，提前对未来的社会经济变化趋势加以判断，进行相应的制度创新，超越眼前一城一地的得失。如提前对劳动力短缺情况下的产业发展方向、就业促进战略、配套社会制度改革、社会管理手段等方面进行细致的研究、设计和准备。

本文只是就此问题进行了一些初步的探讨，以期引起有关各方的重视。下一步应该对这种趋势和影响进行更深入的研究，并形成系统的应对策略。

（林 宝）

尽快建立居家养老的社会服务支持体系

随着人口老龄化趋势的不断发展，老年人口规模不断扩大，如何解决老年人养老问题成为困扰各级政府部门的一个难题。随着家庭的日益小型化，家庭的养老职能逐渐削弱，养老的重任必须通过社会保障和社会服务来分担。当前，各级政府对社会保障体系的建设比较重视，但对于社会服务的重视程度明显不够。北京市作为全国老龄化程度较高和经济社会发展水平较高的地区，应该尽早建立起社会服务支持体系，为居家养老的老年人提供优质、专门、切合需求的服务。

一、居家养老仍将是北京市老人主要的养老方式，解决养老问题必须以社会服务为基础

（一）机构养老只能解决少量老年人的养老问题，并存在一定的局限性

相关数据显示，目前北京市60岁以上户籍人口为210多万，常住人口约有240多万，北京市养老机构336家，床位数38000余个，北京市百名老人拥有的床位数是1.8张[①]，也就是说即便北京市养老机构实现100%的入住率，也只能担负1.8%的老人养老，其他大多数老年人只能是居家养老。随着未来人口老龄化程度的加深，老年人口规模将在相当长的一个时期内保持快

[①] 数据来源于北京日报文章“北京现有336家养老机构 百名老人床位数是1.8张”，转引自 http://cn.chinagate.com.cn/population/2008-06/20/content_15862735.htm

速增长，如果养老机构床位数不能跟上老年人口的增长速度，机构养老的比例将下降，居家养老者的比例则可能更高。

机构养老除了容纳能力有限之外，还有一些其他的局限性。一是使老年人远离了自己的家庭，无法享受天伦之乐；二是众多的老年人集中在一起，由于老年人的患病率和死亡率较高，身边经常有老年人生病、死亡，这将对老年人的心理产生负面影响；三是养老机构的收费也将制约部分老年人的选择；四是机构一般只提供基本的服务，无法满足老人个性化的需要。这些因素将对老年人选择机构养老产生不利影响。另外，从欧洲的发展经验来看，近年来也出现了大量的养老机构床位空置的情况，更多的老人选择居家养老的方式。

（二）社会服务支持体系是当前居家养老方式的重要基础

当前的居家养老与传统的居家养老有着本质的区别。在传统的居家养老方式中家庭不仅是养老的当然处所，也是养老支持和服务的全部来源。当前的居家养老虽然同样是以家庭为养老处所，但它是由家庭和社会共同支持，同时以社会养老服务为重要基础的养老方式。在当前的人口老龄化形势和社会发展形势下，如果没有相应的社会服务支持体系作为基础，居家养老将面临照料资源不足的实际困难，养老质量将大受影响。

二、发达国家居家养老社会服务的主要内容

在发达国家，居家养老的社会服务支持体系比较健全。概括起来，这种社会服务的主要内容包括：

（一）为体弱老人和高龄老人提供的社会养老服务

1. 提供家务服务。由经过专门训练的服务人员承担，内容有帮老人收拾房间、买菜做饭、陪伴老人、看护刚刚出院或生活不能自理的老人，以及照顾老人洗澡、穿衣、服药等等。低收入家庭的老人可以通过专门的补贴项目得到这样的服务。

2. 家庭保健服务。是由家庭保健医生或护士提供的专业或辅助专业人

员的护理照料。内容涉及分配和监督用药、换衣、康复理疗、提供个人卫生服务。美国医疗保险条例规定了老人每年可以报销1个月以上的家庭保健服务开销。

3．送饭上门。此项服务是提供一顿热午餐给住在家里的老人或不能买菜做饭以及需要此类帮助的人。

4．定期探望。此项服务是组织志愿者定期探望空巢家庭的老人和住养老设施的老人。探望者与老人一起做些老人们喜欢或需要的事情，如一起玩牌或下棋、一起看电视、聊天等等。

5．电话确认服务。每天在确定的时间打电话给独居在家的老人，确认老人安然无恙，减轻老人们的焦虑和及时发现问题。如果在确认的时间老人家里的电话没有应答，而且老人也并未事先打招呼，则立即会有人到老人家去检查。社区机构或教堂通常提供资金进行这种服务。

6．紧急响应系统服务。建立专门的老人紧急响应系统，以便老人寻求帮助。如建立老人与医院之间的紧急响应服务，只要老人一按身上携带的与医院自动连接的按钮，医院就可及时通知老人的监护人或提供紧急服务。

（二）为健康老人的服务和计划

这类服务主要由老年中心来组织和实施。

1．交通和陪伴服务。交通服务主要是为老人提供门到门的灵活交通工具的服务。陪伴服务主要是陪老人外出的服务，以保证老人的安全。在纽约，警察就组织了中小学生志愿者做陪伴服务。

2．老年食堂。如美国联邦营养工程每年为上百万60岁以上的老人提供饭菜。绝大多数老年食堂设在一个中心地带，比如老年中心、学校、社区中心、教堂等，为老人提供一顿午餐。

3．法律服务。鉴于老年人所需求的房屋出租、消费者权益保护、准备遗嘱等法律服务与日俱增，此项服务为老年人提供免费的法律咨询和帮助。

4．就业服务。通过一些非盈利志愿者就业机构和政府就业服务机构帮助老年人保持或获得工作岗位。

（三）其他专门服务

1．老人日托服务。主要针对不能在家独立居住又不愿意去养老设施的老人。一般老人中心开放时间是除周末休息日外的一周五天，每天八小时。日托中心既可以是设在老年公寓里，也可以是老年中心、邻居中心或医院的一部分。

2．咨询服务。服务对象主要是老人的亲属。服务内容主要是在老人和亲属的意见不一致时提供咨询服务，解决诸如个人和家庭矛盾、退休、财务、生活安排等各种问题，从而使老人的个人权益得到充分的尊重。

三、建立北京市居家养老社会服务支持体系的建议

（一）尽快开展较大规模的居家养老需求调查，全面了解老年人的养老需求状况

要建立居家养老社会服务支持体系，必须对老年人的养老需求进行全面的了解，在此基础上借鉴发达国家经验，确定针对老年人需求的社会服务的主要内容及各种服务资源的配置。如果其他条件具备，建议进行一次北京市老年人口状况普查，重点是收集老年人的个人和家庭信息，并对其需求进行重点关注。要调查的问题如：老年人目前生活存在哪些困难？有哪些需求？希望以何种形式来满足这些需求？如果提供某些社会服务老人是否愿意购买？如果愿意购买能够承受的价格是多少？如果目前没有条件进行老年人普查，也可以采用抽样调查的方式来收集这些信息。

（二）逐步建立老年人的健康、需求档案，为老人提供个性化的服务

为了使社会服务支持体系更好地发挥作用，建议在老年人状况普查的基础上，建立北京市老年人健康和需求档案。如果目前没有条件开展老年人普查，也可以通过社区收集、医院收集、调查收集等多种途径收集老年人的健康和养老需求信息，逐步建立老年人的健康和需求档案，形成一个大的数据库。要根据老年人的健康和需求状况，为老人定制个

性化的服务。同时，建立与老年人之间的联系机制，随时更新老人的健康和需求信息。

（三）将现有的老年活动中心升级为老年服务中心，作为养老社会服务的主要依托

目前，北京市各社区均设有“星光老年之家”类的老年活动场所，但其职能相对单一，一般很少为老年人提供服务。建议以其为基础组建各社区的老年服务中心，主要职能一是负责跟踪老年人的健康和需求信息；二是为老年人提供一些基本的咨询服务；三是建立起老人和其他专业服务机构之间的联系，当老人提出某项需求后，服务中心可以向其推荐几个服务提供商供其选择，或是协助其选择；四是对服务进行监督，当老人与服务提供商之间出现矛盾时进行协调；五是组织和协调志愿者在本社区的养老社会服务。

（四）建立北京市统一的老人服务热线，为老人提供方便

为了方便老年人获得社会服务，建议开通一条类似于 962008 帮助热线的老人服务热线，只要老人拨通该服务热线就可以获得医疗、饮食、照护、陪护、急救等服务。

（五）实施养老社会服务企业的准入制度，保证服务质量

在社会服务支持体系建立后，老年人可以自行购买社会服务，也可以通过老人服务热线和老人服务中心来寻求社会服务。对于通过老人服务热线和老人服务中心提供服务的企业，实行准入制度，适当提高其服务标准。符合准入制度的企业可以列入服务热线和服务中心的服务商列表，供老人选择。每年度（或半年）对服务商进行评估，服务争议多、服务质量差的服务商将被从列表中剔除。

（六）对养老社会服务进行一定的税收优惠或提供财政补贴，鼓励企业保证养老服务相对较高的性价比

对于符合养老服务准入制度的企业，可以考虑进行一定程度的税收减免，增加企业从事养老社会服务业的积极性。同时对于评估合格的服务商，可以考虑根据其服务量给予一定的财政补贴，鼓励其保持养老服务相对优势的性价比。

（七）鼓励志愿者参与养老社会服务，积极开发养老服务社会资源

在发达国家的养老社会服务支持体系中，志愿者是很重要的一个组成部分，很多陪护、照料、咨询等服务工作是通过志愿者来完成的。政府部门可以加强和志愿者组织的密切联系与合作，随时就养老需求与志愿者组织进行沟通，最大限度地争取志愿者对社会养老服务的参与和支持。

（林 宝）

构建多元化的公共服务提供体系

一、公共物品供给多元化是公共服务改革的基本趋势

（一） 公共物品多元化供给有利于提高公共物品的提供效率

1．公共物品的性质决定了容易产生公共物品消费的“搭便车”行为，形成“市场失灵”。公共物品，通俗地讲是指那些能够同时供许多人消费，并且人们享受这种物品的效果和生产这种物品的成本并不随人数的增加而改变的物品。公共物品具有两个性质：一是非竞争性，即增加一单位的物品的消费所带来的成本增加为零。二是非排他性，即单一消费者的消费不能够阻止其他消费者对该物品的消费，或者实施这种阻止的费用非常高。由于公共物品的这两个性质，消费者一般都会选择“免费搭车”，即产生所谓的“搭便车”行为，市场机制完全失灵。

2．政府成为公共物品的提供者也可能产生“政府失灵”问题。由于“搭便车”行为的存在，很多经济学家主张，政府应该成为公共物品的当然提供者，然后通过税收等手段消化公共物品的成本。但是由于政府的特殊政治地位，其“自利性动机”无法得到有效抑制，其具有高度垄断性的公共物品供给行为会破坏稀缺资源趋于最优配置的过程，造成交易成本的增多和社会资源的浪费，产生严重的“政府失灵”现象。

3．公共物品多元化供给模式的产生，意在克服“市场失灵”和“政府失灵”现象。为了克服公共物品供给中的“市场失灵”和“政府失灵”现象，人们

开始改变思路，寻求多部门合作参与公共物品供给的可能性，公共物品多元化供给模式便被很多专家所推荐，并被一些政府所采纳。公共物品多元化供给模式的出现是人们寻求解决公共物品提供效率问题的途径的结果，其目的是探求政府、私营部门、第三部门及公民在公共物品供给中的合理的角色定位，以达到最佳的互动效果。

（二）公共物品多元化供给理论为发达国家的公共服务改革提供了理论支持

近年来，公共物品多元化供给理论在西方获得了较快的发展，主要有双主体参与供给论、三主体合作供给论、多主体互动供给论等几种学说。

1. 双主体参与供给理论强调了可以在政府之外引入另一主体来共同完成公共物品的供给。双主体参与供给模式根据参与主体和参与方式的不同又可以分为三种类型。

第一种类型：市场化供给的新公共物品管理模式。其显著的特点是在公共物品供给领域推行市场化，促进民营化。新公共物品管理模式引入竞争机制、实现供给主体的多元化，但私人产权的引入却可能导致政府监控权的弱化及公共物品私人垄断优势的形成。

第二种类型：公共部门与私营部门的合作伙伴模式。该模式支持政府与私营部门间建立长期合作伙伴关系，以"契约约束机制"督促私营部门按政府规定的质量标准进行公共物品的生产，政府则根据私营部门的供给质量分期支付服务费。这种模式既极大地提高供给效率，同时又使整个供给过程在政府的控制中稳步运行，有效规避了公共物品由私人垄断的潜在风险。但这种模式又可能导致政府在与私营部门的交易中滋生腐败，以及导致私营部门由于信息不对称而不履行契约的"契约失灵"现象。

第三种类型：政府与第三部门功能互补供给模式。营利组织所固有的局限性是导致"契约失灵"的根源，而非营利组织由于必须受到"非分配约束"，它不会为追求利润而降低品质。公共物品的生产若由这种非营利的第三方部门完成，生产者的欺诈行为便会得到有力的遏制。第三部门的出现是"市场失灵"和政府公共物品供给不足的结果，它被视为一支独立的第三方力量，促使在公共物品提供上实现公平与效率的最优结合，同时它也在防范政府与私营部门对公众利益的侵害方面具有重大意义。但第三方机构也常常会偏离志愿机制，形成"志愿失灵"现象。

2. 三主体合作供给论强调了政府、企业和第三部门可以实现优势互补，合作实现公共物品的供给。政府的特点是拥有强制性权力，企业是以非强制性原则来运作，而第三部门是以"志愿主义"的原则来活动，三者在解决同一社会问题时彼此间存在着密切的互动关系。同时，当三者为公众提供相同或相似的公共产品或服务时，也会存在激烈的竞争，此时三部门间还存在着资源交换关系，资金、人员、技术、公共关系往往在部门间流动。该理论主张，在公共物品领域建立起一种有效的协调机制，在三者不断的合作与竞争中努力寻求多元权力的均衡点，形成公共物品供给的多中心体制及互补机制。

政府、企业、第三部门共同参与公共物品的供给，可实现各自优势的充分发挥及优势互补。政府在政策服务、制度安排、协调多方关系、建立关系网络、保障公平、合同监管等方面具有独特优势。企业拥有极强的运营能力，颇具开拓性和创新力，生产服务效率高，适合完成产生利润的任务；第三部门极具同情心，善于处理公益性、慈善性事务及诸如生态保护、扶贫救灾、关爱弱势群体、人道主义援助等国际性社会问题。

3. 多元主体互动供给论突出强调政府责任、公民精神在公共物品供给中的作用，追求公共利益最大化。以新公共服务理论为代表的多元主体互动供给论认为，公民才是社会的真正主人，行政官员在管理公共组织时，应将公民置于首位，强调他们服务于公民和授权于公民的职责，政府的首要任务应是帮助公民明确表达并实现公共利益。政府不仅要亲自参与为"行政相对人"提供最广泛意义上的公共物品，更重要的是，政府应积极提供一个舞台，能使公民在这一舞台上充分发表意见，清晰地表达其价值观，鼓励公民采取一致行动。除提供舞台外，政府还有责任充当"中间人"，将多元参与供给主体都集中到谈判桌前进行磋商和谈判，通常是以政府、私人部门和第三部门结成战略联盟的形式来协同解决问题。因而在面对多元化的公众需求时，政府及公共管理者不是说行或不行，而是共同寻找解决问题的途径并实现之，这便形成了政府、公民、社会及市场主体多维互动的新局面。

新公共服务理论尊重公民权，重视公民的参与，突出强调政府责任、公民精神在公共物品供给中的作用。政府努力创造一个利益共享、责任共担的机制，联合所有可能的力量来协同解决公共物品提供问题，确保公共物品以一种令人满意的形式向公众提供。实质上，这一过程就是在追求公共利益的最大化，以便最大限度地实现公共利益。

（三）发达国家公共物品供给多元化改革的主要做法

西方发达国家在公共物品供给多元化改革的过程中，采用的主要措施是公共服务市场化。公共服务市场化是指通过政府与社会之间的合作，利用竞争机制、价格机制、供求机制与约束机制，调动社会资源参与政府公共服务的供给过程，从而达到政府以较少的资源与较低的成本来实现提供数量更多、质量更高的公共服务之目的。公共服务市场化的具体操作方式有公共部门的民营化、公私合作、合同出租、凭单制度等。

1. 公共部门的民营化。民营化是最激进的市场改革模式，目的在于通过依靠市场力量来提高公营企业经营效率。英国是最早开展私有化改革的国家之一。1979 年，撒切尔夫人上台执政以后，大力推行私有化运动，大量公有企业被出售，如1986 年英国煤气公司股票全部被出售。

2. 公私合作伙伴关系。这是一种政府付钱、私营部门提供服务的方式。以伦敦护照办公室（UKPS）为例，具体观察一下伙伴关系是如何运作的。伦敦护照办公室是英国护照处七个地方服务机构之一。在改革前，从申请到护照发放的所有的护照办理业务都由政府一手包办。改革后，引入私营企业，将部分服务职能外包，政府机构与保密印刷系统有限公司（SPSL）、西门子商业服务公司（SBS）和提供电话服务的MM Group 建立了合作关系。MM Group 负责顾客的电话咨询等业务，SBS 负责申请人的数据录入（无权修改），而SPSL 负责护照的最后一道程序——印刷，它们承担了总任务量的35%。根据服务合同的要求，UKPS 在考核三个私营部门绩效的基础上必须付给其合理的费用。这样做的结果是，一方面减少了 UKPS 工作人员的数量，另一方面又提高了整体的服务质量和效率。

3．合同出租（外包）。合同出租、签约外包是西方公共服务改革中使用最为广泛的市场化方法。合同出租一般是由政府或公共部门作为顾客和委托人，同代理人签订合同。政府或公共部门的职责是确定需要内容、签订合同并监督合同签约方执行的绩效。这样，政府就不直接提供公共产品或公共服务，而是成为真正的公共事务管理者。以美国为例，几乎所有的州与地方政府都应用合同出租的方式来为公众提供服务。

4．凭单制度。凭单是政府为帮助某些特定集团的人购买某些特定的货物或服务而发放的有价证券，主要运用于政府提供的食品补助、医疗补助、教育补助和住房补助等方面。有资格接受凭单的消费者在政府指定的公共服务供给组织中使用凭单购买特定的货物或服务，然后政府用现金兑换各组织接收的凭单。政府通过凭单把选择服务的权力直接交给了消费者个人，有利于削弱职业性利益集团对政府公共服务决策的控制和对消费者的控制，让供给者为争夺消费者手中的凭单而展开竞争，以提高公共服务的效率和质量，并杜绝政府公务服务决策过程中的寻租现象。美国是运用凭单制度最为典型的国家。早在1991年，美国就有2300万人手持食品券。2001～2002年，俄亥俄州克利夫兰市推行教育凭单制度，结果该市从学前班到八年级，共有4456名学生带着教育凭单转入私立学校，而其中99%的人选择了教会学校。

二、构建多元化的公共服务提供体系——发达国家公共物品供给多元化改革的启示

（一）明确政府职责，切实履行提供公共服务的义务

公共物品供给的多元化并不意味着政府提供公共服务义务的转移。恰

恰相反，公共物品供给的多元化是建立在政府切实认识到应该提高公共服务效率、更好履行公共服务义务的基础上。近年来，西方部分国家的公共服务理念有一个很大的转变，即奉行顾客第一主义，就是服务为本、顾客取向。在这种理念下，公共物品的提供对象不再是笼统的“公众”，而是“顾客”，即要求政府工作人员和公共服务人员明确谁是他们的顾客和服务对象。丹麦于20世纪80年代初就开始提出了“回应性国家”(the Responsive State)的概念，要求国家把公民当作消费者、顾客、委托人等来看待，而不是把公民当作选民来看待。

北京市目前正处于经济快速发展的阶段之中，政府的经济实力不断增强，提供公共服务的能力也显著提高。当前关键是要明确政府为市民提供公共服务的义务，分清政府的职责范围，借鉴西方发达国家政府的服务为本的观念，努力为市民提供高效、优质的公共服务。

（二）根据公共服务的特点，确定公共服务的提供方式

实现公共物品供给的多元化可以提高公共服务效率，这是发达国家公共服务改革给我们的启示。政府对提供公共服务的方式的选择很大程度上决定于公共服务的特点。北京市在编制“十一五”规划时曾对社会公共服务进行了基本社会公共服务、准基本社会公共服务和经营性社会公共服务的区分，并提出要按照不同的方式提供各类社会公共服务。这是一个很好的思路。但是还有必要在几个方面作进一步的深化：一是要将分类提供公共服务的思路从社会公共领域扩展到所有公共服务领域；二是要对政府参与公共服务的具体方式进行细化，确定每项公共服务适合民营化、公私合作、合同出租、凭单制度这几种提供方式中的哪一种。

（三）注意区分公共物品的生产与提供、直接生产与间接生产，确定政府最有效的公共服务提供方式

在政府提供公共服务的过程中，要注意区分生产与提供、直接生产与间接生产。公共物品以政府提供为主，但并不等于非要以政府生产为主。实际上，除了少数涉及国家整体利益和国家安全的纯公共物品需要由政府直接生产外，大量的公共物品可以采用公开招标和投标的契约方式交给私人生产，然后由政府采购，或者干脆由政府使用公共资金在商品市场上直接购买。在美国，公共物品的提供，大到数十亿美元的军火，小到几美元的办公用品，都是通过私人生产、政府采购机制实现的。美国联邦、州和地方三级政府每年要采购一万多种、上万亿美元的物品和服务，采购金额占GDP 的18 %左右。即使是需要由政府直接生产的公共物品，也可按照公共物品的具体属性和构成，区分出应该由政府直接生产的部分与间接生产的部分，把间接生产的部分交给私人部门和市场。如社会安全是一种比较典型的纯公共物品，居民消费的公共安全是不能分割的，但安全生产所需要的要素却是可分割的，也就是说，公共安全实际上是警察、警车、通讯、监狱等共同作用的结果。在市场经济发达的国家里，不仅警车、通讯、监狱等可以交给私人生产、政府采购，而且就连警察也都是由“私人生产”(私立高等学校培养)、政府采购的。因此，政府在不同的公共物品供给环节和模式中是以不同的方式参与的，要确定政府最有效的生产或服务提供方式。

（四）构建多元化的公共服务提供体系，创造条件引导其他主体参与公共服务供给

公共物品供给多元化一方面是政府提供方式的多元化，另一方面是供给主体的多元化。由于我国从计划经济向市场经济转型的时间还比较短，政府以外的其他主体对公共服务的参与还十分有限，下一步应在确定可以引入市场机制的领域鼓励民营主体的进入，同时充分发挥第三部门（非政府组织）的作用。

鼓励民营主体进入公共服务供给领域实际上就是要消除公共物品生产的进入壁垒，实现公共物品生产领域产权结构的多元化。公共物品生产的进入壁垒，不仅会造成资源在公共物品与私人物品之间、在公共部门与私人部门之间以及在各自内部难以自由流动和优化组合，而且因民间资本和外国资本难以进入公共物品生产领域，会导致公共物品生产领域的产权过于集中于政府及其公共部门手中，产权单一、僵化，竞争机制难以形成。

当前虽然有部分领域允许民营部门的参与，但是由于原有国有公共物品生产部门的垄断优势，公共物品生产领域民营主体的发展相对困难，还是处于一种数量少、规模小的状态，因此，要真正发挥公共物品供给领域的市场机制作用，还需要为民营主体创造一个公平竞争的环境。

第三部门在公共服务的提供中也能发挥独特的作用。从第三部门的特性看，其作用主要发挥在具有文化属性和社会公益属性的公共物品的供给方面。但由于其资金来源有限，一般较少提供大范围的实物形态的公共产品，如基础设施等，而是将重点放在了公共服务方面，致力于解决一些重大的社会问题，如环境问题、贫困问题、残疾人及人道主义救援、吸毒问题、妇女儿童保护问题、老年人问题等。

（五）加强对其他参与主体的约束和监管

政府必须加强对民营部门和第三部门提供公共物品的制度约束和引导。私人取得某一公共物品的生产权，可能会形成某种垄断优势，也可能会借此抬高准入价格或者向消费者提供不完全信息。政府有责任对公共物品的私人供给者进行必要的规范，担负起维护市场秩序的责任。第三部门的服务对象往往是社会的部分群体或特殊群体，不同组织有着不同的组织目标，获取资源的能力不一样，而且资源获取容易受到多种因素制约，影响整体效率。第三部门由于资金的限制，缺乏吸引专业人员加入的能力，从而会影响服务质量。因此，政府对第三部门的服务也应进行必要的规范和引导。

总之，北京市当前正处于经济快速发展、公共服务升级的关键时期，有必要借鉴发达国家公共物品多元化供给的经验，在公共服务领域引入多种主体，针对不同公共服务的特点采用不同提供方式，构建多元化的公共服务体系，努力为市民提供优质高效的公共服务。

（林 宝）

北京市高技术产业发展的现状和问题

近年来，依托中关村科技园区和北京经济技术开发区，北京市高技术产业取得了快速发展，产业总体规模迅速扩大，各项主要经济指标在全国主要科贸省(市)位居前列。

一、北京市高技术产业发展现状

1. 高技术服务业发展迅速，已成为高技术产业的主导力量。2004～2007年，北京市高技术产业总量保持稳步增长，增加值从2004年的1036.8亿元扩大到2007年的1915.7亿元，年均增长22.7%。其中，以信息服务业和研发业为主的高技术服务业呈现快速增长态势，年均增速都在16.8%以上。高技术服务业占高技术产业的比重连续四年达到 70%以上，已成为北京市高技术产业的主导力量。在高技术服务业的带动下，高技术产业占北京市GDP的比重也从2004年的17.11%上升到了21.27%，2007年对北京市经济增长的贡献近30%。

2. 高技术产业布局与区域功能定位趋于吻合，重点园区产业集群，特色彰显。依据各功能区的产业定位，拓展区逐步展现出以信息服务、软件、集成电路、动漫、网络游戏研发为特色的高技术服务业集聚化趋势，发展新区则正形成以通讯电子、光机电、生物医药为特色的高技术制造业集聚。以中关村科技园区为代表的重点园区，从2001～2007年一直保持强劲增长，

目前已形成以软件、集成电路、计算机、网络、通信等为代表的重点

产业集聚，并形成了“一区多园”主导产业特色彰显的空间格局，其中海淀园以软件、创意产业集群为主，电子城以电子产业、光机电产业集群为特色，亦庄则主导突出通讯、显示器和微电子产业集群，大兴生物医药基地也彰显出了生物医药产业集群的特色，此外，德胜园、国家环保产业园也逐步开始凸现创意、环保产业集群特色。

3. 技术市场的区域辐射效应突出，重点领域研发创新实力增强，产业化步伐加快。凭借雄厚的科技资源优势，北京市近七年来技术合同成交额连续保持两位数的速度增长。从 2001 年的 140.3 亿元，猛增到 2007 年的 882.6 亿元，交易额扩大了 5 倍，年均增长 38.6%，占全国技术交易总量的比重已提高到 39.6%。且 2003 年至 2007 年间，北京市技术市场中近五成以上的成果流向外省市。根据具体流向来看，经济发达地区对首都的需求最为旺盛，广东、上海、江苏等均是吸纳北京市技术成果的主要区域，主要集中在电子信息技术、环境保护与资源利用、现代交通、新能源与高效节能技术领域。此外，一些经济增长较快地区如内蒙古也在加速吸纳北京技术成果，北京市技术成果的区域辐射效应相当突出。同时，北京市在移动通讯、集成电路、生物疫苗等领域的研发创新实力增强，技术取得突破性进展。如以新联想关联应用技术为主推出的闪联标准在成为我国第一个“3C协同产业标准”后，进一步成为国际标准，并在全球率先实现了产业化。集成电路方面，北京北方微电子公司在达到了与国际同步“8 英寸 100 纳米”装备水平的基础上，又自行研发出高端集成电路设备 8 英寸高密度等离子刻蚀机 NM508A 并实现了产业化。此外，由北京科兴公司和中国疾病预防控制中心研发的人用禽流感疫苗Ⅱ期临床试验也已完成。

4. 产业联盟日益成为推动自主创新、提升产业竞争力的中坚力量。2002 年开始，截至 2006 年，北京地区已经在 IT、新材料、环保、生物医药等重点领域成立了相关的产业联盟共 46 家。其中一些联盟已经成为推动北京市自主创新、提升产业竞争实力的中坚力量，如长风开放标准平台软件联盟、闪联、TD-SCDMA 产业联盟、中关村清新空气联盟、技术转移创新服务联盟、生物技术外包服务联盟等。这些产业联盟以标准制定为纽带，高度创新，闪联产业联盟、AVS 产业联盟、TD-SCDMA 产业联盟、中关村下一代互联网（IPV6）产业联盟和移动多媒体产业联盟等围绕行业标准的制定，进行了一系列的自主知识产权创新，填补了多项国家行业空白。大多数产业联盟不仅聚集了国内本行业最知名的企业、大学和研究机构，有些联盟还吸引了跨国公司加盟，具有广泛的代表性。同时还增进了与跨国联盟的合作，使多项技术标准与国际化标准接轨，联盟信息、知识与技术资源实现了分层次开放和共享。此外，产业联盟还使企业走出了恶性价格战的泥潭，并通过企业的纵向资源整合，形成产业链，相互配套发展，为用户提供整体解决方案，实现突破性新产品产业化，使新兴高技术中小企业顺利跨过市场准入的门槛，增强其在采购、销售、知识产权授权、市场推广等各个环节的实力。

5. 风险投资正日益聚集。北京市从 2005 年开始，在吸引风险投资方面位居全国首位。据有关数据和调查显示，2005 年北京、深圳、上海积聚了全国风险资本总量的六成，其中北京吸引了众多的外资风险资本，风险投资总量占到了全国总量的 31.2%，位居首位。2006 年北京市又凭借中关村科技园吸引到占全国总量一半的风险投资。2007 年，北京市继续保持在投资案例和资金方面的领先优势，全年共发生 129 件投资案例，涉及金额 10.5 亿美元，占到全国总量的 35%。从近三年这种风险投资趋势来看，北京市在取得国家多项政策试点的利好背景下，投融资环境不断改善，IT、通讯、医药、环保、能源等产业呈现较快增长态势，特别是中关村高科技园区作为全国自主创新集群的高地，成为非上市股份公司代办股份转让系统的唯一试点，强劲的优势决定了创业风险投资的北上。从未来风险投资的行业分布来看，主要集中在 IT、生物环保、能源、传媒等领域，而北京市这些行业的发展在各兄弟省市中仍旧保持较强的优势，因此，积聚风险投资的能力在未来几年内北京市仍会呈现较强的势头。

二、高技术产业发展中存在的问题

1. 高技术制造业内部结构一枝独大。由2002～2006年高技术制造业内部结构来看，北京市电子及通信设备制造业占高技术制造业比重一直保持在64%以上，其他高技术制造业所占比例均未超过17.3%。且近两年在产品出口方面，电子及通信设备制造业的出口交货值也占到了全部高技术产品出口交货总值的90%以上。由于电子及通信设备产品的生命周期较短，产量和销售价格都易受国际市场变动的影响，因此，国际市场条件变化，包括国际市场供需变动、原材料价格变动、汇率变动等都易影响该产业的成本和经营利润。这种产业结构一枝独大的状况，容易造成整个产业受其波动影响较大的局面，一旦电子及通信设备制造业的生产放缓、出口减少、效益下滑，将会严重影响整个高技术制造业的发展。

2. 高技术制造业仍处全球产业链的低端环节。微笑理论指出，在产业链中，附加值更多地体现在两端，研发和营销环节，处于中间环节的制造业附加值最低；同时在产业中掌握了关键技术才有高附加值，一般制造或加工都是低附加值。而北京市高技术制造业总体还集中在中间制造这个环节，从事研发和营销的环节并不多，特别是作为北京市高技术制造业主导的电子通讯设备制造业的核心基础产业，还较为薄弱，除在少数领域具有一定的技术优势外，基本领域还处于以加工、组装为主的中低端环节，因此高技术制造业总体水平仍处于全球产业价值链的低端环节。产品附加值不够高，由此也影响了产业的获利能力。根据2005～2007年的高技术制造业产值利润率和产值利税率来看，产值利润率基本上在4%至6%之间摆动，产值利税率则在保持在 6%～7%之间，年均产值利润率和产值利税率分别为5.1%、7.3%，获利能力提升不明显。

3. 高技术企业对技术消化吸收和“二次创新”的重视度较弱。从 2003至2006年北京市企业科技活动的情况来看，企业已日益成为科技活动的主体，企业所筹集到的科研经费中，73%以上来自企业自我投入，政府投入逐年下降。但是从大中型企业科研经费的支出结构来看，用于技术引进的经费支出少则数十倍多则成百倍的高于消化吸收经费支出，年均技术引进与技术消化吸收之间的比例是 1∶0.004。而有关资料显示，作为在引进技术的消化吸收和再创新方面最为成功的韩国和日本，其技术引进与消化吸收的费用比例分别达到1∶5和1∶7。由此可以看到，北京市高技术企业在发展过程中仍是注重技术的引进，而对于技术的消化吸收和“二次创新”的重视程度相对较弱。

4．利用外资的技术外溢效果不显著。北京市高技术产业利用外资在弥补产业资金不足方面起到了一定的成效，但技术外溢效果不显著。2003～2006 年的资料显示，北京市高技术制造业中，外资及港澳台资企业比重由64%上升到了 80%以上，高技术服务业中信息服务业在第三产业中利用外资总额的比重也由 2005 年的 10.5%提升到 2006 年的 12.8%。目前的外商投资多是投向最终产品的生产环节，由于最终产品在整个生产价值链中，离研发和核心技术环节较远，与前向、后向产业关联度小，因此技术外溢的效果并不理想。此外，外商的投资方式也在悄然发生着一些变化：外商投资正由过去的合作、合资向目前的独资、控股方式转变。从国际技术转移的固有规律来看，最新的技术成果总是控制在母公司内部，或通过内部技术转移转让给控股特别是独资的子公司，至于对外直接转让的技术，层次往往是相对落后的。因此外商投资的这种转变不仅不利于北京市高技术产业核心技术的掌握以及竞争优势和利益空间的获取，而且也有碍于“以市场换技术”等利用外资战略目标的实现。

三、促进高技术产业发展的对策建议

1．进一步优化高技术产业内部结构。从北京市高技术产业结构来看，高技术服务业虽然已占到高技术产业 70%的比重，但高技术服务业内部信息服务业主要是以传统的信息传输服务为主，新兴的、附加值更高的第三代移动通信、数字电视、下一代互联网等信息增值服务和网络服务产业所占的比重还不高，高技术服务业的效益还大有潜力可挖。今后信息服务业可重点围绕以下几个方面开展：一是要加强宽带通信网、数字电视网和下一代互联网等信息基础设施建设，推进“三网融合”。二是要充分考虑用户需求的多样性，以用户需求为核心，注重对用户需求多样性的研究分析，把信息内容、网络和服务作为一个整体加以推进，满足用户不断出现的新需求。三是积极培育新型信息服务业态，如电子商务、网络出版、网络教育、数字娱乐等网络服务业。此外，针对高技术制造业内部结构的不合理，也应从以下几方面入手改善：一是继续做强通讯电子设备制造业，关键要推动具有自主知识产权的关键技术和标准的研发和产业化，带动相关产品生产的高端化。二是加大对生物医药产业规模的培养。依托中关村生命科学园、北京经济技术开发区和大兴生物医药基地建设国家生物产业基地，在疫苗、诊断试剂、重大疾病治疗药物等领域，选择一批基础条件好、技术成熟、成长潜力大的产品或行业，给予重点扶持和发展，加快生物医药产业规模的形成。三是培育新能源、新材料和环保产业。重点支持能源设备、新能源产品开发利用、再生材料以及节能环保产业的发展。

2. 加强引进技术的消化吸收和再创新。高技术企业“重引进轻消化”不仅有可能造成重复引进，资金浪费，也不利于产业在标准、核心技术方面的掌握，为此有必要从以下几方面着手改进：一是政府要加强对技术引进及消化吸收再创新的指导，围绕能够推动结构升级的共性技术、关键技术和配套技术，确定每个时期技术引进和消化吸收的重点。二是政府要适度加大对企业技术消化和吸收的投入。通过设立专门的技术引进消化吸收再创新资金，扶持重点行业、重点领域的技术引进消化吸收和再创新。三是加强对消化吸收再创新工作的支持力度。对消化吸收再创新所需的先进设备和产品，纳入政府优先采购范围。四是要加大对再创新企业出口产品的扶持力度，优先推荐符合高技术产业范畴再创新的产品列入国家高新技术产品出口目录。五是要建立产业共性技术研发平台，解决消化吸收再创新过程中行业共性的技术难题。组织重点攻关，通过产业共性技术研发平台的构建，形成沟通政府、科技中介机构、广大企业、科技及科技条件提供方之间的联系渠道，实现产业服务的专业化、平台化、市场化、产业化，提高技术创新水平。

3．提高利用外资质量，积极应对外商投资独资化。在利用外资的过程中，要从以数量为主转到以注重质量为中心，逐步淡化对引资数量的追求，以提升外商投资的技术水平和技术溢出效应为利用外资的主要目标。在今后的引资工作中，首先应以技术进步为依托，将利用外资重点放在引进关联度大、产业链长的战略性投资项目和国际行业领先的技术与项目上，在合资对象与项目的选择上，积极寻求与国际先进同行的对接，以引进技术、促进技术创新机制的建立作为利用外资的主要目的。其次，要建立外资绩效评价体系，并强化披露机制。指标体系要重视外资的质量和绩效，可纳入的指标包括：实际利用外资的数量、外资来源结构、外资投向结构、外资资源消耗指标、外资环境污染指标、外资效率指标等。再次，建立外商投资独资化对北京市经济影响的评估体系，重点围绕外商投资独资化企业在北京市同类企业中的市场地位、核心技术占有程度、产品出口影响深度等方面进行评估，依据评估结果采取适当政策加以应对。最后，为国内企业创造平等竞争的环境。进一步完善国内企业与外商投资企业平等竞争的体制和政策环境，使那些有竞争实力的国内企业能够获得与跨国公司公平竞争的机会，加强国内企业的竞争能力和长期发展能力。

（邢志俊）

价格透视

北京市物价运行规律初探①

研究价格运行规律对分析价格走势有很大的指导作用。研究表明，北京市价格变化规律特征明显，具体表现：一是2007年以来，价格结构性变化态势显著；二是价格周期性波动现象明显；三是2007年以来，相对于国家物价上涨存在一定滞后期；四是投资对价格的推动力减弱，需求对价格的拉动现象逐步增强。

一、北京市价格变化特征及原因描述

特征一：北京市价格结构性变化态势显著

2007年以来，北京市工业品出厂价格指数、生产资料和生活资料价格以及居民消费价格指数呈现出不同的走势（见图1）。具体表现：一是原材料、燃料、动力价格同比上涨较快；二是工业品出厂价格指数同比持续下降，生产资料价格同比增速递减，生活资料价格同比增速提高；三是生活资料价格上涨对居民消费价格的传导性较强，而生产资料价格上涨对居民消费价格的传导出现弱化变异；四是北京市CPI持续平稳增长。

原因分析：

1. 结构性产能过剩导致上下游传导渠道不畅。价格正常传递必须具备消费品需求旺盛、生产能力相对不足、消费需求增加等条件才足以拉动价格上涨，并能很快就能传递到下游产品，但是受到前几年投资过多导致产

①此文撰写于2007年11月，仅供参考。

能过剩的影响，北京市出现了商品结构性供过于求的局面。

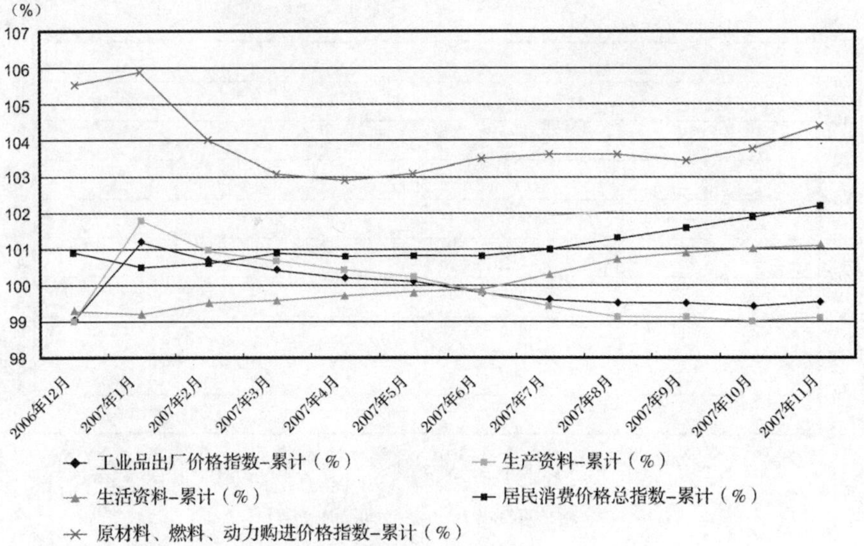

图1 2007年以来五种价格指数的对比

2．CPI受产业链影响较大。不同的产品有不同的产业链和不同的影响居民消费价格的途径或渠道，北京市产业结构升级，使得产业链中间环节的需求主体增多，引起中间需求增强，进而生产资料生产领域的自我循环加大，相应地弱化了生产资料各个加工环节向下游消费品工业生产领域的传导强度，而生活资料距离居民消费领域的产业链相对较短，对居民消费价格指数的影响较为直接，故传导较为强烈。

特征二：CPI变动周期相对稳定

根据图 2 可以将北京市的价格波动样本区间分为三个阶段，第一阶段为2000年一季度至2003年一季度，第二阶段为2003年一季度至2006年一季度，第三阶段为2006年一季度至今，大体上北京市的物价波动周期为3年。根据剩余测定法[①]进一步测算，可得出北京市居民消费价格指数的平均波动

① 所谓剩余测定法就是首先从时间序列中逐次或一次消除长期趋势、季节变动，剩下周期性波动和随机因素，然后进一步消除随机因素，得到周期性波动值。这种方法实质上是把对价格周期波动的测定转化为对长期趋势和季节变动的剔除，如果模型选择恰当的话，剩余值就能很好地反映周期波动的影响。

周期为3年，上升年份为2年，下降年份为1年，属于基钦周期[①]。

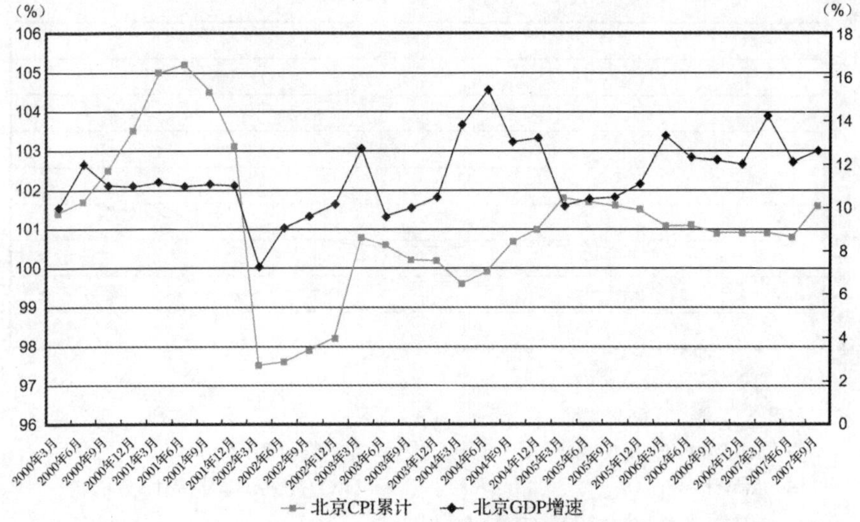

图2 2000年以来CPI与GDP增速对比

原因分析：

1. CPI构成波动的周期性。北京市居民消费价格指数的构成中食品等周期性行业[②]价格波动的周期性特征明显。居住类价格在房地产市场周期性[③]波动影响下也具有一定的周期性。

2. 投资与消费的周期性带动CPI的周期性。CPI的变化具体到产品上时，由产品本身的供给与需求决定，尤其是厂商对某产品的预期需求增加时，会扩大投资，有可能引起未来产能过剩，价格下跌；消费者对某产品的预期需求增加时，会扩大对该产品的囤积，使价格上涨。这种周期性的投资与消费使CPI保持周期性变化。

3. GDP周期性的影响。价格波动受经济因素的影响非常明显，产品价格作为市场机制中的信息要素，是产品供求状况的综合反映，是伴随经济

① 基钦周期是1923年英国经济学家基钦提出的一种为期3～4年的经济周期。基钦认为经济周期实际上有主要周期与次要周期两种。主要周期即中周期。次要周期为3～4年一次的短周期，这种短周期就称基钦周期。

② 周期性行业是指行业的景气度、利润等变化与宏观经济指标如利率、GDP、固定资产投资等高度正相关。同时，周期性行业一定时间段内的价格由供应量变化主导。据有关分析，中国食品价格上涨存在大约3年左右的短周期。见2008年1月1号《中国经济时报》文章《2008年经济三大猜想：物价涨到何时》。

③ 详见万海远和邱强撰写的《我国房地产周期波动成因探讨》一文。

发展而不断运动和变化的动态变量。经济的高涨，会扩大消费者的心理预期，提高消费倾向，致使物价上涨；经济萧条时，消费紧缩，物价下跌。

4．意外事件是产品价格高峰出现的导火索。由于世界经济的逐步融合，世界各地区的产品市场已逐步融于一体，其价格走势也逐渐趋于一致，因此突发或者意外事件使得产品的供应趋紧成为产品出现价格高峰的导火索。

特征三：北京与全国的CPI走势比较呈现阶段性变化

2000年以来，北京市CPI走势与全国CPI的变动呈现出不同的变化特点（见图3），价格的收敛趋势和同向变动趋势交替出现。2007年以来，北京市

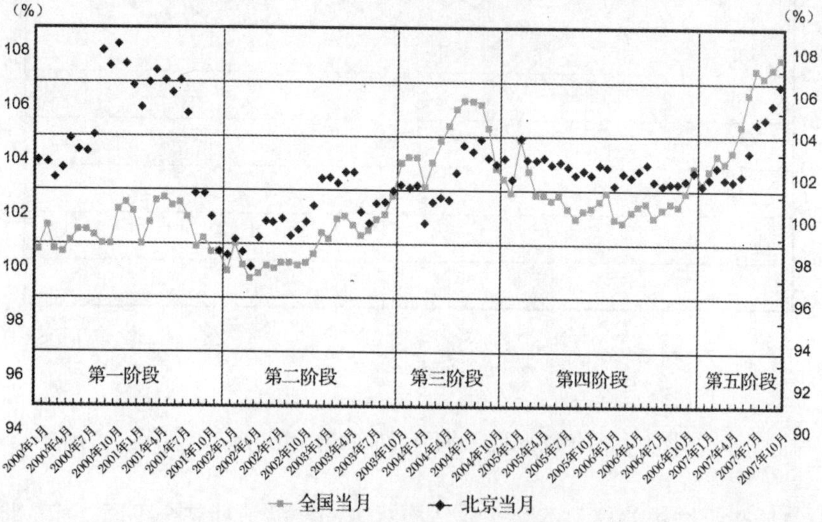

图3 2000年以来北京与全国CPI走势对比

与全国CPI的同趋势性变动特征明显（见图4），将北京滞后一期的CPI与全国的CPI对比可以发现，2007年以来，二者走势几乎完全一致，表明2007年以来全国物价上涨比北京提前一个月左右[①]。

原因分析：

1．非粮食以外的消费品过剩起到缓冲作用。对比北京市和全国2007年1～11月份的居民消费价格指数分类指数发现，北京市居民的CPI结构与全

① 根据北京与全国CPI走势图可以看出，全国与北京的CPI的交替变化分为五个阶段。通过北京与全国的CPI协整关系分析，我们发现第一阶段和第四阶段存在一个协整关系，表明呈现收敛趋势；第二阶段、第三阶段以及第五阶段不存在协整关系，表明这三个阶段的价格变化呈现出同趋势性。

国的差异度较大，除了食品类价格指数北京市累计增长高于全国的增长率外，其余的各分类指数均低于全国水平。这表明北京市除粮食以外的各消费产品的库存相对盈余，对价格的上涨起到一定的缓冲作用。

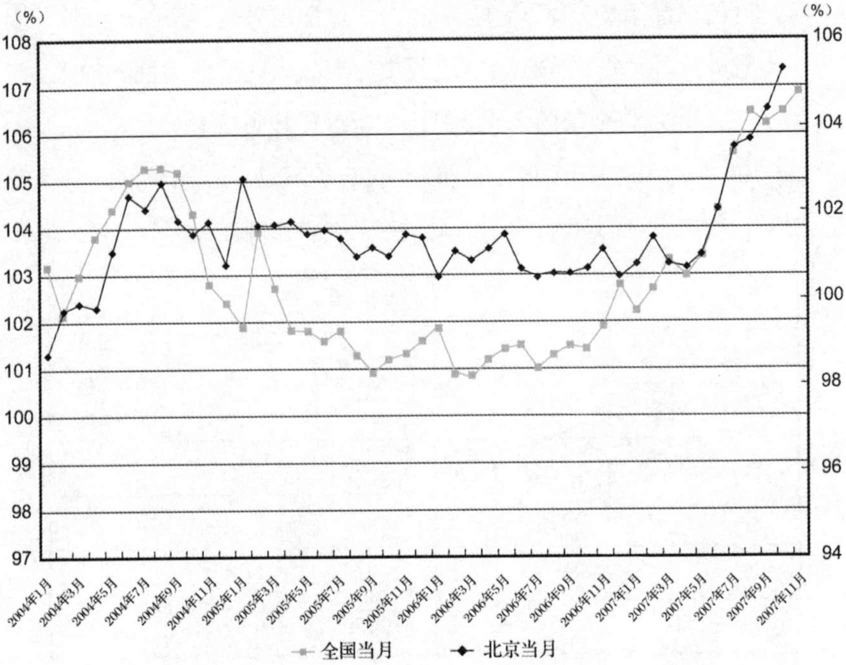

图4 2004年以来北京滞后一期CPI与全国CPI走势对比

2．产业结构差异。不同产业结构对中间产品消耗完全不同，相应地对中间投入品需求的带动作用差异较大。北京市产业结构中第三产业的比重达到了70%以上，而全国GDP中第二产业比重超过50%，考虑到PPI对CPI传导时滞的影响，原材料价格上涨对二产占比较高的全国的PPI影响较大，对北京的影响相对较低，使得全国同期的CPI价格上涨较快。

3．全国价格上涨对北京的带动作用。目前，我国市场基本上属于完全北京市场，尤其是在消费品市场领域，信息流通渠道相对通畅，根据"一价定律"，由于套利的价格发现功能，一个地区某一商品价格的浮动将会带动其他同种商品消费地区的该商品相应浮动，因此，北京以外其他地区的价格上涨将会起到比较大的示范效应和外推效应。

特征四：需求拉动型的价格上涨态势明显

消费对经济增长的贡献率加大。根据1996年以来的数据，2006年之前，北京市的资本形成率大于最终消费率，2006年，最终消费率首次大于资本形成率（见图5）。但是，从投资与消费对经济增长的贡献度分析，1997年

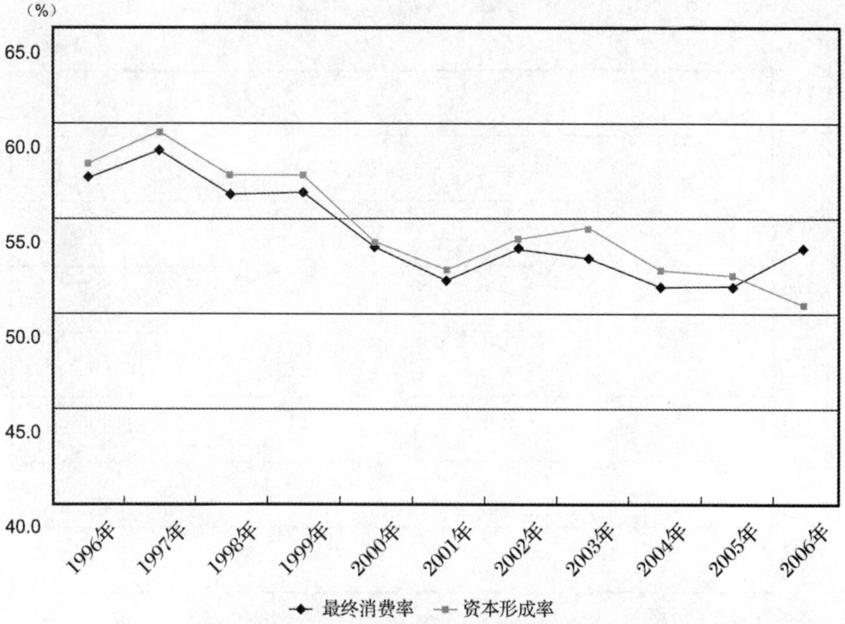

图5 1996年以来投资消费率变化趋势图

至2004年间投资对经济增长的贡献总体来看略大于消费对经济增长的贡献，表明北京市2004年之前的经济增速更多的是靠投资推动。2004年以来，消费对GDP的贡献率迅速提高，连续3年超过投资对GDP的贡献率（见图6），表明北京市消费拉动的增长方式逐步显现[①]。

总需求对物价的影响大于总供给对物价的影响。经济在物价上升的同时仍然保持高增长，说明近期通胀预期的变化中，成本推动的成分相对较小。从生产价格指数（PPI）增长低于消费价格指数（CPI）增长说明上游

[①]扣除与奥运相关的基础设施投资（根据2006年北京市政府固定资产投资计划数据估算大约为102.5亿元），消费贡献率远大于投资贡献率。

产品价格尚没有传导到最终消费品的压力上，进一步显示现在的物价上涨不完全是成本推动型的物价上涨。另外，当前蛋、肉禽及其制品和粮食三类商品的价格上涨较快，并且占CPI的比重较高，而北京市居民蛋、肉禽及其制品和粮食的需求价格弹性相对稳定，所以它们的价格上涨是引起CPI大幅上涨的主要原因，需求增大是拉动物价水平上涨的主要动力。

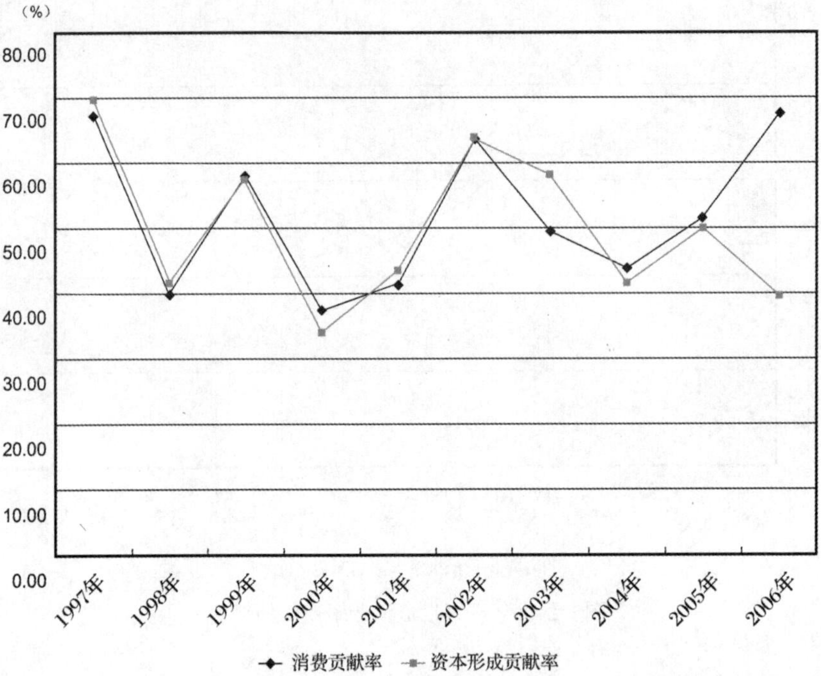

图6 1997年以来投资、消费对经济的贡献率对比

原因分析：

1．经济的高速增长惠及到居民生活。由于北京市连续8年保持10%以上的增长速度，北京市消费增速明显加速以及对经济增长的贡献显著提高表明经济增长周期已经处于繁荣期顶部区域。北京市经济快速增长，财政收入稳步上升，惠民措施逐步到位，社会保障体系日渐完善，这些因素提高了居民的安全意识，增强了居民的消费意愿。

2．居民收入水平显著提高，需求动力强劲。城市居民人均可支配收入连续3年保持12.5%以上的快速增长，居民的消费意识和投资意识开始提高，由此带动资产类价格上涨。

3. 相对宽松的货币政策促使总需求旺盛。 尽管央行采取了非常频繁的冲销和提高预备金率等措施，但是通过外汇占款渠道投放出去的货币增长还是超出了央行的对冲手段。2007年1～11月，北京市居民储蓄存款比年初减少了139.6亿元；短期贷款比年初增加了1071.1亿元，同比多增加了909.9亿元；个人消费性贷款比年初增加306.2亿元，与上年同期相比多增加261.3亿元。再加上外地来京人员的消费，北京市的需求强度很大。

二、上述特征对应的结果预期

（一）北京市价格的走势分析

1. 从价格周期的角度看。 由于北京市价格周期比较稳定，为时间间隔3年、高峰值右偏2年左右的短周期，因此如果依据本轮周期的起点看，本轮价格周期的峰值应该出现在2008年第二季度。

2. 从与国家的价格形势对照方面看。 由于北京市的价格走势慢于国家1个月左右，根据大多数研究机构的报告，2008年全国CPI走势的基本结论是上半年高企，下半年逐步回落，因此北京市的价格也将在二季度末三季度初达到高位，然后逐步回落。

3. 从经济走势来看。 总需求与总供给对经济产生的不一致的影响在于，总需求曲线右上行使价格水平和用GDP描述的总产值同步上升，北京市目前的价格走势属于需求拉动的价格上涨，更大程度上来自于总需求扩张，粮食和食品需求是这一轮价格上涨的主要推手之一。由于粮食的生产周期的影响，预计2008年粮食和食品价格在上半年逐步企稳[①]，北京市CPI随后也将呈现逐步回落趋势。

以上分析表明，北京市价格变化的各项稳定特征，均表明北京市CPI 2008年下半年将呈回落态势。

[①]国家发改委有关负责人表示，我国粮食连续4年丰收，2007年粮食产量预计超过1万亿斤，小麦、稻谷、玉米国内供需基本平衡。虽然玉米产量略有减少，但在严格控制玉米深加工盲目发展和出口的情况下，我国玉米也可以基本满足国内市场需要。总体上看，2008年粮价可以保持基本稳定。大豆、食用植物油价格已涨至历史最高点，随着主要生产国种植面积扩大，2008年5月份以后大豆价格可能逐步趋稳。

（二）北京市价格传导机制变异效应

上下游价格的传导效应不畅，对北京市不同工业企业的影响有所差异。

1. 总体来看，对北京市工业的负面效应较大。2007年1～11月份，北京市规模以上工业亏损企业1899家，亏损面达到32.2%，同比提高0.97个百分点；另外，北京市37个行业规模以上工业企业中有19个行业亏损额超过上年同期，尤其是石油加工、炼焦及核燃料加工业，食品加工业和水的生产和供应业亏损较大，表明多数工业行业在目前的价格形势下面临着成本加大、利润空间缩小、企业亏损面有所扩大的局面，说明部分行业的后续发展已经受到了影响。

2. 由于技术进步较快，高技术产业和现代制造业受上游原材料价格上涨压力的影响较少。2007年1～11月份，高技术产业和现代制造业利润总额分别提高了50.7%和38%，其中，通信设备、计算机及其他电子设备制造业和仪器仪表及文化、办公用机械制造业两类企业的利润总额分别同比提高了64%和44.3%，表明高技术产业和现代制造业由于技术创新速度较快、成本减少较多，因此受上游价格上涨的压力较小，仍能获得更高的利润。

（位志宇）

价格因素对北京市固定资产投资的影响分析

当前北京市固定资产投资增长出现急剧下降态势，这将对已处于下行周期的北京市经济运行产生较大的负面影响。价格是当前影响投资增长的重要因素之一，分析其变化对北京市投资的影响，进而提出有针对性的对策措施，在现阶段显得尤为重要。

一、近期北京市投资形势的变化及其影响

（一）投资总量仍处于合理范围，但同比增速呈现逐月加速回落态势

自 2001 年北京市申奥成功以后，奥运投资乘数效应显著，投资持续稳定增长，2001～2007 年七年间实现年均 17%以上的增长。进入 2008 年，在国际国内经济形势和政策环境发生变化的情况下，随着奥运重大工程的竣工以及受奥运期间的施工限制和交通限制等政策因素的影响，上半年北京市完成投资额 1594.9 亿元，占全年预期目标的 36.2%，投资总量仍处于合理范围。但投资增速呈现一路加速下滑态势，从一季度的 24.8%下滑到 1～4 月的 23.1%、1～5 月的 19.4%和 1～6 月的 14.9%，7 月底进一步回落到一位数增长（9.3%）。在自 2007 年下半年以来持续走高的物价形势下，北京市的土地、钢材等建筑用材和人工成本、拆迁成本大幅上涨，上半年投资实际工作量仅增长 5.8%，同比回落 6.7 个百分点。由于三季度全部停工，预计投资下滑趋势在三季度将进一步加剧。

（二）投资结构进一步调整，基础设施投资仍是拉动固定资产投资的主要力量

房地产开发投资增幅明显回落。在国家从紧宏观调控政策影响下，市场观望现象加深，房地产销售下降，资金链紧张，导致项目建设规模萎缩。1～7 月房地产开发完成投资 956.6 亿元，同比增长由一季度的 22.5%逐月回落到二季度的 11.9%、1～7 月的 6%。其占全社会投资的比重为 50%，对投资新增量的贡献只有 33.5%，均为 2001 年以来同期的最低点。工业投资出现明显下滑，1～7 月完成投资额同比下降 23.3%，占全社会投资的比重仅为 8.2%，为 2004 年以来同期的新低。基础设施投资保持稳定增长态势。1～7 月完成投资 604.4 亿元，同比增长 20.6%，占全社会投资的 31.6%，对投资新增量的贡献为 63.6%，基本为 2001 年以来的最高，是保持投资稳定增长的重要力量。

（三）投资总量和结构的变化将影响北京市经济稳定增长，未来北京市经济运行形势不容乐观

固定资产投资是社会固定资产再生产的重要手段。以固定资产投资为主要构成的投资需求不仅是经济总需求的重要组成部分，同时形成了生产能力和后续经济总供给的物质基础。投资总量和结构的变动，不仅直接关系到经济总供求的平衡，而且在很大程度上影响着经济增长效率和产业结构优化。从北京市的发展情况看，投资一直是拉动北京市经济增长的主要力量，投资总量的波动更是影响北京市经济总量波动的主要因素。“十五”时期，投资对 GDP 增长的贡献率为 38.9%，2007 年为 39.9%，投资对 GDP 的拉动率分别为 4.6 和 5.3 个百分点，投资对经济的贡献率有所上升，保持北京市投资适度持续稳定增长非常重要。2008 年以来，受投资增速下降的影响，上半年北京市 GDP 增长为三年来新低。

目前影响投资的国内外环境和宏观调控政策没有明显变化，通胀压力依然严峻，虽然奥运短期影响即将过去，但投资企稳回升难度依然很大。如果投资难以保持稳定增长，则容易导致供需双向疲软，而投资的乘数效应也会加速这种放缓态势，经济运行形势不容乐观。

二、价格变动对固定资产投资产生影响的路径及历史规律

2008 年投资形势的变化，有国内外形势的影响，也有奥运因素的作用，更有经济运行周期的作用。国际经济形势不景气、国内从紧的宏观调控政策、经济运行周期下行规律，以及北京市奥运重大工程完工对投资结构的影响、奥运期间控制新开项目和交通限行的短期措施等诸多因素中，有的因素会直接影响投资，更多因素会通过价格变化对投资产生影响。

（一）价格变动对投资的影响路径

价格上涨对投资的影响取决于引起价格变动的原因，通常来说，不同性质的价格变化对投资的影响方向和程度不尽相同。需求拉动型的价格上涨，产品的价格上涨速度快于、先于成本价格上涨，投资者利润率提高，进而投资积极性提高；成本推动型价格上涨，成本的上涨在先，而且也不一定能够完全传导到产品的价格上，投资者利润率降低，投资积极性降低。以此类推，需求减少型的价格下降抑制投资，成本减少型的价格下降促进投资。同时，**不同性质的价格变化也会发生有序转化，导致投资规模的周期性变化。**需求拉动型价格上升刺激投资规模扩大，扩大到一定阶段，要素价格上升速度就会快于产品价格，从而需求拉动型价格上涨转变为成本推动型价格上涨，抑制投资需求扩大。投资规模下降，会减少社会总需求，价格呈现需求萎缩型下降，进而出现成本收缩型下降，后者到一定时期会为需求拉动型价格上升所取代。正是它们之间的这种相互转化，才导致了现实中投资规模的周期性变化。

（二）北京市价格变动对投资增长的影响特征

北京市价格和固定资产投资之间以 1996 年为界呈现不同的变化特点。1991～1996 年，剔除价格因素后的固定资产投资实际增长相对平稳，但固定资产投资名义增速随价格变化出现同向波动态势；1996 年至 2008 年二季度，价格与固定资产投资实际增长呈现反方向变动，价格上涨对固定资产

投资实际增长产生抑制作用。**分析原因，主要与市场配置资源的体制逐步完善、市场运行环境由卖方向买方转变有关。**1996 年之前市场以短缺为主要特征，且市场经济体制尚不完善，投资预算软约束特征明显，要素价格变化能够顺畅传导出去，因此价格波动对北京市投资实际增长的影响程度较小。1996 年之后买方市场初步形成，而且随着国企体制改革、社会保障制度、金融体制改革等的不断推进，市场经济体制不断完善，市场配置资源的基础性作用越来越强。一方面，买方市场环境下价格上涨难以完全转嫁到下游，对成本的上涨在很大程度上需通过挤压利润空间来消化；另一方面，土地、资金、劳动力等要素成本显性化且不断提高。投资约束硬化进一步强化价格信号对投资行为的影响。**另外，投资资金来源不同，使价格变化对不同领域投资的影响程度不尽一致，北京市投资结构的变化也成为影响价格对投资的作用的一个因素。**一般认为，房地产业与工业受上游原材料和下游市场销售情况的双重影响，在上、下游价格传导通畅的情况下，上游价格上涨将对投资产生促进作用；如果上、下游传导渠道出现问题，上游价格上涨将抑制投资积极性。而政府主导下的基础设施投资受价格的影响相对较小。1996 年之前，北京市投资结构中工业投资所占比重较高，由于其产业链相对较短，投资变化的影响相对有限。1996 年之后房地产开发投资的比重提高较快，由于其与上、下游产业链关联较强，价格对它的影响被延伸放大，增强了价格对投资的抑制作用。而“九五”后期基础设施投资的较快增长扩大了对原材料的需求，对价格具有一定的拉动作用，相应地对社会投资会产生较强的挤出效应，也在一定程度上影响投资总量的增长。

三、当前影响固定资产投资的价格因素及其变化情况

如前所述，在当前市场经济体制不断完善的情况下，常态的买方市场特征对投资规模的影响相对稳定，价格对投资的影响更多取决于投资的成本构成。从固定资产投资各环节的投入要素来看，影响投资的价格因素主

要包括土地交易价格、原材料价格、人工成本、财务费用、机械部门工业品出厂价格等。以下就从这些方面进行分析。

（一）近年来北京市土地交易价格呈现加速上涨的态势

近年来，土地调控政策持续偏紧且结构性供地特征明显，政府优先保障廉租房、经济适用房等保障性项目的用地。自 2004 年 8 月 31 日以来经营性土地全部实行“招、拍、挂”方式转让，2007 年以来工业用地、旅游用地也需要通过“招、拍、挂”方式转让，此举推动土地出让价格屡创新高。近几年房价快速上涨，拉动房地产投资热情激涨，也加大了对土地的需求量。土地资源的稀缺性和供需紧张，拉动拆迁费用飞涨，又进一步增加了土地开发的成本。上述因素综合作用，导致北京市土地交易价格近几年呈现加速上涨的态势，2007 年土地交易价格指数比 2004 年上涨 19.5%，2008 年上半年同比上涨 13.2%。

（二）劳动力成本稳步上涨

20 世纪 90 年代中期，北京市固定资产价格指数中的人工费上涨较快，1993～1997 年人工费年均上涨 32%；1998 年以后，人工费涨幅放缓，基本保持在 3%～5%之间。2007 年人工费涨幅由 2006 年的 4.1%上升到 6.1%，是 1998 年以来的最高涨幅。2008 年新劳动法的颁布和实施在规范用工的同时将助推劳动力成本的提高，而物价持续快速上涨加快了价格传导速度，也将提高劳动力工资，预计劳动力成本仍将呈现稳步上涨态势。

（三）企业财务费用涨幅较高

为抑制物价上涨和防止经济过热，央行在 2007 年一年内就 6 次上调贷款基准利率，加息频率为历年之最，一年期贷款利率年末较年初上涨 1.35 个百分点，使企业融资成本急剧增加。与此同时，央行对各家银行的信贷规模也进行了限制，企业融资难度进一步加大。受此影响，民间借贷日渐活跃，利率明显高于银行利率。2007 年下半年，北京市企业借贷加权平均利率达 12.23%，同比提高 105 个基点。利率上涨将直接加重企业的利息负担，增加财务费用，其中房地产、高速公路等靠高贷款生存的行业受加息影响较大。

（四）石油、煤炭、钢材、水泥等价格推动原材料价格涨幅屡创新高，未来涨价压力依然较大

2007年底以来，全球范围内包括石油、煤炭、天然气在内的所有能源产品价格均出现了全面快速上涨。国际原油价格一度突破140美元/桶，比上年同期上涨一倍多，虽然近期出现回落，但仍在110美元/桶以上；国内煤炭价格也快速上涨，相比上年底，上半年山西省出省煤炭价格涨幅最高达64%；进口铁矿石价格在2007年大幅上涨的基础上，2008年再度上涨96.5%，推动北京市主要钢材品种综合平均价格2008年7月份比2007年同期上涨40.77%。能源、原材料价格的全面上涨推动北京市原材料燃料动力购进价格（MPI）呈现持续攀升态势，截至2008年6月份，连续8个月增幅在两位数以上，2008年的1～6月，北京市MPI同比上涨18%，创近七年来的新高点。由于资源性产品供给有限，加之物流成本提高，预计原材料价格上涨将呈现长期化的态势。

（五）设备工器具购置价格近来涨幅放缓

在上游原材料价格上涨的推动下，2004年以来我国设备工器具购置价格一反前几年持续负增长的态势，连续几年正向增长，但2007年下半年以来涨幅放缓，2008年7月同比上涨1.7%，是2004年以来同期最低涨幅。工业品供过于求的市场状况抑制了上游原材料价格高涨的传导，预计未来设备工器具价格涨幅相对而言也不会太大。

四、当前价格变化对北京市固定资产投资的影响分析

如前所述，当前世界性的通货膨胀压力向国内传导的程度不断加大，国内钢材、水泥等原材料价格普遍上涨，资金、人工等成本增加，工业制成品和服务价格上涨压力加大，资源能源领域长期积累的价格矛盾更为突出。价格领域的这些变化，都会对北京市投资产生影响。一方面，资源能源价格矛盾的逐步理顺，工业品出厂价格持续走高带来的价格传导效应明

显以及服务价格上涨、新劳动法实施等带来的人工成本的上涨压力，使投资领域面临着生产资料、劳动力成本上涨的巨大压力；另一方面，资金紧张使企业投资能力和投资意愿受到压制，影响投资规模的扩大，而投资需求的下降将通过投资乘数效应进一步放大。

由于不同领域的投资成本构成、投资资金来源及市场运行环境不尽一致，不同要素价格变化对其投资的影响程度也不尽相同。2004 年以来北京市房地产开发、工业和基础设施三大领域投资占北京市固定资产投资的比重保持在 90%左右，以下将针对房地产开发、工业和基础设施三大投资领域，分析当前价格变化对北京市投资的影响。

（一）地价、资金成本提高对北京市房地产开发投资的滞后效应显现

影响房地产开发投资的价格因素包括两方面。一是房地产投资成本价格，包括地价、资金成本、劳动力成本，其中地价和资金成本影响最为突出。二是房屋销售价格。自 2004 年经营性土地实行“招、拍、挂”出让方式以来，随着国家整顿房地产业一系列政策的出台，北京市房地产市场经历了房价地价互相推动房价涨幅回落带动地价涨幅回落的过程，逐步走出“地价—房价—房地产投资”循环带动的怪圈，资金约束增强使地价升高对房地产投资的挤出效应明显。

1．土地供应放缓影响房地产开发投资稳步增长。土地供应制度改革拉长了项目开发周期，由原来的 2～3 年变为 3～4 年，使土地供应速度明显放缓，上半年北京市土地供应仅完成计划的 27%。银行贷款不能用于缴纳地价款，要求入市交易土地在签订出让合同半年内付清全部地价款等规定，大幅度提高了开发门槛。

2．土地开发成本大大提高，将会影响后续房地产开发投资的增长。房价地价上涨和土地资源的稀缺性以及物权法的实施，加大了征地拆迁的难度，拆迁时间延长、拆迁补偿价款增长快速使得土地开发成本大大提高，房地产开发投资中土地购置费用占比已由 2006 年的 25%上升到 2008 年的 30%以上，上半年土地开发面积同比下降 53%，将会影响后续房地产开发投资的增长。

3. 资金链紧张影响房地产开发投资的稳步增长。上半年房地产开发投资到位资金同比仅增长4.3%，其中，银行贷款到位资金同比增长5.8%，增幅同比下降16.3个百分点；居民购房观望情绪严重，市场销售资金回笼速度放慢，上半年房屋定金及预收款同比下降7.4%。房地产行业属于典型的资金密集型行业，资金链紧张必然会影响房地产开发投资的稳步增长。

（二）经济形势不景气影响投资规模扩大，投资成本上涨不利于工业投资项目落地北京市

受全球经济形势不景气的影响，工业投资增长形势不容乐观。由于北京市工业投资更多依赖于外延式扩张，用于改建和技术改造的投资偏低，因此，投资环境的好坏将直接影响工业投资项目的落地，从而影响工业投资的增长。

1. 全球经济持续放缓可能会影响企业扩大生产规模。全球经济持续放缓和通货膨胀形式的严峻，将带来世界性的需求减弱，影响工业投资形势。一方面，跨国公司的投资计划可能更为谨慎；另一方面，国外市场不景气将导致北京市出口订单减少，影响北京市工业投资积极性。

2. 北京市工业生产领域持续地价格倒挂影响企业生产利润，影响工业生产再投资。受制于工业品供过于求的市场状况，原材料价格的上涨更多依靠企业自身消化，工业品价格涨幅远低于原材料价格涨幅，而且涨幅差距在不断扩大。2008年上半年，北京市当月和累计的原材料价格与工业品价格的"剪刀差"均创出2001年1月以来的新高。企业的利润空间再次受到挤压，影响企业投资能力和投资意愿。通过历史数据估算，PPI与MPI之间的"剪刀差"每提高1%，会引起工业投资增速下降约4%左右。

3. 工业用地成本、人工成本增加影响工业投资项目落地。2007年以来工业用地一律通过"招、拍、挂"方式公开出让，加大了工业项目的土地成本，上半年工业仓储及其他产业用地供应只完成计划的10%，同比减少890公顷。另外，人工成本、资金成本以及奥运期间物流成本提高等也对工业投资产生一定的抑制作用。

（三）基础设施投资受价格上涨的影响不大，但会对社会投资产生挤出效应

1．加大基础设施投资是提高城市承载能力的关键举措。自 2001 年申奥成功以来，北京市致力于提高城市承载能力，使城市基础设施投资保持较快增长。随着为奥运服务的重大项目在奥运前的集中完成，新城和小城镇建设将承担起推动城市发展、提升城市整体实力的重要任务。新城建设将着力于完善基础设施，重点镇建设将加大公共设施建设力度。

2．基础设施投资对价格上涨的反应并不敏感。基础设施投资是政府主导下的投资，具有刚性需求的特点，其对价格上涨的反应不敏感。通过对北京市固定资产投资价格指数与北京市基础设施投资数据进行因果分析，证实了这一结论。

3．基础设施投资较快增长对社会投资产生挤出效应。由于政府购买增加了建筑安装工程以及设备、工器具购置投资的市场需求，基础设施投资较快增长会在一定程度上拉动原材料、建安费用等固定资产投资价格，影响社会投资主体的投资积极性，对社会投资产生一定的挤出效应。

五、政策建议

（一）完善土地储备制度，保证土地供应

北京市应完善土地储备机制，整合规划、设计、建设、财政和土地等相关部门，成立土地收购储备委员会，加强各相关部门的协调；加强政府对土地一级市场的垄断，建立充足的中低档商品房、经济适用房和廉租房建设的土地储备，并根据房价和住房保障需求及时调整土地供应；加强对土地二级市场的监管，坚决打击土地囤积和炒卖现象；适时披露土地供应和市场价格变动等信息，增强透明度，促进市场理性发展。有财力的区、县政府可以考虑适度返还开发企业的企业所得税，以刺激企业的积极性。

（二）推进北京市国有产权制度改革，引领投资方向

要推动北京市国有产权制度改革，从逐步改变国有投资的主体地位，强化市场主体对自己独立财产的自我约束，最大限度地降低筹资成本及财务风险；加强国有投资的引导作用，在保证工期和质量的情况下，需加强成本控制，减少对社会投资的挤出效应；激发国有投资的主体活力，盘活存量资产，充分发挥政府投资引导的杠杆作用，引领北京市投资实现新的增长。

（三）合理调整融资结构，改善投融资体制

要调整北京市投资结构，积极拓宽融资渠道，减少基础设施投资对财政资金的依赖性。对可经营性基础设施项目建设，可通过信息发布、政策优惠以及利益诱导等手段引入社会资本；对非盈利性公益性基础设施建设，可通过打包设计或者利益补偿等手段弥补投资者不可回收的投资资金，扩大民间资本进入的可能性。

（四）加快保障性住房建设，保证房地产市场健康增长

要加快保障性住房建设，稳定房地产投资。为此，要加快保障性住房项目的审批进程，增加保障性住房的市场供应；逐步完善对小产权房上市流通的监督和控制，适时推动小产权房上市流通试点工作；跟踪北京市以及周边城市房地产市场销售及土地交易情况，完善北京市房地产市场的预警监测工作。相关部门应密切关注北京市房地产开发企业的资金来源与运用情况，分析房地产开发商的资金链状况。要尽快完善外商投资资金的管理办法，加强对外商投资资金是否到位和投资资金流向的监督，强化外商投资管理措施，减小热钱退出后对北京市房地产市场可能产生的不利影响。

（五）加快启动新城及南城建设，保持奥运后投资稳定增长

要加快新城建设进度，启动新城万亩滨河公园建设，使奥运后新城及南城建设成为北京市保持投资平稳增长的重要支柱。加大力度改善新城和南城的基础设施，优先启动一批连接城市中心区与新城及南城地区的轨道交通项目，提升新城及南城的环境和品质。在新城引入一些高附加值的产业，形成以新兴产业带动新城投资、以新城投资推动新城发展的良性循环。

（六）完善政府投资的价格应对机制

要完善固定资产投资相关信息监测预警系统。为此，应实施固定资产投资信息周报制度，加强部门之间的信息沟通和整合，保证固定资产投资数据的全面性和可靠性；加强对原材料供应以及价格变动情况的跟踪、监测分析、预警和预测，为原材料市场提供信息指导和咨询；加强对招投标合同的引导和管理，控制建设项目的风险，明确规范建设合同，在清单报价的基础上明确确定在一定时期后依据市场信息价进行调整；加强对政府投资工程的管理，建立原材料价格及人工成本上涨幅度过大时的应对机制。

（七）采取多项举措推动在建项目复工和重大项目落地

要临时性地建立外地务工人员返京绿色通道、加开返京专列，加快人员和原材料进场，同时督促项目进展，落实目标责任制，确保年初确定的127项重大项目顺利实施。要进一步加大资源环境、节能减排和能源保障等领域的投入，改善投资环境，加大对生产性服务业、高新技术、现代制造业等重点产业基础设施建设的投入，为社会投资进入这些重点领域提供良好的发展环境。要积极推介北京市产业规划、城市布局以及未来发展空间，争取一批和北京市产业发展密切相关的重大项目（如环球影视城主题公园项目、新机场项目等）落户北京市。

（八）加强市场监管，保证工程质量可靠

在原材料供求关系紧张影响社会投资进程时，应适时出台适当的调控措施，防止囤积居奇，干扰市场价格。要加大对工程质量的监督力度，防止企业由于建筑材料和劳动力价格上涨而偷工减料、影响工程质量。

（发改委合作课题　执笔：刘岚芳 王小娥 位志宇 齐心）

解决物价上涨与保障居民生活之间矛盾的根本是重构福利制度

2007年下半年以来，北京市居民消费价格指数（CPI）逐月快速攀升，不到半年的时间CPI同比上涨了4.3个百分点。而居民对CPI的上涨也有了深切的体会：2007年11月，北京市房价同比上涨14.5%，粮食价格同比上涨6.6%，油脂价格同比上涨35%，肉禽及其制品价格同比上涨38.8%，猪肉价格同比上涨56%。“物价”一时间成为社会各界关注的焦点。

一、物价问题实质上是民生问题

当前，政府高度关注商品尤其是生活必需品的价格，一旦有波动，就采取多种措施保障居民生活不受大的影响，主要是因为物价上涨直接影响民生。

一是物价的变动直接影响到居民的生活开支和生活负担。以猪肉价格为例，2007年11月北京市猪肉平均零售价为13.16元/500克，而2006年同期猪肉价格为8.44元/500克。假定每户每天消费猪肉数量不变，仅猪肉开支一项，每户每月就需增加开支45[①]元，约占低收入家庭年收入[②]的1.7%，再加上猪肉价格上涨对其他商品价格传导的影响，足以影响到低收

[①] 2006年抽样调查20%低收入户的户均人口为3.2人，假定每人每天消费一两猪肉，每户每天消费3.2两猪肉，则每户每月增加的开支为（13.16-8.44）×0.32×30=45元。

[②] 2006年抽样调查20%低收入户，平均每人年可支配收入为9798元，则户月均可支配收入为9798×3.2÷12=2612.8元。

入居民的生活质量。

二是资产类商品如房价的快速上涨不仅直接加重中低收入居民的生活压力，而且加剧社会收入差距，进而导致社会不和谐。2007年1～11月，北京房屋销售价格同比上涨11%，这直接导致居民住房开支的增加。同时，住房价格的快速上涨将对社会财富进行再分配，使得有房产的居民财富实现增值，同时却导致没有住房但有购房意愿的居民手中货币的贬值，加大了居民收入差距，容易导致心理落差和非理性行为，带来社会的不和谐。市统计局抽样调查数据显示，2000年20%高收入户的平均收入是20%低收入户平均收入的3.08倍，而2006年这一比例扩大到3.74倍。

二、在没有形成完善的福利体系之前，面对物价上涨，政府宏观调控面临很多困难

（一）政府不得不花费太多精力应付商品价格变动

既然物价是个民生问题，物价稍有上涨，政府就必须采取多种措施稳定物价。以这次猪肉涨价为例，各级政府极为重视，不仅国务院发布《关于促进生猪生产发展稳定市场供应的意见》，而且民政部、财政部两部委联合发文，要求各地增加城市低保补助，并且要求每人每月增加的实际补助不低于15元。全国各地纷纷提高低保补助，其中北京市低保补助标准从2007年7月1日起每人每月提高20元，为330元/月。

公共经济理论认为，政府的主要职能在于维持经济稳定、促进收入分配和实现资源的有效配置。因此，政府这么做是合理的。但是，在市场中类似猪肉、粮食的生活必需品还有很多，而且其多数的价格随时在发生波动，如果其中任何一种价格有大的波动，政府都要对其做出反应，那么，长此以往，会形成一个事无巨细的“大政府”。况且，政府总有管不完的事情，一旦考虑不周，必将引发一些社会问题，影响社会的稳定和和谐。

（二）一些合理的改革难以推进

由于福利制度的不完善，政府在政策实施中不得不更多地考虑短期问

题，而使得一些合理的改革难以推进。举例来说，现阶段国家节能环保目标对煤、电、油、气、热等资源产品价格的上调提出了要求，而且资源性产品供需日益紧张，各产品之间比价不合理，价格改革迫在眉睫。但是，考虑到资源性产品价格改革对民生问题的影响，政府屡次推迟改革计划，加剧了资源有效配置方面的矛盾。

（三）政府不得不过多地运用行政手段干预市场价格

在市场经济条件下，物价变动往往反映了市场供给和需求的变化，同时，新的价格会进一步引导市场主体的行为，产生新的供需平衡。但在福利制度不完善的情况下，政府往往担心市场调节会带来部分居民生活的困难，因此，在一些商品价格上涨时，政府往往运用行政手段干预市场价格。而在市场经济条件下，政府的行政干预往往不给市场的反应留出时间，这只会造成市场供需的进一步失调。

三、继续大力发展市场经济的前提是优先重构福利制度

（一）北京市重构福利制度的必要性

一是党的十七大报告对重构福利制度提出了要求。党的十七大报告高度关注民生问题，提出要加快推进以改善民生为重点的社会建设，使全体人民学有所教、劳有所得、病有所医、老有所养、住有所居，推动和谐社会建设。这些目标对重构社会福利制度提出了要求。

二是福利制度的重构有利于更好地促进市场经济的发展。在一定时期，福利制度和市场经济之间存在着相互促进的作用。一方面，福利制度的存在将使更多的社会成员能够承担起市场经济运行的风险，避免出现社会安全隐患。另一方面，福利制度的完善将使得政府从物价变动的困扰中解脱出来，将本应该由市场去做的事情交给市场，而将精力投入到应该由政府发挥职能的领域，充分利用“看得见的手”和“看不见的手”的各自优势，促进市场经济的更好发展。从眼前来看，福利制度的完善，也将有利于资源产品价格改革的推进。

三是福利制度的重构是缩小居民收入差距的最合理渠道。目前在初次分配领域居民收入差距较大，必须要进行再分配来缩小收入差距，而政府应当在社会收入再分配中发挥应有的作用。通过完善社会福利制度实施再分配，即由政府从财政税收渠道获得合法收入，这在当前意义是非常重大的。

（二）北京市正处于构建社会福利制度的最佳时期

一是北京市经济及财政收入近年来快速增长，为重构社会福利制度提供了可能性。从 1992 年以来的 15 年里，北京市经济高速增长，GDP 年均增长 11.5%；财政收入也以两位数增长，2006 年财政收入是 1992 年财政收入的 15.4 倍。但是，目前北京市福利开支远远低于发达国家。2006 年，北京市教育事业费、卫生经费、抚恤和社会福利、救济费、文体广播事业费等与社会福利有关的支出总共占财政收入的比例为 23.48%，占 GDP 的比重为 4.2%，而在发达的市场经济国家，社会保障及福利方面的公共消费支出占 GDP 的比重大都在 10%～30%之间。在教育经费上，2006 年北京市教育经费占 GDP 的比重为 2.2%，而英国的这个比例数为 5.09%。数据说明，北京市具备重构福利制度的经济基础。

二是北京市重构社会福利制度可在全国起到示范作用。在党的十七大报告对重构社会福利制度提出要求的时候，北京市作为首都，在具备条件的情况下率先推进社会福利制度的完善，可起到示范作用，推动全国范围内福利制度的完善。

四、政策建议

（一）在北京市建立应对物价变化的长效机制，确保居民生活不受物价上涨的影响，增强政府宏观调控的主动性

建立长效机制需要建立完善的制度，落实各项任务的承担单位，并明确各承担单位的权利和责任。长效机制建设主要包括以下两方面内容：

1. 运用多种措施加强政府对粮食、食用油等重要商品价格的影响能力，

保证重要商品价格稳定。一是适当增加农产品等重要商品储备，从应对供需紧张、价格上涨的情况。从目前来看，农产品供需紧张、价格上涨是一个长期存在的情况，北京市应适当增加储备，以便在供需紧张时投放市场，平衡供需，稳定价格。二是加强对粮食、家畜饲养等生产周期较长的重要商品供需及效益情况的监测，对下一周期的市场情况进行预测，在此基础上，制定相关政策引导市场主体行为。例如 2007 年的猪肉价格上涨的主要原因在于 2006 年疫病流行以及猪粮比价低导致的养殖户不愿意养殖，而通过加强监测，及时了解养殖户的相关情况，政府就可以通过发布下一周期猪肉的供求信息、给予养殖户（场）防疫补贴等方式提高本地生产者的养殖积极性，由此项可以部分缓解猪肉的供应紧张，起到平抑价格的作用。三是严肃查处市场上囤积居奇、哄抬物价等扰乱价格秩序的行为，确保价格领域的公正有序。

2．建立低保和物价变动联动机制，根据物价上涨情况对补助标准和补助人群进行调整。一方面当 CPI、重要商品价格上涨到一定程度时，对低保补助标准进行调整。另一方面，将低保人员的纳入标准和 CPI、重要商品价格结合起来，拓宽救助范围。即在 CPI 或者重要商品价格上涨达到一定程度时，将由于物价上涨而导致实际收入降低至一定水平但又不在低保范围内的居民纳入保障体系，使他们享受和低保人员一样的补助标准。

（二）应对物价上涨影响的思路要由应急救助向以普惠为理念重构社会福利制度转变，将公众普惠的思想融入公共产品价格改革的理念中

要适当增加政府在社会福利上的财政投入，建立以政府为主体的法制化的、公平的、系统化的社会福利制度。政府工作的侧重点主要在于构建面向全体居民尤其是困难群体的基础层次的社会福利制度，增强社会成员对价格变动的实际承受力。

要适当增加政府在公共产品上的财政投入，借鉴公交价格改革思路推动供热、天然气等公共产品价格改革，实现公共产品由政府部分“埋单”或者全额“埋单”。这样做的好处，一是减轻了居民的生活支出，增强了其对物价

上涨的承受能力；二是居民负担降低，有利于公共产品价格改革工作的推进；三是政府运用自身的权力资源和财政资源，通过合理配置公共资源，使北京市居民都能够享受到与生存发展相关的基本福利，实质上也缩小了北京市居民之间实际的收入差距。

（王小娥）

通过自主创新应对价格挑战

自2007年以来，包括猪肉、粮油、石油、有色金属等在内的商品价格上涨已成为一个突出的问题。与此同时，各界预期2008年农产品、能源等商品价格仍将继续看涨。因此，在即将开始的2009年里，企业生产该如何应对这种由原材料上涨带来的成本看涨压力，将无疑成为我们关注的热点。

一、上游产品价格上涨对产业发展的影响

推动本轮物价上涨的主要是农产品和能源价格的上涨。撇去“本轮”二字，事实上应该看到，农产品和能源价格上涨将是未来世界发展所面临的长期普遍性问题，而这些产品的价格又会对产业的发展带来不小的影响。

（一）上游产品价格存在长期持续攀升的压力

从当前到未来较长的一段时期内看，世界上的原油、有色金属、粮食等农产品这些上游产品的价格存在持续上涨的压力。原因主要是原油、有色金属等能源类产品供应紧张状况较为严峻。一方面是原油地质储量减少，有色金属、农产品库存较少，能源类产品的供给增长乏力；另一方面却是世界各国因经济增长、生物能源开发等，对这些能源类产品的消费需求强劲增长。此外，投机因素、国际金融资本的炒作也增强了原油、有色金属未来价格的上涨压力。

（二）上游产品价格上涨对产业发展的影响

1．对中上游相关产业发展的影响。受原油、有色金属、粮食等上游产

品价格上涨的影响，以这些产品为原材料的中上游产业生产成本将率先受到冲击而被直接拉高，特别是煤炭开采业、石油开采业、石油加工炼焦业及核燃料加工业、有色金属采矿业、有色金属冶炼及压延加工业等相关中上游产业的生产成本都将增加。由于上游产品的替代性较弱，供给弹性不大，因此能够将价格上涨信号充分、快速地传递到中游产品。为此，在上游产品价格上涨的压力下，中上游相关产业面临的更多的是来自成本上涨方面的压力。

2．对下游产业发展的影响。虽然目前由于时间、信息传递、市场竞争等冲减作用的影响，价格传导机制的作用有所减弱，但是不可否认，价格波动的信息迟早仍会传递到下游，对下游产业的发展产生一定的影响。在农产品、能源等上游产品价格上涨的影响下，餐饮服务业、食品加工业、汽车、机械制造业、房地产、建筑业的生产和服务成本也会有所上涨，但由于下游产业竞争压力较大，产品替代性较高，且从中间产品到下游产品的产业链条较长，其消化成本的空间较大，因此下游产品成本上升不能完全转化为价格上涨。为此，上游产品价格上涨给下游产业发展带来的不仅有成本方面的压力，还有压缩其利润空间的压力。

二、自主创新是应对价格长期上涨压力的有效性途径

近年来，我国对外贸易依存度提高，经济发展受国际市场波动影响的程度不断加深。特别是部分资源性产品和高科技产品自给不足，对国际市场依赖程度加深。例如，原油的进口依存度为 41.3%， 铁矿砂为 40.2%，集成电路和电子元器件中的高端核心芯片与电子元器件 99%依靠进口。如此高的对外依存度使得我国相关产业发展中的不确定因素增加，受国际相关产品价格上涨影响的程度加大，产业发展的风险性也随之加大。因此，面对未来国际重要原材料价格长期上涨的压力，我国的产业发展需要通过自主创新、技术进步来加强抗风险能力。

（一）自主创新通过推动节能降耗来降低成本长期上涨给产业发展带来的压力

面对能源供应短缺、价格上涨的压力，许多工业企业生产成本也不断上涨，但是大多数企业为了获取和扩大市场份额，在激烈的市场竞争下，不惜压缩利润空间来寻求自身的生存和发展。但若从资源供应短缺、价格上涨的情况将长期存在这种现实考虑，企业仅靠目前这种不断挤压利润空间的办法求生存，在未来势必面临生存危机。因此，寻求一种减少能源耗费、提高能源利用效率的有效途径才是企业保证未来生存和发展的真正出路。而据相关的研究显示，技术进步对节能的贡献率达到 40%～60%。当企业生产所耗能源得到节约和降低后，企业的生产成本势必会有一定程度的下降。因此，企业在这种能源价格将长期上涨的压力下，必须将发展重点转移到节能降耗、提高能源利用效率上来。为此，必须依靠科技创新支持节能降耗，构建节约能源的技术支撑体系，达到一方面降低生产产品所需的资源消耗，另一方面提高产品的科技含量、增加企业经济效益的目的。

（二）自主创新可通过改变产品替代性程度来减轻由价格上涨带来的负面影响

产品替代性是不同商品或劳务在使用价值上可以互相替代来满足人们某种需要的关系。一般而言一个行业中的几乎所有企业都会受到替代性的影响，根据其所受到的影响程度深浅，可以区分出产品替代性的强弱。当产品替代性弱的时候，即该产品由于具有某些特定功能而不容易被其他同类产品所替代的时候，该商品的价格往往可以保持一个较高位的水平。但若产品替代性强，则该产品的价格就往往要跟从于行业的最低价格水平。在我国，很多产品由于其来自国外的先进技术和核心专利而具有特殊的功能，成为可替代性弱甚至完全不可替代的产品，所以这类产品市场价格高昂，给以此类产品为原材料的企业带来沉重的负担。在北京市也有这样的问题。而自主创新，恰恰能使我们摆脱这种受制于人的局面，通过拥有自主知识产权的独特的核心技术来增强自身产品的不可替代性和同类国外产品的可替代性。如多年以来，国内市场1－已烯产品一直由外国公司垄断。1－已烯是合成树脂的重要单体，国内各大石油化工企业均有大量需求，但其生产技术、产品销售长期被国外知名企业垄断，市场价格高达3000美元/吨。国内用户只能任由国外公司开价，每年单项采购支出很多。燕山石化在对此产品经过长达10年的科技攻关后，于2007年8月投入工业化生产，经中国石化茂名分公司等多家企业使用，生产出的合成树脂各项性能指标完全合格，且价格仅为进口产品价格的80%。按贸易价格结算，仅茂名分公司下半年采购成本一项就能节约3410万元，效益相当可观。国外该产品厂商目前已完全退出中国市场。

（三）自主创新可通过改变市场结构来减少价格长期上涨所造成的负面影响

市场结构与市场竞争强弱程度密切相关，一般根据市场上厂商数目多少、产品差别度大小、进出市场难易度而划分为完全竞争、垄断竞争、寡头、垄断四类竞争度由强到弱的市场结构。竞争度越强的市场，由于厂商数目众多、产品差异度较小、进出市场较为容易，而使得厂商对于产品市场价格的决策权越弱。相反，市场竞争度越弱，由于市场被少数厂商所垄断、控制，因此这些为数很少的厂商对产品市场价格具有很强的决策权。根据我国目前的实际情况看，由于高新技术研发领域较为薄弱，特别是缺乏一些尖端高科技产品的研发和生产技术，因此，国内市场中这些尖端产品的生产和销售就被国外厂商所垄断和控制，在利益驱使下，相关产品的市场价格极其高昂，进而给国内使用相关产品的生产企业和居民带来较为沉重的负担。但国内若能通过科技创新、技术进步，逐步掌握相关产品的研发和生产技术，那么无疑会加强在这些产品领域的市场竞争力，减弱国外厂商对国内市场的垄断程度，进而降低那些相关产品的价格，降低企业生产和居民生活的负担。如在数码相机方面，由于日本在电子信息方面技术的发达，多年以来该产品的核心技术一直为日本厂商所掌握，造成数码相机的市场价格也一直为日本厂商所操纵。但是自从北京市华旗资讯拥有自主知识产权的数字水印相机推出后，数码相机的可替代性程度增强，同时市场价格在一年内平均下降了42%，每台降价幅度超过了1000元人民币。按日本数码相机在中国 400 万台的销量来计算，华旗资讯的爱国者数码相机为中国消费者至少节省了40亿元。

三、相关政策建议

北京市同样面临价格长期上涨的压力，产业的未来发展也同样需要借助自主创新、技术进步来应对这场价格长期战。考虑北京市自身经济发展条件，应重点从以下两方面着手：

（一）通过创新来优化服务业内部结构，提升服务业发展水平

由于现代服务业的能耗相对其他产业较低，因此为应对能源短缺和能源价格长期上涨，产业方面应注重发展现代服务业。北京服务业比重虽已达到 70%以上，但服务业的内部结构、发展水平和竞争实力都有待进一步提升。而且随着服务业与现代科技和信息技术的不断融合，未来服务业的发展也需不断地创新，为此，北京市服务业发展应具体从以下几个方面抓起：一是以技术创新来推动服务业内部的结构优化。加快开发能够推动传统服务业升级的共性技术、关键技术和配套技术。借助类似信息技术的创新与发展，实现电子商务、网络营销等商业模式的创新，拓展服务业的内容，优化服务业内部结构。二是创新服务业发展模式，以“品牌”建设推动服务业发展水平和竞争实力的提升。通过建设区域品牌、产业品牌、企业品牌、服务品牌，培育一批在全国乃至世界具有竞争优势的企业集团和服务品牌。三是以科技创新推动服务业水平提高。加大对服务业的研发和投入，根据国内外现代服务业的发展现状和趋势，分析北京市服务业领域的技术创新和信息化发展趋势，提炼出影响北京市服务业发展的重大科技问题，筛选出重大关键技术和技术工程项目，开展技术攻关及应用性推广，提升现代服务业水平。

（二）以自主创新实现高技术产业在节能降耗和产品替代方面的优势

高技术产业由于知识和技术的密集性，决定了其在节约能源、降低能耗方面的优势，但同时它也更加注重不断地实现科技创新和技术进步。特别是在目前部分资源性产品和高科技产品自给不足、对国际市场依赖程度加深、受国际价格长期上涨压力影响较大的局面下，高技术产业更需要依靠自主创新来实现其在节能降耗和进口替代等方面的作用。具体应从几个方面努力：一是要推动形成以企业为主体、市场为导向、产学研相结合的技术创新体系。组织以骨干企业为龙头的不同形式的技术联盟、产业化联盟，产学研结合，在研发和产业化方面不断取得突破。二是要加强引导，加大资金投入，推动科研资金向具有自主知识产权的重点技术领域倾斜。充分利用国内的市场需求潜力，以利益为纽带加强各相关产业部门和研发机构的联合，共同开发新技术新业务，完善产业链，支持和带动具有自主知识产权的技术的发展。三是要鼓励企业积极申请专利，加强对知识产权的保护与利用，提高自主专利的拥有数量与质量。专利申请是企业行为，政府要搞好服务。要支持国内有实力的企业在掌握核心技术专利的基础上联合制订技术标准。标准制定出来后，政府还要加强组织和引导，支持相关企业建立具有利益共享机制的产业联盟，促进产学研结合，加快产业化进程，从而把专利优势、标准优势真正转化为市场竞争优势。

（邢志俊）

现行政府定价成本核定模式面临的问题及政策选择

——兼论价格测算模式的改革

一、问题的提出

长期以来，定价成本一直都是政府定价的基础，这在理论界和实务界已基本达成共识。但不可否认的是，定价成本的内涵与外延是否合理，对价格的测算路径、企业控制成本的动力以及企业的成本约束，都具有特别重要的影响。那么，如何使政府定价成本及相应的价格测算模式更加科学，以提高成本监审工作的效率，解决企业在要求定价或调价时的寻租问题，这是从事成本监审工作及价格管理工作所必须关注的焦点。限于篇幅，本文仅以企业为例，对现行政府定价成本的核定及相应的价格测算模式进行探讨[①]。

二、现行政府定价成本核定模式面临的问题

按照国家发展改革委 42 号令的解释，政府定价成本是指所有经营者生产经营或提供政府定价的同种商品或服务的社会平均合理费用支出。与会计意义上的成本相比，定价成本是价格测算的基础，是一种相对合理的完

[①] 考虑到需政府定价的部分事业单位的会计核算的特殊性，本文对其定价成本问题不作专门研究。

全成本，具体包括制造成本（或营业成本[①]）和期间费用两部分内容。计算公式如下：

- **在只有一个经营者的情况下：**

$$C= V+ E$$

上式中：C 表示定价成本

V 表示制造成本（或营业成本）

E 表示期间费用

- **在存在多个经营者且需要抽样的情况下：**

$$C=\sum C_n =\sum(V_n+ E_n)$$

上式中：C 表示定价成本

V_n 表示某经营者制造成本（或营业成本）

E_n 表示某经营者期间费用

从表面上看，通过制定规范合理的政府定价成本，可以在一定程度上约束企业财务成本的不合理增长，同时对企业通过降低成本来扩大盈利空间，也是一个有效的鼓励。

但令人遗憾的是，将完全成本作为定价成本及价格测算的基础，确有不妥之处，主要表现在以下几方面：

第一，将期间费用计入现行政府定价成本不能保证成本额的合理性。

我国政府定价的一般作价方法是成本加成法。根据这种方法，成本是定价的基础，成本越高，所定价格水平必然越高。如果政府在定价时仅仅依据企业提供的成本，对成本就没有任何约束力（曹建军，2008）。为此，国家发展改革委 42 号令赋予价格管理部门实施成本监审的职权，以保证定价成本的合理性。但是，完全成本中包括的期间费用（除贷款利息外）如管理费用、销售费用等都是可以控制的成本。尽管目前对于期间费用中的人工费用、折旧费用等有了相对公允的限制标准，但对大部分费用却无限制标准。由此导致企业在申请定价或调价时，往往把期间费用的放大及其

① 对于非制造企业（如交通业、物业管理行业等）一般将其狭义的成本界定为营业成本。

他费用的放大，作为提高价格的理由之一。而信息经济学的研究表明，在现实经济生活中，各当事人所掌握的信息不仅是不完全的，而且是非对称的。

在不对称信息条件下，假定企业信守契约的效用函数水平为 v= f（u1，u2），违规操作成功的概率为 p1，违规操作会有一个 v3 的效用水平，违规操作被查处的概率为 p2，违规行为被查处后的效用水平为 v4，那么违规操作成为现实的条件是：v + p1v3- p2v4＞v，即 p1v3＞p2v4。如果这一条件满足，则对企业的行为进行制约的失效问题就不可避免。在现实生活中，如果不能对企业进行有效制约或者企业通过违规操作可以为自身带来极大效用，都可能使 p1v3＞p2v4 这一条件得到满足。

一般来讲，企业的管理者和其他内部人员比政府更了解企业的成本状况与具体经营状况，他们甚至可以通过操纵信息保持其信息的优势，使政府不能做出正确的决策，从而不利于政府约束企业成本的不合理增长，同时也不利于鼓励企业通过降低完全成本来扩大盈利空间，维护消费者利益。

第二，期间费用的分配缺乏可操作性，而且将期间费用计入定价成本不利于激励企业约束成本、提高管理水平。

在企业只经营一种定价商品且没有多种经营的情况下，期间费用是不需要分配的。但现实情况是大部分企业都是多种经营，为此，就需要将共同的期间费用按一定的比例关系分配到定价商品的成本中。而目前期间费用分配的通行做法是，根据不同的费用项目，分别采取按产值（销售收入）分配、按工作量（时）分配、按资金占用额（占用量）分配等不同分配方法。比如对于管理费和销售费用，可以按不同产品的产值（销售收入）比例分配；对于财务费用，可以按照资金占用比例分配。但据笔者了解，目前对期间费用的分配尚缺乏一个可以遵循的权威的标准，而且企业经营的某商品发生的管理费用和销售费用，与管理部门及销售部门的成本投入往往不是呈正向关系的，也就是说，某产品收入越高，对其投入的管理费用和销售费用的水平却不一定高。相反，拥有高收入产品的部门可能会具有高水平的劳动生产率或技术工艺。而劳动生产率或技术工艺水平的提高，不仅会使生产过程中的活劳动消耗得到节约，促使单位成本中的工资降低，同时也会使产量增加，从而促使单位产品中的固定费用下降。因此，按收入比对管理费用和销售费用进行分配是不科学的。

另外，管理费用和销售费用水平越高，所定价格水平必然越高，这反而对工艺、管理落后的企业起到了激励作用，并挫伤了企业自我约束成本的主观能动性。对于财务费用而言，目前大部分企业几乎没有明确的资金占用比例，这也给财务费用的分配带来了很大的难度。

第三，期间费用在价格测算中的作用不够显著。

长期以来，人们习惯把定价成本、利润及税金作为测算价格的重要因素，当然也考虑消费者的承受能力及其他政策因素。在不考虑特殊因素的情况下，对某商品的价格测算通常采用以下公式：

$$P= C+ M +T$$

上式中：P 代表某商品价格

C 代表某商品定价成本

M 代表某商品的利润

T 代表税金

而以上公式又可以推导成：

$$P = (V_n + E_n) + (P_n - V_n - E_n - T) + T$$

$$= V_n + (P_n - V_n - T) + T$$

$$= V_n + M_n + T$$

上式中：P 代表某商品价格

V_n 代表某商品制造成本或营业成本

E_n 代表被分配到某商品的期间费用

P_n 代表某商品销售收入

M_n 代表某商品的销售利润

T 代表税金

从以上推导的公式可以看出，期间费用在测算价格中的作用是不够显著的。而且，只要取得定价商品的制造成本或营业成本、商品销售利润及税金数据就可以制定该商品的价格。

第四，将期间费用计入现行定价成本不利于提高成本监审及政府定价的工作效率。

众所周知，我国会计意义上的成本已按照国际通行的制造成本法进行核算，生产费用按照产品进行归集，计入制造成本，期间费用则按期间进行归集，计入当期损益。而政府定价成本要求将所有耗费全部按照产品归属原则进行归集，生产和销售政府定价的商品（服务）所发生的所有费用都要按照一定原则分摊计入产品的定价成本。为了审核、确认定价成本，成本监审人员不仅需要对制造成本进行审核确认，而且还要对相关的期间费用进行归集。在存在多种经营的情况下，还需对期间费用进行归集、分配。这无疑增加了成本监审的人力、物力、财力的投入，同时提高了成本监审及制定价格的时间成本，因而不利于提高成本监审及政府定价的工作效率。

三、对政府定价成本及价格测算模式的重新界定：一种理想选择

（一）模式选择

根据以上分析，笔者认为，将政府定价成本限定为定价制造成本或定价营业成本，这才是政府定价成本模式的理想选择。而这种定价成本对某经营者而言，不是一种完全成本，而是一种相对合理的制造成本。它与会计意义上的制造成本既有联系又有区别。无论是定价意义上的制造成本，还是会计意义上的制造成本，都是以企业在生产产品时实际发生的成本为基础。在市场经济条件下，企业实际发生的制造成本一般按照政府规定的财务通则与会计准则[①]进入成本，其经营的目的是利润最大化，而政府定价

[①] 暂未实行企业会计准则和企业财务通则的企业目前仍按会计制度及财务制度核算制造或营业成本。

的目的是投资者、经营者与消费者三者利益的兼顾。作为政府定价对企业制造成本进行审核时，同时要考虑这些人工成本、折旧费用及其他费用的发生或进入是否兼顾了三个方面特别是消费者的利益，如果没有兼顾或三者利益兼顾得不合适，或者没有体现在特定时期政府的价格政策导向，就需要增减或调高不合理的成本，最后形成相对合理或具有合理性质的成本。因此，会计意义上的制造成本与定价成本是具有密切关系的两个范畴。据此，我们不妨将政府定价成本的核定模式概括为直接材料、燃料动力、直接人工费和制造费用等四部分内容的组合体（适用于制造业①）。具体计算公式如下：

定价成本=直接材料+燃料动力+直接人工费+制造费用

需要说明的是，很多企业将制造成本中的费用，如各项社会保障费用，全列入管理费用，而新的会计准则将这部分费用作为薪酬核算。对于此种情况，需要将与生产产品相关的人员发生的各项社会保障费用从管理费用中剥离出来，然后按审核确认的数据计入定价成本。

当然，成本是定价的基础。当定价成本的内涵和外延发生变化时，则相应的价格测算模式也需进行改革。若按传统的价格测算原理，则相应的价格测算模式一般按以下公式表述：

$$\mathbf{P = Vn + M_n + T}$$

上式中：P 代表某商品价格

V_n 代表某商品制造成本或营业成本

M_n 代表某商品的销售利润

T 代表税金

在上述公式中，商品制造成本或营业成本属于成本监审部门提供的具有定价性质的数据，税金需根据国家的税收政策予以确定，但商品销售利润需根据定价商品的成本利润率予以推算，而该商品的成本利润率目前尚

① 非制造企业的定价成本一般概括为燃料动力、直接人工费、折旧费用、其他营业成本等四部分内容的组合体。限于篇幅，本文对其不作专门的论述。

缺乏权威的国家或行业标准，这对价格测算带来了极大的不便。而且，上述模式的测算还需涉及税金项目，导致整个价格的测算较为复杂。为此，我们不妨选择以下公式进行测算：

某商品价格（P）= V_n /（1－R）

上式中：V_n代表某商品制造成本或营业成本

R代表毛利率

在上述公式中，商品制造成本或营业成本仍属于成本监审部门提供的具有定价性质的数据，而毛利率则根据不同的行业分别确定，对于竞争性行业，如（出租、物业等）可以根据样本的总体规模，选取一定比例的样本，然后结合审定的样本企业的营业成本和营业收入，计算出行业的加权平均毛利率，然后根据行业的加权平均毛利率及定价成本，采用前述公式测算价格。对于垄断性行业，若有可参考的行业平均毛利率数据，则仍采用前述公式测算价格，但在缺乏行业平均毛利率的情况下，我们不妨计算该企业近三年的平均毛利率，然后以此毛利率并结合定价成本数据测算价格。当然，计算平均毛利率还需审核定价商品近三年的收入。

（二）相关的优越性分析

1．提高定价成本的科学性。本文定义的政府定价成本。基本是以会计意义上的制造成本（或营业成本）为基础，将财务费用、销售费用、管理费用等均作为期间费用，不再计入定价成本，因而避免了期间费用在定价商品和非相关的业务之间的分配，同时消除了期间费用在分配中的不合理性和主观随意性，从而进一步提高了定价成本本身的科学性。

2．有利于激励企业约束成本。竞争性行业的价格一般由市场调节。在市场竞争机制的作用下，经营者只有通过降低成本才能确保生存和发展，因而具有自我控制和降低成本的内在动力和外在压力。对于由政府制定价格的垄断行业或不具备市场竞争条件的行业来说，由于经营者生产经营商品或提供服务的成本可以通过政府制定价格或通过财政补贴来补偿，经营者自我控制和降低成本的动力不足，成本呈现不断上升现象。而通过缩减定价成本的范围，取消对管理费用、销售费用、财务费用的分配，会导致期间费用水平与价格水平没有直接关联，使工艺、管理落后的企业难以通过过高的期间费用提高定价商品的价格，这对企业提高劳动生产率及管理机制的有效性无疑产生了激励作用，同时增强了企业自我约束成本的主观能动性。而劳动生产率及管理水平的提高，不仅会使生产过程中的活劳动消耗得到节约，促使单位成本中的工资降低，同时也会使企业的整体费用下降。

另外，传统定价成本的核定，需要将各项期间费用的相关开支都计入定价成本，导致商品成本水平与人人都有关，却又与人人无直接关系，人人均负有责任，但却又不能明确责任，结果商品成本上升或下降的原因谁都讲不清楚。这显然不利于划清各部门经济责任，也无从考核各单位的责任成本，进而不利于控制和约束企业成本。为此，将政府定价成本界定为合理的制造成本或营业成本，就基本解决了商品成本控制不力的问题，因为制造成本或营业成本属于车间或直接经营部门的责任成本，它使商品成本水平与责任成本有机地结合起来，有助于推行目标成本管理和成本控制机制。

3．有利于解决企业的寻租问题。按照博弈理论的解释，博弈一般包括合作博弈和非合作博弈两种。从企业和政府价格管理部门的关系来看，二者之间显然属于一种非合作博弈关系。正如前文所述，为了在博弈中取得利益最大化，企业在申请定价或调价时，往往把期间费用的放大及其他费用的放大，作为提高价格的理由之一。而新的定价成本模型由于不再考虑期间费用，使得企业只能把制造成本或营业成本的变化作为调价的理由。而且，对于申请调价的商品，价格管理部门在进行价格决策时，可主要考虑不可控成本（包括原材料、燃料、动力费等）的增加对价格的影响；对于可控成本（包括销售费用、管理费用等），企业可通过扩大生产规模、加强内部管理、提高市场占有率等措施来进行消化。因此，新的定价成本模型在一定程度上有利于解决企业在价格博弈中的寻租问题。

4．有利于提高成本监审及政府定价工作的效率。与其他意义的成本审核不同，政府定价成本的审核，需要先对成本进行审查、调整，然后进行成本的归集、分配，计算定价商品的总成本和单位成本。而将政府定价成本界定为相对合理的制造成本，则只要求对制造环节的耗费进行审查，然后按照一定的原则进行调整、归集和分配。为了审核、确认定价成本，成本监审人员不需要对相关的期间费用进行审查、调整、归集。这无疑大大降低了成本监审的人力、物力的投入，大大减轻了成本审查及数据汇总的工作量，进而增强了成本监审工作的及时性，提高了成本监审及政府定价的工作效率。

（三）适用范围

需要说明的是，由于需政府定价的公益性事业单位的会计核算属于预算会计核算体系，因而本文选择的政府定价成本及价格测算模式对事业单位是不适用的，也就是说，它主要适用于对企业商品的政府定价成本监审及定价行为。

四、配套措施的考虑

（一）修订并完善与成本监审有关的价格政策依据

近年来，为进一步加强与规范成本监审工作，国家发展改革委于 2006 年 3 月 1 日发布实施《政府制定价格成本监审办法》（第 42 号令），2007 年 6 月 5 日发布实施《定价成本监审一般技术规范》（试行），另外还颁布了《高等学校教育培养成本监审办法》（试行）、《水利工程供水定价成本监审办法》（试行）、《物业服务定价成本监审办法》（试行）。受国家发展改革委 42 号令的影响，各地政府价格主管部门也纷纷制定相应的实施细则和成本监审目录，如北京市发展改革委于 2006 年制定并颁布《北京市〈政府制定价格成本监审办法〉实施细则》（京发改[2006]1893 号），于 2007 年制定并颁布《北京市政府制定价格成本监审目录》。不可否认，上述政策依据对规范政府定价、提高政府定价的科学性、强化政府的依法行政工作具有特别重要的意义。但是，目前的行业成本监审办法、《定价成本监审一般技术规范》等政策依据基本是以完全成本法为出发点，而且对一些特殊的成本项目的核定缺乏具体的规定，为此，我们需要从以下两方面对相关的政策进行改革：其一，以制造成本法为出发点，修改现行的国家行业成本监审办法及定价成本监审一般技术规范。其二，鼓励地方的成本监审部门制定与当地实际相符的行业成本监审办法。

在拟定行业成本监审办法时，应着力解决三个问题：

1．对特殊成本项目的核定标准进行细化。目前迫切需要细化的内容：一是提取固定资产折旧的年限。对于固定资产折旧的方法及原值的确认，目前在理论界与实务界已基本形成共识，但对提取固定资产折旧的年限却未达成一致意见。我们的看法是，如果以资产的寿命作为提取折旧的年限，需要具备权威的技术测试依据或专家的论证意见；在不宜以资产的寿命作为折旧年限的情况下，不妨参照所得税法的规定，以保证核定标准的权威性，同时取得企业的理解。二是对国有行业职工平均工资水平的核定标准，目前尚无明确的规定。而目前的成本监审项目有时参照当地统计部门公布的所有城镇在岗职工平均工资水平，有时又参照当地统计部门公布的国有经济单位在岗职工平均工资水平，这为核定工资支出及相关费用带来了极大的不便，同时也难以取得企业的理解和配合，对此我们建议在制定行业成本监审办法时必须统一标准。三是对计入定价成本的社会保险金的种类予以明确。我们的观点是，为了进一步维护消费者的利益，只将企业为职工缴纳的基本养老保险、基本医疗保险、失业保险、工伤保险、职工生育保险等五种保险费计入定价成本，其他商业保险一律不得计入定价成本。四是对于其他成本项目一律参照国家核定的标准，在国家核定标准不够明确的情况下，再参照所得税法的相关规定。

2．要增加正确划分制造成本与期间费用界限的条款，以简化成本监审工作的环节。

3．进一步明确有关的技术标准。包括国家、地方、行业、经营者制定的技术标准，如材料的单耗标准、燃料动力的单耗标准、产销差率（或供销差率）、超前建设率、固定资产的维修保养标准等。

（二）加强对政府定价机制的理论研究

作为政府定价机制中的一部分，我国的成本监审理论研究起步较晚，特别是对成本利润率及行业毛利率的研究更是薄弱，为此迫切需要借鉴先进的理论与方法，减少研究开发中的盲目性，以大大加快成本监审规范的推广进程，不断提升价格理论的研究水平。近年来，尽管我国的价格理论研究出现了一系列的科研成果，但总的来说，狭小的视野和“各自为战”的局面已使研究的效果大受影响。长此以往，会很难避免学术界无休止的争论和研究工作上的无效重复。

面对这种局面，学术界和实务界有必要在全面理解和正确借鉴先进的理论的基础上，认真研究我国的实际情况，大胆创新，勇于探索，积极拓展成本监审及其他价格理论研究和实践的新领域。比如，建议由国家发展改革委牵头，与理论界和有关部门携手探讨在我国建立与企业实际相符的成本监审理论体系及价格测算模式的问题；结合会计理论研究与实践发展的最新动向，共同考虑在我国政府定价的实务操作中引入行业毛利率；结合我国垄断行业发展的现状，考虑建立全国性质的垄断行业毛利率的测算机制，以推动政府定价工作的健康规范发展。而对于未发生实际经营成本却又只能依据未来预测成本进行定价的项目（如新建高速公路、新建地铁），建议有关部门吸收工艺技术专家、财务专家、价格专家，着力研究未来预算经营成本的科学性。在未来预算经营成本不够科学的情况下，不妨先研究制定一个试运行价格，在运行一定时间后再结合实际发生及实测的成本数据，制定正式运营价格，以真正提高政府定价的科学性。

五、结束语

本文的初衷是论述通过改革定价成本的核定模式来适当简化成本监审工作的路径，但并不否认价格对期间费用的补偿。在本文所提及的毛利率中，其实已包含了价格对期间费用的补偿，且补偿的水平更为科学。

（刘长翠　刘胜岭）

经验借鉴

美国创业资本市场的发展及其启示

高技术产业的加速发展与不断创新需要一个强大的创业资本市场作为支撑。美国拥有较为成功的创业资本市场，因此也是世界科技创新的领军者。北京的高科技产业发展势头良好，技术创新活跃，为创业资本市场发展提供了充分的市场空间。本文分析美国创业资本市场的脉络和特点，以期为北京市的创业资本市场的发展提供参考。

一、创业资本市场的概念及其在美国的发展历程

创业资本是指支持创业和促进高新技术产业发展的资本。创业资本市场是为成长性及高科技中小企业进行股权融资的市场，包括资金筹集、资金投入和资金退出三部分。资金退出后进入下一轮创业，因此它是一个可循环的资本运作市场。

创业资本市场

美国的创业资本诞生于1945年，经过几十年的发展，已经成为支持技术创新发展的重要推动力。进入20世纪90年代，随着经济全球化发展和

科技投资兴起，美国的创业投资额有了大幅攀升。1993 年美国的创业资本为 38 亿美元，2000 年就达到了 1061 亿美元之多，与 R&D 经费的比例为 40%。然而随着 2000 年 3 月美国股市的崩溃，创业资本市场也陷入了低潮，2006 年创业资本投资额下跌至 225 亿美元，与 R&D 经费的比例降至 6.5%，随后进入了调整和适应期。近两年美国的创业资本投资逐渐进入稳步发展期，投资倾向于生命科学和新能源开发等新兴行业。

美国的创业资本市场拥有系统的组织机构，以美国小企业管理局（SBA）为代表的政府促进体系，调动大量的个人投资者参与，形成了以小企业投资公司协会（NASBIC）和美国创业投资协会（NVCA）为代表的适应创业市场需要的行业管理体系。

二、美国创业资本市场的特征

（一）高规格人力资本是创业投资成功的关键因素

一流的投资家比一流的项目更重要。美国的创业投资行业多年的成功经验表明，选择优秀的创业投资家是创业资本运作成功的关键。创业投资家作为投资者和创业企业的沟通纽带，要具备一定的专业技术知识和丰富的企业运作经验。

（二）机构化和专业化的组织形式是创业投资成功的有效保障

美国创业投资活动的机构有三种组织形式：以有限合伙形式存在的创业投资基金、大企业附属的创业投资机构和小企业投资公司。从上世纪 90 年代开始，有限合伙制创业投资基金的份额一直稳定在 80%左右，成为美国创业资本市场的主要组织形式。

美国三类创业投资活动机构的融资份额比例

<table>
<tr><th></th><th>1980 年</th><th>1990 年</th><th>2002 年</th></tr>
<tr><td>有限合伙创业投资基金</td><td>40%</td><td>80%</td><td>72%</td></tr>
<tr><td>大企业附属创业投资机构</td><td rowspan="2">60%</td><td rowspan="2">20%</td><td rowspan="2">28%</td></tr>
<tr><td>小企业投资公司</td></tr>
</table>

有限合伙制创业投资基金包含两类合伙人：普通合伙人和有限合伙人；存在着两个层次的委托代理关系，即投资者和创业资本家之间的委托代理关系，以及创业资本家与创业企业之间的委托代理关系。投资者通过与创业资本家之间的合约确定了对创业资本家的激励和约束，而创业资本家又通过与创业企业之间的合约确定了对创业者的激励和约束。

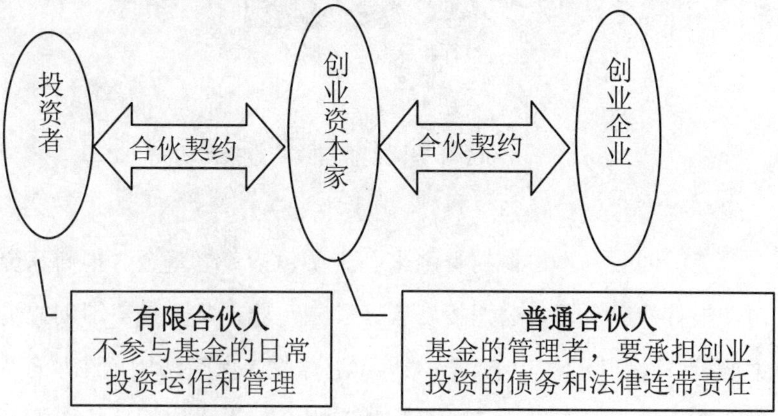

创业投资组织形式的机构化和专业化促使美国的创业资本发展成为一种系统化的融资、投资制度，并已形成一套完整的包括进入、评价、投资、监控、退出等环节的市场体系，从根本上解决了技术创新和创业企业由于高度不确定性、信息不对称等原因带来的代理和激励问题，从而在投资者和技术创新之间建立了一个互相沟通的中介，弥补了创业企业融资困难的缺口。

（三）强大的创业投资基金来源——机构投资者

机构投资者对创业资本市场的介入，大大提高了创业资本市场的资金供给能力，为美国创业资本在 20 世纪 90 年代进入一个大发展时期提供了重要的市场环境和筹资渠道。

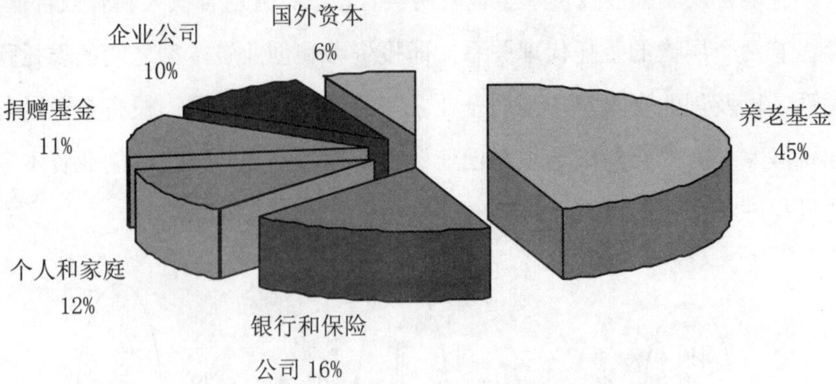

2002 年美国创业资本资金来源构成

美国创业资本市场的资金来源主要包括养老基金、捐赠基金、保险公司和银行持股公司、公司投资者。其中，养老基金是美国创业资本市场的主要投资者。自 1979 年美国《员工退休收入保障法》允许养老基金投资于创业资本后，养老基金就一直作为有限合伙人大比例地投资于创业投资基金。近年来，由于受到美国创业资本市场丰厚的投资回报率的吸引，国外资本已经成为创业资本的一个重要来源。此外，来自于个人的资金一直在美国的创业投资中保持稳定的比例。

（四）以灵敏的市场嗅觉捕捉高科技潜力领域作为创业投资的首选

解决技术创新型中小企业的资金来源问题是创业资本市场的主要目的。高科技尖端领域的知识孵化对科技转化为生产力具有至关重要的作用。上世纪 90 年代以来，美国依靠灵敏的市场嗅觉迅速发展生物工程、计算机、信息通讯等诸多高科技产业，通过技术孵化实现重大突破，在把科技转化为生产力的同时也获得了巨额的利润。美国创业投资的主要投资领域和投资热点基本上反映了科技发展的最新趋势，创业投资是美国科技创新的主要推动力量。

（五）创业资本退出机制——公开上市（IPO）

国际上创业资本的退出方式通常有四种：首次公开发行(IPO)、企业兼并、出售、清算。美国创业资本的主要退出方式，一是通过首次公开发行(IPO)退出，二是通过出售或并购的方式退出。IPO 是创业资本最常用的退出方式之一，大约 30%的创业资本的退出采用这个方式。

美国的纳斯达克（Nasdaq）股票市场为创业资本上市退出提供了优越的条件。纳斯达克的上市公司涵盖所有新技术行业，包括软件和计算机、电信、生物、零售和批发贸易等。

美国 IPO 市场有很多成功的典范，远的有苹果(Apple)计算机公司、微软（Microsoft）公司、英特尔（Intel）公司，近的则有雅虎公司。美国以股票为中心的发达的资本市场是企业成功实现 IPO 的关键因素。

（六）创业投资的区域分布具有明显的区域聚集特征

美国创业资本主要集聚在加利福尼亚州、马塞诸塞州两个地区。在美国加州地区的创业投资又主要集聚在硅谷地区，而麻省地区的创业投资则集聚在波士顿 128 公路。2002 年，美国创业资本投资总额为 212.36 亿美元，其中投资于加州 93.9 亿美元，占 44.22%；投资于麻省 24.03 亿美元，占 11.32%。

（七）创业资本市场"股市化"特征明显，投机性强

由于受到创业资本退出机制（IPO）的影响，美国创业资本市场与股票市场密切相关，高低起伏明显。从创业资本额来看，1993～2000年的7年间增长了27倍之多，随后在2000～2006年的6年内又迅速下降80%。在以追逐利润为目的的创业投资过程中，隐藏着大量投机性的资本运作，从而使创业资本市场呈现"股市化"特征。

三、创业资本对美国经济发展的作用和影响分析

（一）创业资本对高科技企业的投资促进企业创新升级

以电子信息和生物科技为代表的高科技产业的典型特点是技术更新速度快、创新升级周期短。创业资本市场为高科技企业提供融资便利，有利于企业创新升级，加快了高科技领域的发展速度，推动了生产力的发展，

促进经济增长。

（二）创业资本市场的发展增加了就业市场活力

美国风险资本协会 2001 年的报告中指出，在过去 30 年里，风险资本投资为美国创造了 760 万个就业岗位和每年 1.3 万亿美元的公司销售收入。2000 年，接受风险资本投资的公司创造了 439 万个新的工作岗位，占全美工作岗位的 3.3%；而这些公司在 2000 年内就产生了 7360 亿美元的销售收入，占当年美国 GDP 的 7.4%。高新技术产业已经成为美国雇佣职工最多的行业，其职工工资比全国私营企业平均工资高出 73%。

（三）创业资本催生新的"行业集群"

创业投资是新"行业集群"的重要催化剂。通过资助一个新"行业集群"中的领先公司，创业投资家使这些领先公司里的专业人员成为行业专家。当这些行业专家各自创建自己的公司时，拥有独特经验的行业群就形成了。

当然美国的创业资本市场也有其特有的问题，比如创业投资的最终目的是追逐利润，因此创业资本市场在带动高科技发展的同时也诱发了投机和股市泡沫。1995～2000 年，纳斯达克市场指数上涨了 580%，股市狂涨造成了大量的经济泡沫。

四、对北京建立和发展创业资本市场的启示

截至 2006 年上半年，北京共有创业投资机构 79 家，这些机构管理的投资于大陆地区的资本总量约为 30 亿美元。有关数据表明，2006 年北京共有 114 家企业获得创业投资，投资金额为 7.46 亿美元，高居全国第一位。创业投资与 R&D 经费的比例为 14.23%，高出美国同期水平 8 个百分点，发展势头强劲。北京高科技人才聚集，技术创新活跃，为创业资本市场发展提供了资源优势，但在发展创业资本市场的过程中还需要进一步完善以下几点：

（一）加强对中小企业创业投资引导基金运作的管理，逐步拓展基金来源

2008 年 7 月，北京市发改委和市财政局联合启动北京中小企业创业投

资引导基金，市财政安排人民币 3 亿元，作为试点期间引导基金的资金来源。中小企业创业投资引导基金是北京市发展创业资本市场的创新性尝试，主要投向高新技术、节能环保、文化创意、现代服务业和现代农业等领域的中小企业。目前创投引导基金还处于试点期，在未来的发展过程中可以拓宽基金来源渠道和资助范围，充分发挥其引导作用。

（二）鼓励创业资本对种子期企业投资，解决创业企业初期融资问题

目前，大量的创业投资机构倾向于投资成熟期企业，不愿投向启动期的创新型中小企业，这极大地限制了创业投资对推动高科技产业发展的作用。因此对创业期企业进行投资的创业资本应该享有更多的优惠政策，例如创业投资税收优惠政策中应对种子期和启动期企业进一步降低税率等。

（三）完善创业板的管理，构建创业资本循环机制

一个完善的创业资本市场应该包括筹资、投资和退出三个完整的阶段，其中还有诸如监督、激励、约束等辅助环节。我国引导创业资本退出的创业板市场建设起步较晚，应该在尽量控制风险的前提下，尽快推出创业板，加速投资循环过程。

（四）细化创业资本审查标准，防止资本投机性运作

对创业资本的审查包括两个阶段。一是在资本投入阶段。审查创业企业的技术条件，支持企业将高新技术转化为商品，提高生产力，防止创业资金用于单纯投机性运作。二是在资本退出阶段。要细化创业板上市标准，严格审查企业上市资格，降低二板市场的风险。

2008 年 4 月证监会《首次公开发行股票并在创业板上市管理办法》意见征求正式结束，进一步修改与完善后将发布实施，这对创新型国家的构建、经济结构的调整、资本市场功能的完善和主板市场健康稳定的发展具有积极而深远的意义，也给创业企业家们带来了新的机遇。

（宋丽思）

发达国家政府公共服务支出的变化趋势及启示

提供公共服务是现代政府的一项基本职责。从国际上看，世界各国尤其是发达国家政府职能所涵盖的公共服务主要包括市场不能发挥作用或不能充分发挥作用的基础教育、初级医疗保健、养老保险、失业保险、贫困救济、国民收入再分配、环境保护等领域。发达国家的政府支出规模和结构变化的趋势对北京市合理安排公共支出、完善政府公共服务具有一定的借鉴意义。

一、发达国家政府公共服务支出的变化趋势

（一）政府支出与经济保持同步增长

1．政府支出占 GDP 的比重长期保持相对稳定。发达国家的政府支出的增加与经济增长基本保持同步，公共支出占 GDP 的比重长期保持相对稳定。美国联邦政府公共支出占 GDP 的比重自 1952 年以来一直稳定在 20%左右，英国政府公共支出从 1973～1974 财年以来基本稳定在 35%～43%之间，澳大利亚政府公共支出从 1974～1975 财年开始基本稳定在 36%～43%之间。

2．政府支出占 GDP 的比重存在小幅波动。由于政党轮流执政和发展环境等的影响，有些发达国家上下届政府在政策上会进行较大调整，政府公共支出往往也会随之产生波动，但总体看，波动幅度不大。英国自 20 世

纪 70 年代以来，政府公共支出占 GDP 的比重一直处在小幅波动之中，分别在 70、80 和 90 年代三次超过 40%，但均在持续几年之后很快又出现了回调，近年来又略有上升，目前约为 39%。美国在 1981～1986 年间政府公共支出占 GDP 的比重连续 6 年超过 22%，而 1999～2001 年间又连续 3 年低于 19%。

（二）社会性公共支出成为政府支出的主体

1．社会性公共支出占政府支出的比重不断上升。在社会性公共服务的发展过程中，发达国家普遍经历了物质财富普遍匮乏和最低限度的公共服务供给阶段；然后是物质财富快速增长但公共服务供给水平相对提高不快的阶段；二战以后，进入社会经济成熟期的发达国家才逐渐能够把相对丰裕的公共服务更均衡地分配到社会各个领域，形成政府财政支出中社会性公共支出占据主体的基本格局。以美国为例，1968 年以前，在政府支出中，用于教育、就业、医疗卫生、社会保障、收入保障等社会性公共支出的比重基本处于 35%以下，1971 年超过 40%，1974 年超过 50%，1995 年超过 60%，2002 年已经超过了 65%。

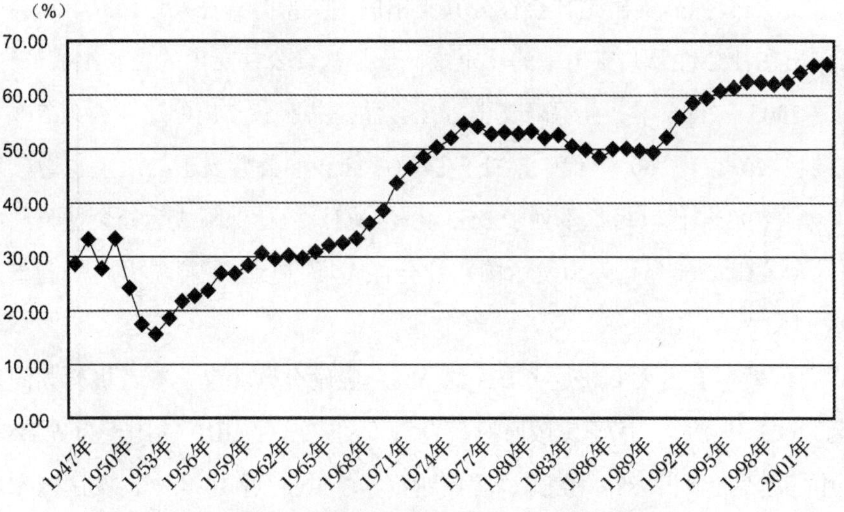

图1 美国社会公共支出占政府支出比重的变化趋势

2．社会性公共支出占 GDP 的比重大多达到 20%以上。2003 年 OECD 国家社会性公共服务占 GDP 的比重平均为 20.7%，欧盟 15 国的该比重平均达到了 23.9%。其中，奥地利、比利时、德国、法国、丹麦、挪威均超过了 25%，瑞典更是高达 31.3%。

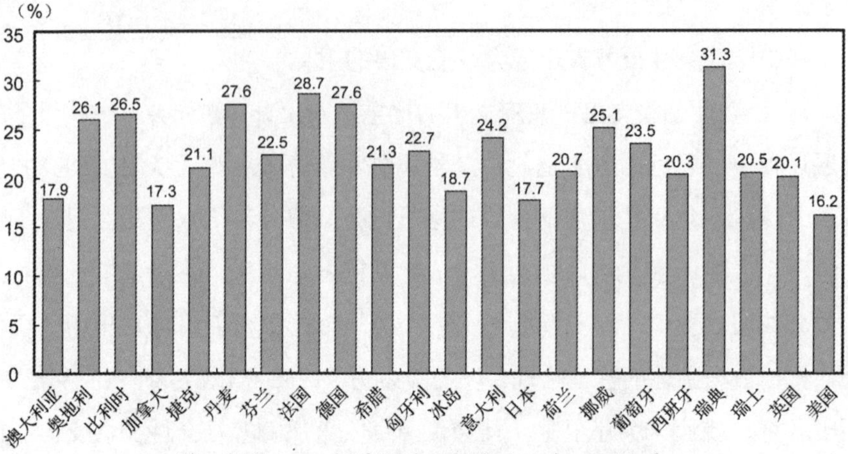

图2 部分OECD国家社会性公共支出占GDP比重

（三）社会保障成为最主要的社会性公共服务支出

1．社会保障支出是社会性公共支出的主要部分。在发达国家，社会保障支出在社会性公共支出中的比重最高，是社会公共支出的主要组成部分。英国 2005～2006 年社会保障支出占社会性公共服务支出的比重约为 51%。美国在 20 世纪 60 年代中期社会保障占社会性公共支出的比重也曾接近 50%，自 90 年代以后基本处于 35～40%之间。社会保障成为社会性公共支出的主要组成部分是因为发达国家社会保障项目较多、覆盖面广，支出规模较大。

2．教育支出大多超过 GDP 的 6%，鼓励公营和私营教育机构共同发展。2003 年，OECD 国家政府对教育机构的支出占 GDP 的比重为 6.3%，其中，冰岛达到了 8%，美国、韩国达到了 7.5%。近 10 年来，发达国家对教育机构的投入占 GDP 的比重基本保持稳定。发达国家的教育支出一般不局限于公办学校，而是鼓励公营和私营教育机构共同发展，如美国 2003 年对公营教育机构的投入占 GDP 的 5.4%，对私营的教育机构的投入占 GDP 的 2.1%。

近年来，多数发达国家的私营教育机构的政府补贴有所增加。加拿大和澳大利亚 2003 年对私营教育机构的投入占 GDP 的百分比与 1995 年相比上升了 0.5 个百分点，英国提高了 0.3 个百分点。

3．卫生支出占 GDP 比重多在 10%左右，国家承担国民大部分医疗支出。2005 年，发达国家的卫生支出占 GDP 的比重很多已经超过了 10%，其中瑞士达到了 11.6%，法国为 11.1%，澳大利亚、奥地利、比利时、葡萄牙、德国、希腊等均在 10～11%之间，其他发达国家大多接近 10%。与 1985 年相比，发达国家卫生支出占 GDP 的比重大都上升了 2～3 个百分点。

大多数发达国家的公共医疗卫生支出占卫生支出的比重超过了 70%，挪威、瑞典、丹麦和英国等则均超过了 80%。这意味着发达国家政府承担了国民医疗费用的大部分支出，个人只是承担其中的较小部分。

二、国外公共服务支出变化趋势对北京的启示

（一）根据经济增长水平，逐步增加政府支出占 GDP 的比重，最终实现二者的同步增长

尽管北京市目前人均 GDP 已经超过 7000 美元，接近西方主要发达国家 20 世纪 70 年代的水平，但与先进国家相比，政府的财政支出水平仍然偏低，2006 年北京市地方财政支出为 1411.58 亿元，约为当年 GDP 的 17.94%。而英国在 20 世纪 60 年代中期政府公共支出占 GDP 的比重已经超过 30%，澳大利亚也接近 30%。如果以发达国家的政府支出水平来评价，北京市显然还需要适当地增加财政支出占 GDP 的比重。

从西方发达国家的发展轨迹看，基本上是在人均 GDP 达到 5000 美元以前就已经实现了政府公共支出占 GDP 比重的相对稳定。北京市应该在合理调整政府职能的基础上，使政府支出逐渐稳定在 GDP 的一个合理比重附近，实现二者的同步增长。

（二）注意政府公共支出增长的节奏，避免支出的过度扩张

政府公共支出的增长并不是无限度的，西方国家政府公共支出在经历快速增长阶段后都出现了一些回调或者波动，然后基本停留在一个相对稳定的区间。实际上，在这些回调和波动中也有一些支出增长过快的教训，20 世纪 80 年代以来出现在发达国家的养老金改革浪潮，很大程度上就是由于社会保障支出增长过快而不得不做出的调整。北京市近几年的地方财政支出增长速度明显快于经济增长速度，财政支出与经济增长还没有形成相对稳定的状态，财政支出占 GDP 的比重仍然处于增长中，2006 年较上年提高了 1.4 个百分点。北京市应该避免走发达国家先膨胀后调整的老路，把握好政府支出增长的节奏。要做到这一点，关键是要加强对支出总量和结构的预测，特别是对于社会性公共服务支出中具有刚性特征的支出（如义务教育费用减免、社会保障待遇都是提前承诺），更要看得远一些，早做安排。

（三）加快政府公共服务职能转变，将政府支出更多地投向社会性公共服务

从发达国家的经验来看，政府职能经历了从以经济性公共服务为主，逐步扩展到以社会性公共服务为主的过程。虽然北京市目前正在转变政府职能，但是从总体上看，经济性公共服务仍然是政府公共服务的主要方面，政府财政支出大量用于促进经济发展。社会性公共服务近年来虽然有所加强，但教育、医疗、社会保障等社会性公共服务支出水平仍然偏低。2006 年北京市教育事业费支出为 175.18 亿元，卫生经费支出为 87.06 亿元，分别占当年 GDP 的 2.2%和 1.1%，与发达国家相比，差距十分明显，未来政府仍然需要继续加大对教育、医疗等社会性公共服务的投入力度。

（林 宝　隆学文）

硅谷银行对中关村建立科技银行的启示

在美国，半数以上的科技型创业公司都获得过硅谷银行的贷款。在那些高科技创业公司的创业者们眼中，硅谷银行的地位仅次于“Angel Investment(天使投资)”，因为在他们最缺短期现金流的时候，硅谷银行是他们最先想到的“救命稻草”。

一、硅谷银行是成功的科技银行典范

创建于1983年的美国硅谷银行，是美国唯一的科技银行，也是世界上成功的科技银行典范。它是为高科技初创公司提供各个发展阶段多样化金融服务的商业银行，创立之初注册资本仅有500万美元，到2007年资产已高达55亿美元，并在全球拥有11000家客户。

作为科技银行，硅谷银行是专门为科技型中小企业服务的银行。它以企业融资需求为中心，提供借贷与股权相结合的多种融资服务。相比于普通意义上的银行，这种科技银行具有以下三个显著特点：

（一）定位专一化

科技银行贷款的主要对象是从事科技型研发、生产的科研机构和科技型中小企业，科技银行的贷款主要向与科技创新有关的技术引进、技术研发、新产品试验与推广等项目提供，而不用于普通房地产开发和固定资产投资等。

（二）利率市场化

科技银行作为一种特殊的商业银行，其所从事业务的对象是不能取得一般商业银行贷款的科技型中小企业，业务风险性相对而言较高，因此科技银行根据市场情况自主决定对企业的贷款利率，不设固定利率，以保证银行的可持续经营。

（三）融资服务多样化

科技银行不同于传统商业银行，除提供贷款外，它还可以参股企业。它针对企业不同发展阶段的资金需求特点，提供借贷与股权相结合的多种融资服务，既可以对企业发放一般贷款，取得固定贷款利息收益，又可以通过持有企业一定的股权来获取未来企业上市以后的投资收益。

二、硅谷银行的特殊运作模式

硅谷银行作为科技银行，除在提供存贷业务的模式上与一般商业银行有显著的区别之外[①]，在运作方面也有其特殊的模式。

（一）与风险投资机构建立紧密的合作关系

首先，硅谷银行主要的业务是为风险投资机构所投资的企业提供商业银行服务；其次，它通常会将网点设在风险投资机构附近，以便为风险投资机构提供直接、及时的银行服务；再次，它在风险投资基金中直接投资，成为它们的股东或合伙人，在彼此之间建立更坚实的合作基础；最后，它设有风险投资咨询顾问委员会，确保与风险投资的密切联系，与风险投资共同编织一个关系网络，在其中大家可以共享信息、开展更深层的合作，共同支持初创公司的发展。

（二）创新的获益方式

硅谷银行 80%的收入来源于面向有风险投资进入的创业公司存贷款业务，以及为那些精选的个人发放贷款。一方面，其贷款利率普遍高于其他商业银行。硅谷银行首先抓住初创公司急于获得资金、对银行利率不敏感

[①]其虽然也是具有存贷业务等金融服务项目的商业银行，但是其服务对象主要是那些获得了风险投资的高科技创业公司。

的心理，其次也因身处风险相对较高的业务领域，因此相应地提高了贷款利率。另一方面，硅谷银行的资金来源成本最低。许多创业者从风险投资者那里得到一笔投资后，会马上在硅谷银行开一个账户，并在银行的帮助下建立起一套财务体制，而且在存款中有 30%左右是不付息的活期存款账户，资金来源成本由此变得低廉。这样一个贷款利率高、存款利率低的利率差就为硅谷银行带来了丰厚的收益。此外，硅谷银行的另一大收益来自于它持有众多客户公司的股权组合。在为那些初创的高科技公司提供信贷服务时，硅谷银行会乘机附带一些条件，比如索取这家公司的部分期权。一旦公司成功上市或股票升值，就能给硅谷银行带来巨大的收益。

（三）灵活的担保方式

由于硅谷银行的客户群是处于创业初期的科技型企业，这类企业一般是以智力资源为主，固定资产较少，因此银行对其在抵押、担保方面的要求也较为灵活，允许其以专利技术等知识产权作为抵押担保。一般来说如果企业处于研发阶段，则可以专利技术作为担保。而在产品进入市场后，公司就有了应收账款，这时应收账款可以替代知识产权作为抵押。但是，银行同时规定了贷款最高限额为 5000 万美元。

（四）科学的风险控制方式

除与风险机构合作，借助风险机构的专业眼光来规避一定风险之外，硅谷银行还采取了风险隔离、组合投资等多种控制风险的方式。其中风险隔离是硅谷银行将银行的创业投资与一般业务资金分割开来，创业投资的资金并不从一般业务之中提取，一般业务资金也不会从创业投资基金中挪用，以避免相互之间的风险影响。组合投资则是根据不同的行业、行业发展的不同阶段等进行风险控制组合。此外，硅谷银行还通过提供专业咨询、服务等业务来巩固客户群，确保既得利益。

三、硅谷银行对中关村园区建立科技银行的借鉴意义

（一）以“与创业投资机构、风险投资机构的紧密合作”为开展业务的

前提条件

一般来讲，能够被创业投资机构、风险投资机构看中的中小型科技企业都具有良好的项目前景，创业投资机构与风险投资以其专业的目光又具有识别和控制风险的能力，因此，建立科技银行首先要与这些机构保持紧密的合作关系，通过共享信息，可以有效地发掘和支持有发展前景的创业企业，最大限度地降低风险程度，减小坏账损失，并获取高额的贷款收益。

（二）尽量放宽利率管制，实现与高风险匹配的高收益

由硅谷银行的情况来看，科技银行的利润主要是来自于银行存贷款的利率差以及对上市高科技企业的投资回报。特别是贷款利差是科技银行获益的主要来源，其中所表现出来的是风险与收益的正相关性。因此，对于科技银行来说，要贷款给创业初期具有高风险性的企业，就需要一个与之相匹配的高贷款利率，以获取高额的存贷利差收益。为此，对应于较高的风险，科技银行的贷款利率范围可适当放宽，在规定范围内，赋予科技银行贷款自主定价的权利。此外，根据成长性科技企业的特点，应不设固定利率，将银行收益与企业发展挂钩，实现银行与企业的共同成长。

（三）允许企业以技术专利等知识产权作为抵押担保

由于科技银行的客户主要是具有高风险性的中小型科技企业，因此，贷款担保对于降低银行的贷款风险尤为重要。硅谷银行规定其所有客户对象必须是有风险投资支持的企业，且必须与客户签订以技术专利、其他知识产权等为抵押担保的协议。在我国目前的商业银行体系下，一般的科技型中小企业难以满足银行担保、抵押或质押的条件，因此难以得到银行贷款的支持。为此，科技银行需要在传统贷款模式的基础上，结合科技型中小企业的特点，从抵押、担保等多个方面进行创新，扩大抵押品范围，允许企业以技术专利等知识产权作为抵押担保，甚至可以探讨将担保由有限责任扩展到企业家个人的无限责任，以有利于科技银行规避风险。

（四）鼓励银行参股企业

由硅谷银行来看，科技银行并非传统意义上的只做贷款不参股企业的商业银行，而是融产业与资本市场运作于一体的新型商业银行，拥有其信贷服务对象——未上市高科技企业的股权是科技银行的一大特色。通过促使科技型企业上市，科技银行一方面可获取高额投资收益，另一方面也可冲减贷款或投资中小企业而承担的高风险。根据中关村园区的具体情况，科技银行可针对创业期和成长期的企业，借鉴夹层基金的业务模式，贷款与股权投资相匹配，银行持有企业一定的股权，其目的不在于控股，而是使科技银行能够从企业的高成长中获得较高股权收益，弥补成长期企业带来的高风险。

（邢志俊）

国内外3G进展及其产业链

一、3G的诞生及其应用

3G是英文3rd Generation的缩写，指第三代移动通信技术。3G是相对于第一代模拟制式手机（1G）和第二代GSM、TDMA等数字手机（2G）而言的。

（一）五大因素催生3G

3G的产生不是一蹴而就的事情，而是伴随多种环境的综合影响而诞生的。概括而言有五大因素对其产生有重大影响：一是第二代移动通信系统奇迹般的发展，移动通信逐渐成为通信的主导；二是宽带多媒体通信的发展令移动通信产业渴望再续神话；三是移动话音业务进入饱和状态电信业迫切需要寻求新的业务增长点；四是电信业务新增长的希望在于数据业务；五是CDMA技术的成熟和TDMA技术进入末路。

（二）3G的独特功能及其应用

国际电信联盟(ITU)对未来的3G功能作了这样的描述：“这种设备将会兼具电话、电脑、电视、视频会议中心、报纸、日记本甚至信用卡的功能。”

3G的应用是指在3G技术基础上能够使用图像处理、音乐、视频流等多种媒体形式，提供包括网页浏览、电话会议、电子商务等多种信息服务，其优势主要体现在无线数据业务方面。截至2007年11月，全球3G用户已突破5.3亿。尽管目前在3G商用网络上提供的绝大部分业务都是2G和

2.5G 网络上已有的业务，但是，一些新的、能够更好地发挥 3G 网络优势的业务正成为运营商拉动市场需求的有效手段，并为运营商创造着更多的效益。经过这几年的发展，移动视频业务逐渐开始普及，也开始为运营商带来更大的效益。目前，日本与韩国是全球 3G 发展最为成熟的地区。在韩国，占据 3G 主要市场份额的 SKT 公司从 2002 年下半年就推出了基于 1X EV-DO 网络的 June 业务。该业务品牌的主要目的是利用 1XEV-DO 网络在数据传输速率上的优势，为用户提供多种多媒体娱乐类的业务，包括电影、音乐、动画、游戏以及电视节目等等。自该业务推出以来，用户数量持续增长，截至目前粗略估计已近千万户，占据了 SKT 公司用户的 30%以上。除了视频业务之外，能够体现 3G 特色的移动整首音乐下载业务也在全球各地蓬勃发展，并已经成为 3G 运营商最重要的收益来源之一。

二、3G 三大标准及其优势

国际电信联盟(ITU)确定 3G 通信的三大主流无线接口标准分别是 WCDMA(宽频分码多重存取)、CDMA2000(多载波分复用扩频调制)和 TDS-CDMA(时分同步码分多址接入)。目前这三大标准也已被我国正式认定为通信行业标准。

（一）WCDMA 标准及优势

WCDMA 标准主要起源于欧洲和日本的早期第三代无线研究活动。该系统在现有的 GSM 网络上使用，对于系统提供商而言可以较轻易地实现二者的过渡，且 GSM 系统在亚洲相当普及，因此 WCDMA 具有先天的市场优势。

（二）CDMA2000 标准及优势

CDMA2000 系统主要是由美国高通北美公司为主导提出的，摩托罗拉、Lucent 和后来加入的韩国三星都有参与，韩国现在成为该标准的主导者。这套系统是从窄频 CDMA One 数字标准衍生出来的，可以从原有的 CDMA One 结构直接升级到 3G，建设成本相对比较低廉，但目前使用 CDMA 的地区只有日、韩和北美，所以 CDMA2000 的支持者不及 WCDMA 多。不过

CDMA2000 的研发技术却是目前各标准中进度最快的，许多 3G 手机已经率先面世。

（三）TD-SCDMA 标准及优势

TD-SCDMA 标准是由中国内地制定的 3G 标准，1999 年 6 月 29 日，中国原邮电部电信科学技术研究院（大唐电信）向 ITU 提出。该标准将智能无线、同步 CDMA 和软件无线电等当今国际领先技术融于其中，在频谱利用率、对业务支持的灵活性、频率灵活性及成本等方面有独特优势。另外，由于国内庞大的市场，该标准受到各大主要电信设备厂商的重视，全球一半以上的设备厂商都宣布可以支持 TD-SCDMA 标准。

三、3G 产业链及特点

（一）3G 产业链

3G 产业链主要包括如下环节：

1．电信运营商。其在整个产业链中居于中央位置，结合选择的 3G 标准建设网络，负责 3G 通信系统的运营，为用户提供先进的 3G 通信业务。

2．网络设备提供商。主要指为运营商提供网络设备，并为运营商建设 3G 通信网络的厂商，其同时也给运营商和应用服务提供商提供运营支持系统和运营平台，充当着电信技术进步的“动力器”。

3．终端制造商。主要指 3G 手持设备制造商，它为用户或者运营商提供 3G 终端，是连接用户的最后环节。

4．系统集成服务商。主要是指为运营商或者服务供应商和内容提供商（SP/CP）提供软件解决方案的厂商，它主要通过提供软件平台和服务方案来维持整个价值链的保障体系。

5．服务供应商和内容提供商（SP/CP）。内容提供商（CP）是一些拥有丰富专业的基础信息提供者，如媒体、唱片公司等。其利用业务的专业化分工和集成做专做强，提供丰富多彩的内容以拉动用户需求。服务供应商（SP）以专业化、个性化定制服务进行改造开发和系统集成工程实施，为用户提供高效便捷的全面解决方案或服务。二者联合对信息进行整理开发，把那些用户需求的信息服务以专业的移动数据业务形式提供给用户。

6．芯片厂商。3G 芯片厂商在产业链中主要服务于网络设备制造商和终端制造商，通过授权专利以及出售核心芯片获得巨大收益。

7．测试厂商。这是一个较为笼统的概念，通常把为网络运营商提供测试服务或者测试设备的厂商，以及为行业准入提供终端检测的机构都涵盖在内（如泰尔实验室）。

8．终端软件提供商。移动终端上需要的软件分类很多，主要包括：移动视频、手机操作系统及平台软件、手机备份、手机输入法、手机开发工具、手机游戏软件、PIM/通信软件、支付/交易软件、娱乐类软件、位置应用软件、工具类软件和其他手机软件等。

9．管制机构。价值链中的管制机构可以分成两类。一类是通信标准系统的管制机构，这些组织协调着对通信产业标准发展情况的监督和管制，并且统一国际 3G 频段划分和全球漫游服务的条款制定工作，是通信产业发展的基础。另一类是我国的以信息产业部为代表的通信管制机构，在推动我国 3G 产业发展的过程中起到监督引导的作用。作为监管者，其在价值链中的作用是为各环节之间、环节内部企业之间的公平竞争搭建平台，是市场秩序的维护者和产业发展的宏观引导者。

10．用户。3G 产业的发展离不开用户，没有用户就没有利润，价值链也失去了存在的意义。某种意义上，用户才是 3G 产业链真正的核心。3G 用户可以分成个人用户、专业用户、企业用户。对于运营商而言，最大的市场就是普通个人用户，这也是用户的主体，所有大众化的服务都是以个人用户为中心展开的。

（二）3G 产业链特点

1．产业链涉及面广。3G 产业链涉及的面是非常广泛的，从用户、运营业、行业监管的部门到全系统的主管供应商、投融资机构都有牵扯。由于整个系统包括了核心网、无线接入网的终端，因此还有如工程服务、网络规划和网络管理、仪器仪表测试、微电子软件等各个方面的产业配套，因此它的涉及面非常广。

2. 产业关联性强。在电信业、设备制造业、服务业等推行信息化建设的过程中，通过与运营商合作，出现了业务方面的融合。原来看似没有联系的不同产业变得越来越互相关联，并出现重叠、替代、交叉和趋同等变化。

3. 标杆企业与跨环节企业作用凸现。标杆企业可以通过设立行业标准、共享技术和资源及控制核心环节等多种方式，重新构建产业链和决定其中的组织方式。同时，整条产业链上一家企业充当多个环节角色的现象成为普遍现象，典型的企业如华为既是网络提供商、终端提供商，也是系统集成服务商。企业多重角色集于一身使得聚合效应十分明显。

4. 需要多元的资本运作。要实现 3G 业务的成功开展，需要大规模的资金，动辄上百亿的投入会造成企业巨大的资金压力。这客观上要求运营商摒弃以往单一、保守、规模较小的融资方式，将企业的融资行为迅速转变为上市融资、银行贷款、卖方信贷、股东贷款、企业债券、企业并购、资产出售等多种资本运作方式，以在有效降低融资成本的同时，降低企业的整体财务风险。

5. 产业链动态开放且缺乏稳定性。由于参与者数量不断增多，使得电信产业链的各个环节不再保持一种相对封闭和长期稳定的关系，而是有了更大的变动性，产业链缺乏稳定性，呈动态开放状态。

四、TD-SCDMA 产业链——北京 3G 产业的机会

（一）TD-SCDMA 产业进展及产业联盟

自 2000 年 5 月中国政府提交 TD-SCDMA 技术并被国际电联批准为第三代移动通信国际标准至今，在国家相关部门的大力支持及各界人士的共同努力下，TD-SCDMA 不断取得重大进展，已经具备了商用化的条件，基本形成了从系统到终端、从芯片到仪表、从软件到配套设备的完整产业链。

在系统方面，作为TD产业链核心企业的大唐集团在TD领域成功完成了标准的完善、系统设备的开发和产业专向测试以及规模网络技术应用试验等工作。特别是在规模网络技术应用试验中，大唐集团提供的TD系统中的关键技术如智能天线、接力切换、动态信道分配、联合检测等都已得到充分验证。

在终端方面，三星在继2005、2006年推出3款TD手机后，2007年推出全球首款TD-SCDMA HSDPA/GSM/GPRS/EDGE多模手机，即SGH-T578H手机。该手机采用软件定义调制解调器，可达到2.8Mbps的数据传输速率，这个速率相当于GPRS的20倍，用户在不到一分钟的时间内可下载多个MP3文件。SGH-T578H手机基于T3G7210系统解决方案，并采用业界首个由恩智浦提供的"嵌入式矢量处理器"（EVP）的软件调制解调器（即由软件定义的调制解调器），从而实现了高速数据传输和双模功能。

在仪器仪表方面，已有4年研发经验且在TD研发水平上不亚于CDMA的水平的国外厂商安德鲁公司于2006年7月加入TD-SCDMA产业联盟，为TD-SCDMA设计并提供与其他3G技术区别化的产品。

在芯片方面，手机基带芯片已经实现群体突破，自2004年以来陆续有多家TD-SCDMA芯片生产厂商推出了TD-SCDMA基带核心芯片，为TD-SCDMA终端测试的顺利推进提供了强有力的技术支撑。经过近两年的测试，TD-SCDMA芯片已经达到完全商用化水平。而在手机多媒体芯片领域，国际著名大公司研发的新产品许多都能够和TD-SCDMA基带芯片进行配合，实现TD-SCDMA终端对于多媒体应用的处理。用于TD-SCDMA手机的射频芯片的研发同样也取得了进展。

在运营方面，由中国移动、中国网通、中国电信参与进行的10城市大规模网络试验工程建设已进入到最后的冲刺阶段。其中由中国移动承建的秦皇岛、厦门、天津、广州网络建设都已率先完成并开通，覆盖了城区、县城、旅游景点等各种区域。据悉，上述城市的TD规模建网接下来都将处于后期网络优化阶段。大唐、普天、中兴、鼎桥等相关厂商将通过网络优化对前期网络规划中存在的问题或出现的新情况进行分析，对网络参数进行调优，并扶正网络规划的偏差，同时将为未来网络规划提供良好的数据参考信息。据TD产业联盟工作组对中国3G市场未来的预测，TD-SCDMA将要占据50%的市场份额，另外40%和10%将由WCDMA和CDMA2000占据。

（二）3G在北京

业内人士透露，北京多个新建场馆及地铁线都已实现WCDMA及CDMA2000的室内覆盖布局，只要运营商上马WCDMA，装上WCDMA基站，即可随时开通。同时，在国家大剧院及地铁10号线一期工程(含奥运支线)等地方，均预留了涵盖TD-SCDMA、WCDMA和CDMA2000三大标准的3G接口。

围绕2008年北京奥运会，国内相关制造商和科技机构重点推进3G网络的建设。该网络采用了立体化的网络结构，融合了大型宏基站、小区分布式微基站、室内分布系统、应急车等多种方式进行网络覆盖。科技部官员称，2008年北京奥运会时，将力争实现北京五环内3G网络全覆盖。在网络准备的同时,基于手机开发的奥运增值应用也在加快准备，在世界上首次研发成功了手机官方网站，并增设了奥运快讯、3G手机视频、智能交通系统等新业务，可以为公众提供贴身的场馆交通导航和周边信息查询，并可提供在线奥运赛事信息。此外，奥运期间3G网络还有两项重要的应用，一项是用于现场调度和安全防卫的视频监控系统，另一项是基于视频的辅助裁判。目前产业联盟成员中至少有6家以上的北京企业，形成了从标准研发、芯片设计、系统制造到终端生产的完整产业链条，这些企业有望成为以自主创新技术拉动北京信息产业发展的新龙头。

（三）政策建议

1. 制定优惠政策，激励相关产业发展。建议相关部门联合，专门给予TD-SCDMA的群聚性以政策引导，比如由政府牵头，引导北京市各相关企业形成类似于联盟性质的合作体。该合作体应以企业为主体，由政府定期监督，督促北京市各相关企业以及相关产业的合作协调与发展。

2. 完善产业环境，建设融资渠道。应通过科技政策等方式为企业拓展融资渠道，特别是为企业在国内以及国外资本市场融资营造良好的政策环境。应鼓励北京企业与有实力的外资企业进行合作，使企业可以多方位地获得资金上的支持。

3. 资金支持，项目引导，加强终端、应用、统一业务平台等方面的研究与开发。应通过专家建议或公开征集等方式提炼科技项目，以一般项目、重大项目以及专项等方式，引导北京通信类企业加大在终端、芯片、应用、内容、统一业务平台等方面的研究与开发。

（邢志俊）

广东“双转移”战略及其启示

一向勇于创新的广东，在迎来改革开放30周年之际，做出了一项重大战略决定：未来5年内，将用500亿元左右的资金推动产业和劳动力“双转移”，促进区域发展协调。

一、“双转移”背景：广东实现新一轮大发展的现实选择

（一）广东省内区域不协调程度加剧

广东按地理位置划分为四个区域，分别为珠江三角洲、东翼、西翼和粤北山区。据统计，2007年东翼、西翼和粤北山区的GDP分别只相当于珠江三角洲的8.4%、9.3%和8.3%，与2000年相比，均呈下降趋势，表明珠江三角洲与东、西、北地区的差距正在拉大。2007年，珠江三角洲地区人均GDP超过7000美元，而东西两翼不足1800美元，山区五市仅约1600美元。

（二）珠江三角洲的四大约束程度加剧

珠江三角洲地区近年来出现了土地、资源、人口、环境四方面约束程度加剧的情况，环境资源的压力加剧，土地的瓶颈制约问题突出，社会管理压力加大，人口结构素质不够优化，持续发展难以为继。

（三）发展速度与人均发展水平落后

广东省的现状是人均发展水平落后，区域发展不协调。广东省的人均GDP明显低于江苏、浙江等地区，由1996年相当于浙江的95.7%下降到

2006 年的 88.9%，人均 GDP 的年均增速近 10 年来在东部沿海省市中都是排在最后一位。而且，经过 30 年的发展，广东产业结构的调整与优化升级已经到了迫在眉睫、刻不容缓的地步。

二、从加快山区发展到“双转移”战略

（一）2002 年：出台加快山区发展的意见，积极引导和促进珠江三角洲的产业向山区转移

2002 年，广东省委、省政府发布《关于加快山区发展的决定》（粤发[2002]13 号），提出加快以交通为重点的山区基础设施建设、加快山区农业结构调整和农业产业化经营步伐、积极引导和促进珠江三角洲产业向山区转移，通过对山区建设用地实行政策倾斜和加大财政转移支付力度来推进山区发展。

（二）2005 年：设立产业转移园区，联手推进产业转移

2005 年 3 月，广东省政府出台《关于我省山区及东西两翼与珠江三角洲联手推进产业转移的意见（试行）》（粤府[2005]22 号），提出设立产业转移园区、联手推进产业转移的思路，鼓励珠江三角洲产业向山区及东西两翼转移，加快山区及东西两翼经济发展，促进珠江三角洲产业结构优化升级。此项工作由山区或东西两翼地区政府依据有关规定划定产业转移园区，由珠江三角洲地区政府负责组织规划、投资、开发、建设和招商引资等，并按商定比例在一定时期内进行利益分成。

（三）2008 年：实施“双转移”战略，推动产业优化升级

2008 年 5 月，广东省委、省政府发布《关于推进产业转移和劳动力转移的决定》（粤发[2008]4 号），广东省经济贸易委员会出台《广东省产业转移区域布局指导意见》，提出“双转移”战略。“双转移”是指推动珠江三角洲劳动密集型产业向东西两翼、粤北山区转移，推动东西两翼、粤北山区劳动力向当地第二、三产业和珠江三角洲发达地区转移。“双转移”是广东破解科学发展难题、实现新一轮大发展的现实选择和有效途径。

三、推进"双转移"的主要目标与基本原则

以新一轮思想大解放为动力，按照"政府引导、市场运作、优势互补、互利共赢"的方针，着力优化区域产业布局，大力提高劳动力素质，提升珠江三角洲地区产业的竞争力，带动东西两翼和粤北山区加快发展，推动全省经济发展方式转变，不断提高城乡居民生活水平，促进全省经济社会又好又快地发展。

（一）实现两大目标

1. 建设产业转移工业园，打造产业转移集群。力争到 2012 年，珠江三角洲地区功能水平显著提高、产业结构明显优化；东西两翼和粤北山区在办好现有产业转移工业园的基础上，再规划建设 1～2 个大型产业转移园，形成一批布局合理、产业特色鲜明、集聚效应明显的产业转移集群，推动全省产业竞争力位居全国前列。

2. 新增转移本省农村劳动力 600 万人，提升人均生产总值增长率。为此，要使人力资源得到充分开发，劳动力素质整体提升，就业结构整体优化，本省劳动力就业比重提高，农村劳动力在城镇就业以及向第二、三产业转移成效显著。要新增转移本省农村劳动力 600 万人，组织技能等级培训 360 万人，使全社会非农就业比重达到 80%。珠江三角洲地区劳动密集型产业比重要显著下降，人均生产总值增长率要高于生产总值增长率 2 个百分点左右。以上工作，要力争做到 3 年初见成效，5 年大见成效。

（二）坚持"五结合"原则

实施"双转移"战略过程中要坚持五个结合：一是坚持政府推动与遵循市场规律相结合。政府要通过搭建平台、政策支持等措施，引导劳动密集型产业的有序、梯度转移和劳动力向珠江三角洲的合理输入。二是坚持产业转移与产业升级相结合。珠江三角洲地区在加快推进产业转移的同时，要大力发展先进制造业、高新技术产业和现代服务业等高附加值产业，提高自主创新能力。三是坚持产业转移与产业集聚相结合。通过产业转移，促使产业转入地形成新的产业集群，形成上下游相互配套、专业化分工合作

的产业链。四是坚持产业转移与可持续发展相结合，将产业转移对生态环境的影响降低到最低程度。五是坚持产业布局合理与人力资源配置优化相结合，加强职业技术教育，全面提升劳动力素质，合理调配人力资源，加大本省劳动力供给，提高输入珠江三角洲地区的劳动力的水平。

四、推进"双转移"的政策举措

（一）八大政策举措推进产业转移

1. 编制专项规划，加强对产业转移的引导。制定全省产业转移的区域布局总体规划和指导意见，引导和推动产业有序转移和集中发展。出台了《广东省产业转移区域布局指导意见》，制订珠江三角洲各市产业转移规划和东西两翼、粤北山区各市产业承接布局规划，合理设定地区产业准入门槛，实行产业差别准入办法，促进珠江三角洲地区产业有序转移和东西两翼、粤北山区的选择性承接，避免区域之间的产业同质竞争，以产业转移园为主要载体，形成上下游相互配套、专业化分工合作的产业链，培育一批新的产业集群。明确珠江三角洲劳动密集型产业转出目标、所占比重，加快引进、发展先进制造业和现代服务业，加速产业结构升级，防止珠三角地区产业"空心化"。

2. 打造转移产业集群，实行产业转移集聚发展。继续开展省级产业转移园认定工作，认定条件包括土地使用、基础条件、管理制度三个基本条件。已认定的产业转移工业园按照总体规划的要求，在现有产业的基础上，突出比较优势，突出主导产业，重点发展1～2个优势产业，围绕延伸产业链，推动上下游产业配套发展，形成特色鲜明、配套完善的产业集群，凝聚产业发展力量和产业集聚效应，促进产业做大做强。

3. 努力降低经营成本，推行"零收费区"的做法。努力降低产业转移园内企业用地、用电、用工等生产成本，提高产业转移园对转移产业的吸引力。积极推进销售电价区域同网同价改革工作，降低东西两翼和粤北山区电价，使产业转移园电价比珠江三角洲地区电价低 0.1 元 / 千瓦时左右。

切实减轻转移企业的各种行政事业性收费负担，除国家规定统一征收的税费外，推行“零收费区”的做法，不再对入园企业征收任何地方性收费。

4. 盘活土地资源，加大用地制度改革力度。对产业转移园建设用地指标安排要适度倾斜，保证其建设用地需要；省政府对规模大、成效好的产业转移园的用地指标给予支持，对于投资10亿元以上重大项目的用地计划由省专项安排。合理和节约用地，积极盘活存量建设用地，允许产业转出、转入地按照依法、平等、自愿、有偿的原则，对口调剂使用农用地转用计划指标和补充耕地指标，允许珠江三角洲地区委托山区对口开发补充耕地；鼓励采取土地置换、土地使用权调整、改变土地用途等方式盘活用地。实行产业转移园单位面积投资强度最低标准，推广多层标准厂房建设，提高土地使用效率。

5. 加强配套基础设施建设，为产业转移奠定基础。加大产业转移工业园配套基础设施建设，完善公共服务平台。由珠江三角洲各市严格履行产业转移园合作建设协议，完善园内道路、供电、给排水、环保等各项基础设施。省财政安排扶持资金，建设产业转移园的基础设施。

6. 加大资金扶持力度，采取竞争方式择优扶持。2008～2012年，广东省每年安排欠发达地区产业转移园区发展专项转移支付资金15亿元，对14个欠发达市和江门市每年补助1亿元，支持上述地区产业转移园区建设的贷款贴息及基础设施建设；每年安排重点产业转移园区专项资金15亿元，以竞争方式择优扶持欠发达地区3个示范性产业转移园区建设；每年安排产业转移奖励资金5亿元，鼓励珠江三角洲地区企业加快向东西两翼和粤北山区转移；每年安排劳动力培训转移就业专项资金10亿元以上，专项用于劳动力职业技能培训、智力扶贫、劳动力转移就业服务等。同时，拓宽资金筹措渠道，积极引导和带动地区财政和社会资金投入，加快产业转移和劳动力转移。

7. 不断提高管理服务水平，服务园区企业。产业转入地推广“一站式”服务，简化行政审批程序。加大口岸建设力度，加快加工贸易联网监管公共平台建设，建立外经贸、海关、外汇、税务、检验检疫、银行等部门的信息化管理体系，积极支持符合条件的产业转移园设立出口加工区和保税物流中心，提高物流通关与监管效率。降低产业转入地服务业的市场准入门槛，引导珠江三角洲地区具有竞争力的中介服务组织向东西两翼和粤北山区发展，提高承接地在出口报关、商品检测、物流、法律、会计、信息、咨询领域的服务水平。改善产业转移园的金融服务，扩大信贷转授权；加大对产业转移园的信贷投放力度，为产业转移园企业提供高效便利的融资和结算服务。

8. 建立产业转移区域布局的协同机制。省政府相关部门定期召开联席会议，研究促进产业转移合理布局的政策措施，统筹重大产业转移项目区域布局和要素配置，协调解决项目转移承接中的重大问题。各市也建立相应的领导机构和工作机制，明确工作职责和工作目标，推进产业转移的合理布局。珠江三角洲地区与东西两翼及粤北山区合作双方建立政府联系工作机制，及时研究解决产业转移过程中遇到的困难和问题，共同协商制定并落实年度目标任务。根据工作需要，珠江三角洲地区可安排干部到产业转移园任职或挂职。珠江三角洲地区各市每年组织1～2次本地企业到对口地区考察、交流与产业转移洽谈的活动，协助东西两翼及粤北山区举行大型招商活动。

（二）七项政策推进劳动力转移

1. 加快省内劳动力向珠江三角洲发达地区的转移。东西两翼和粤北山区根据珠江三角洲地区用工需要，着力培养和输出具有较高技能和素质的适用型劳动力。健全珠江三角洲地区与东西两翼和粤北山区对口劳务帮扶机制，由对口双方签订帮扶协议，明确目标任务和帮扶责任。珠江三角洲地区各中等职业技术学校和技工学校每年要安排不少于 30%的招生指标专门用于招收东西两翼和粤北山区学生，并负责推荐这些学生在当地就业。

2. 大力推进农村劳动力就地就近就业。结合产业升级和承接产业转移，积极培育产业集群，大力发展县域经济和特色产业，提高其吸纳就业的能力。把产业转移园作为吸纳农村劳动力就业的重要载体，制定产业转移园吸纳当地农村劳动力的培训就业方案并抓好落实，明确企业吸纳和培训当地农村劳动力的社会责任。每个县（市、区）建立若干个灵活就业基地，鼓励农村劳动力就地就近就业。

3．鼓励企业招用本省农村劳动力。珠江三角洲地区各市要制定劳动力转移的目标和规划，鼓励企业招用本省农村劳动力。有条件的地方对企业当年新招用本省农村劳动力并签订一年以上劳动合同和缴纳社会保险的，给予企业社保补贴；对招用人员属农村贫困户劳动力、40 岁以上和被征地农民的，同时给予企业岗位补贴。各级政府对新招本省农村劳动力成绩突出的企业给予表彰奖励。

4．加强对农村劳动力的职业技能培训。实行农村贫困家庭子女入读中等职业技术学校、技工学校免学杂费和补助生活费政策。实施对农村劳动力免费进行职业技能培训的办法，为 45 周岁以下、有就业能力和就业意愿的本省农村劳动力提供一次免费职业技能培训，确保每个农村家庭都有一名以上有就业能力的劳动力接受职业技能培训。实施农民工技能提升培训计划，每年对 100 万名在岗农民工进行技能等级提升培训。对被征地农民、转产转业渔民、其他农村劳动力和返乡创业农民分别开展不同类型的技能提升培训。

5．加强就业培训载体建设。以中等职业技术学校、技工学校为主阵地，建立覆盖城乡的职业技能培训体系。建立公共实训基地，认定一批劳动力培训定点机构。开发建设覆盖全省城乡的远程职业培训网络体系。加快制定出台《广东省职业技能鉴定办法》。加大就业培训资金投入，对贫困地区和革命老区给予倾斜，试行政府购买培训成果制度。各类金融机构对职业技术学校、技工学校、重点培训机构、公共实训基地建设贷款要予以支持。

6．强化转移就业公共服务。建立有利于产业发展与劳动力需求相协调的统计、分析、预测、评估和决策机制。开展全省农村劳动力资源普查，健全农村劳动力数据库和培养培训转移就业动态管理档案。实行转移产业岗位申报和信息发布制度。完善各级就业服务体系，加快组织实施农村劳动力培训转移就业工作。完善各级人力资源市场信息网络和服务体系。充分发挥社会职业中介机构的作用。

7. 建立优秀农民工激励机制。省劳动保障厅按照有技能、贡献大、有发明创造、本省紧缺等条件，开展优秀农民工认定工作，对其中特别优秀的农民工由各级党委、政府表彰和奖励。由省劳动保障厅会同省公安厅等部门制定优秀农民工落户城镇的优惠政策。同时，各地向优秀农民工提供一定比例的廉租房和经济适用房。

通过产业和劳动力“双转移”，珠江三角洲地区把部分低附加值和劳动密集型产业转移出去，腾出更大空间承接国内外先进制造业、高新技术产业和现代服务业等高附加值产业，提高了区域产业综合竞争力；同时降低外来人口数量，缓解未来面临的人口和社会管理压力，起到了“腾笼换鸟”、促进产业置换和转移的作用。广东省的这一战略尤其是共建产业转移园区的思路和做法，对北京市开展区县合作、促进区域协调发展提供了有益的借鉴。

（隆学文）

上海、浙江两地对中小企业融资的扶持

受国际国内环境的影响，目前我国许多中小企业面临外需减弱、人民币升值、原材料价格上涨、劳动力成本上升等问题，经营深陷困境，企业流动资金紧张状态加剧。上海浙江两地为解决中小企业融资难，相继出台了相关政策措施，成果已经初显。

一、上海市对中小企业融资的扶持

（一）政策上的扶持

2006 年 12 月 30 日，上海市信息化委员会发布《关于加强中小企业信用制度建设的实施意见》，重点推动中小企业建立企业信用制度，市、区政府相关部门在审批相关资质、优惠政策、或资金支持的申请时，对能够提交信用报告且无不良信用记录的中小企业，结合规定条件可予以优先考虑

2007 年 3 月，上海市成立了上海中瀚担保有限公司、环渤海担保有限公司，为中小企业提供信用担保。以更好地为中小企业提供融资担保服务。

2008 年 10 月 9 日，上海市经委发布《关于做好中小企业发展专项资金项目申报工作的通知》，重点支持符合国家和上海产业政策的中小企业发展类项目和改善中小企业发展环境类项目。申请中小企业信用担保体系建设项目，资金支持方式为无偿资助。申请信用担保服务补助项目，每个项目的资助额一般不超过 2007 年单户在 300 万元以下贷款担保业务总额的 1%与单户在 300 万元（不含 300 万元）至 800 万元贷款担保业务总额的 0.5%

之和。上述业务中，担保费率低于银行同期贷款基准利率 30%，再给予不高于相关担保业务额 0.5%资助。

（二）政府资金的支持

上海为解决中小企业贷款难，成立了多类政策性担保机构，并安排担保机构损账补贴资金、中小企业研发基金、小企业开业贷款担保基金、公益性岗位补贴资金等专项资金，为中小企业获得银行贷款提供便利。截至 2007 年底上海共担保中小企业贷款项目 9502 项，担保总金额 247 亿元。截至 2008 年 6 月末，上海市中资商业银行小企业授信客户总计 11716 户，贷款余额 289.56 亿元，小企业贷款比上年同期增加 50.96 亿元，增长 21.36%。

（二）政府企业实行担保贷款风险的共担

上海市构建了多渠道、市场化运作的中小企业贷款信用担保机制，形成了较为成熟的担保贷款风险共担和担保资金放大的机制。高新技术企业分别按市、区（县）两级财政 6∶4 比例、一般企业按 5∶5 的比例共同承担担保资金风险；担保资金与银行贷款按 1∶5 比例放大，并按高新技术企业 9∶1、一般企业 8.5∶1.5 的比例共同承担贷款坏账损失风险。

（三）政府提供特事特办的绿色通道

为进一步降低中小企业融资成本，中小企业贷款信用担保体系企业在企业提供个人保证或第三方企业担保的基础上，上海通过实行中小企业贷款担保“绿色通道”，使中小企业获得免实物抵押担保贷款。2008 年第 3 季度，其限额从原来的 200 万提高到现在的 500 万元，上海市徐汇区成为试点的区县之一。

（四）股权出质登记

以股权做担保进行融资。中小企业到银行贷款，一般要求抵押，2008 年 8 月上海市工商局出台了《股权出质登记办法》，企业如无担保物，可以股权担保。股权出质经过工商部门登记后具有更高的公示效力，降低了贷款风险，使银行在放贷时更有把握，极大地改善了中小企业的投融资条件。同月，上海市金融办、上海工商局、国税局、地税局等四部门联合下发了《关于上海市股权投资企业工商登记等事项的通知》。《通知》共九条，分别从工商登记、税收政策、投资者、行业自律、政府引导等方面，对股权投资企业在上海发展提出了指导性的意见，鼓励符合条件的境内外各类主体参与上海股权投资企业的发展。目前在中小企业板共有10家上海上市公司，首次募集资金26.39亿元，总市值超200亿元。

（五）互动担保的联盟

截至2007年底，上海共有106家担保机构，从事中小企业信用担保业务的大概在30家。这些机构重点解决企业在融资过程中的担保和反担保问题，允许质量和规模相近的企业互保，节约了担保费用，降低了融资成本。上海已形成雏形的有两种形式：一是民间信用互助协会。例如由上海大众担保股份公司发起，通过企业互助、扩大信用融资能力和向社会提供信用咨询服务等服务方式，为互助协会成员企业提供融资担保。其业务主要有中小企业流动资金贷款担保、票据贴现担保、开具承兑汇票担保、固定资产贷款担保等内容。二是中小企业信用担保联盟。如以上海市中小企业服务中心和联合德升资信评估公司牵线，为同样有融资需求的两家企业在融资过程中互相担保和反担保，以中小企业信用担保联盟形式，实现企业融资过程中的互保。为控制风险，通过互保形式融资的企业必须是信用优良的企业，并须经资信评估公司评定信用，A级以上企业才有资格加盟。

（六）银行提供高效的服务

上海银行推出小企业融资“无忧服务”，降低了小企业融资成本、为小企业提供差异化和高效的服务。“无忧服务”由“省贷无忧、易贷无忧、速贷无忧”三部分内容组成。“省贷无忧”主要针对中小企业在融资过程中所需支出的各类费用（如评估费、保险费、公证费等），通过银行与中介机构合作，以帮助小企业缓解日渐上升的融资成本；“易贷无忧”是通过保证信贷额度、搭建担保平台等方式增加小企业在上海银行成功获得贷款支持的可能；“速贷无忧”则通过优化流程、提高服务效率缩短审批环节。部分老客户和优质小企业客户则更有“绿色通道”。

二、浙江省对中小企业融资的扶持

（一）浙江省近期出台相关政策帮扶中小企业

2006 年 11 月 1 日，浙江省出台的《浙江省促进中小企业发展条例》正式施行，这是促进中小企业发展的第一部地方性法规。 该条例对中小企业的创业重点、自主创新、财政金融、员工培训、权益保护等八个方面实行全面的帮扶。《条例》规定省、市、县各级财政要安排中小企业发展专项资金，省级财政预算在安排中小企业专项资金时，应根据年度财政收入情况适当增加。2008 年 6 月 16 日，浙江省工商局公布实行了《浙江省股权出质登记暂行办法》，将股权质押拓展为企业融资新渠道。6 月 27 日，浙江省人民政府办公厅公布实施《关于促进全省外贸稳定健康发展的意见》（浙政办发[2008]45 号），对于浙江省外贸的优化升级作了更确切的指导。7 月 2 日公布施行的《浙江省人民政府办公厅关于开展小额贷款公司试点工作的实施意见》（浙政办发[2008]46 号），规范和引导民间资本参与到中小企业的克难攻艰、转型提升之中。各地方也纷纷出台各项扶持中小企业发展的政策措施。

（二）制定信贷专项规划

制定中小企业信贷支持总体规划。浙江省计划在 2008～2012 年新增工业企业 2 万家，省中小企业局联合省农村信用社，要求全省农村合作金融机构确保每年在新增贷款规模中安排 10%以上的信贷规模，重点扶持培育微小企业上规模，并争取在这 5 年内安排 400 亿元支持微小企业。

（三）发挥政府资金的杠杆作用

设立创业投资引导基金。杭州市在 2008 年 4 月发布《杭州市创业投资引导基金管理办法（试行）》。 该引导基金不以营利为目的，以投资形式支持设立创业投资企业和跟进投资创业企业，减轻社会创业投资资本的投资风险，激发社会资本对杭州市创业企业的投资，发挥政府资金杠杆放大的效应，解决杭州市创业企业，特别是创业初期企业的融资问题，重点支持以电子信息、生物医药、新能源、新材料、环保、知识型服务业、高效农业等符合杭州市高新技术产业发展的创业、创新企业为主。主要采用两种形式：一是由引导基金与社会资本在杭州共同出资设立的新的创业投资企业，引导基金出资比例不超过 25%，且不成为第一大股东，保证创业投资企业决策和经营的独立性；二是对社会创业投资企业选定投资创业的企业，引导基金与创业投资的企业共同投资，引导基金按创业投资企业实际投资额的 30%以下的额度跟进投资。

2008 年 7 月，绍兴市出台《绍兴市创业投资引导基金管理暂行办法》，该办法基金总规模为 2 亿元，其中 50%用于阶段参股，30%用于跟进投资，20%用于风险补助。资金规模在以后的年度中可根据实际情况进行调整。引导基金是专门用于扶持创业投资发展的政府专项基金，具有政策性、引导性和非营利性。其目的主要是通过扶持创业投资企业的设立与发展，引导社会资金加快向创业投资领域集聚。主要采用阶段参股、跟进投资和风险补助三种不同的引导方式，对同一企业（或项目）原则上只采用一种引导方式。重点支持对象为在市区范围内注册设立的电子信息、生物医药、新能源、新材料和高效农业等符合绍兴市高新技术产业发展规划领域的创业投资企业。

同时，浙江省规定符合条件的创业投资企业，对未上市的中小高新技术企业进行 2 年以上的投资，其投资额的 70%可在应纳所得税中抵扣。

（三）搭建中小企业融资合作平台

2006 年，浙江省和国家开发银行共同建立了中小企业创业贷款融资平台。截至目前，共为 191 个中小企业融资项目发放基准利率贷款超过 3 亿元。

（四）小额贷款公司试点

2008 年 7 月 23 日，浙江省工商管理局发布《浙江省小额贷款公司试点登记管理暂行办法》，该《办法》成为全国关于小额贷款公司的首部登记管理办法。该办法详细规定了申请成立小额贷款公司所要具备的各项要件。小额贷款公司只能在本县（市、区）范围内依法从事小额贷款业务，不得对外投资，不得设立分支机构。小额贷款公司注册资本全部为实收货币资本，由股东一次性足额缴纳。浙江省计划试点 111 家小额贷款公司，引导 50 亿元民资进入正规金融体系，为解决中小企业融资难问题发挥重要作用。截至 2008 年 9 月底，各地小额贷款公司累计已发放小额贷款逾两亿元，其中仅吴兴万邦小额贷款公司就已累计发放贷款 112 笔，金额 7155 万元。

（五）开展小企业贷款风险补偿

2005 年浙江省开始实施小企业贷款风险补偿制度，2006 年《关于印发浙江省小企业贷款风险补偿办法的通知》，范围涉及杭州余杭区、温州乐清县等 52 个市、县(市、区)。新的小企业贷款风险补偿办法将补偿小企业贷款风险的单位由过去浙江省工商银行和浙江省农业银行两家单位扩大到浙江省各类商业银行、政策性银行和农村合作金融机构，用于个人经营的生产型、科技型项目贷款也纳入了小企业贷款风险补偿范围。根据新办法，2006 年浙江省级中小企业专项扶持资金计划安排小企业贷款风险补偿资金累计为 5717.25 万元，可新增小企业贷款 114 亿元。同时，还把风险补偿比例由上年的 1%降至 0.5%，这大大提高了补偿资金的融资放大效应。从 2006 年始，省财政的目标是 3 年内对 1 万家微小企业进行重点培育和扶持。

截至目前，浙江省列入风险补偿范围的金融机构共计向近 20 万家（次）微小企业提供信贷支持，新增小企业贷款累计达 258 亿元。

（六）推出新型集合债模式

浙江省中小企业局与省金融办、工商银行浙江省分行推出集合债的新型模式，该模式由一个机构作为牵头人，几家企业一起申请和担保，并通过券商进行捆绑式发行债券，主要解决单个企业申请规模受限制和中长期贷款的问题。

（七）加强中小企业信用担保体系的监管

浙江省通过担保机构资信评级、业务指导、人员培训、运行监测、政策激励、风险警示等一系列监管措施，促进担保机构规范有序发展。截至 2007 年底，全省已有中小企业信用担保机构 306 家，担保资金总额达到

96.83 亿元，累计担保企业 7.3 万家，担保笔数为 15.8 万笔，担保总额达 1094.59 亿元，担保代偿率为 0.203%，实际损失率为 0.036%。

（宋亚妮）